KB057821

타나토스 총서 07

죽음을 두고 대화하다

άνατος

타나토스 총서

07

한국과 일본은 서로 다른 역사적 과정을 거쳤으면서도, 현재 연명의료, 자살, 고독사, 재해 등 비슷한 죽음 문제에 직면해 있다. 그러나 문제에 대한 대처 방식은 사뭇 다른 것 같다. 각자의 자리에서 문화적 적합성을 지닌 자기만의 해법을 모색하고 있기 때문이다. 동아시아 생사학이라는 장에서 죽음을 두고 대화하려면 먼저 이러한 유사성과 차이를 이해해야 할 것이다.

죽음을 두고 대화하다

동아시아 생사학을 위하여

한림대학교 생사학연구소 엮음

※ 이 저서는 2012년 정부(교육부)의 재원으로 한국연구재단의 지원을 받아 수행된 연구
임(NRF-2012S1A6A3A01033504).

서문

　2004년에 설립된 한림대 생사학연구소는 현재 우리 사회에서 죽음을 둘러싼 문제를 포괄적으로 다루고 있는 유일한 전문 연구기관이다. 생사학연구소에서는 한국의 바람직한 생사관 확립과 자살예방을 위해 다양한 연구, 교육, 사회활동을 전개하고 있다. 특히 2012년 9월부터는 한국연구재단의 인문한국 10년 프로젝트로 '한국적 생사학 정립과 자살예방 지역 네트워크 구축'이라는 연구 과제를 수행 중이다.

　생사학연구소에서는 연구총서를 기획하여 『자살예방 해법은 있다』, 『죽음, 어떻게 이해할 것인가』, 『자살예방의 철학』, 『죽음과 부활 그리고 영생』 등이 이미 발간되었고, 앞으로 번역서 4권을 포함하여 모두 19권의 총서가 출간될 예정이다. 그중 이 책은 타나토스 총서로 기획된 공동연구저서에 해당한다.

　이 책은 지난 2014년 12월 20일 한림대 생사학연구소와 도쿄대학 사생학·응용윤리센터가 공동으로 주최한 국제심포지엄에서 발표된 6편의 글을 중심으로, 생사학연구소가 인문한국 지원사업으로 2012년 9월 이래 최근까지 주최한 국내외 학술회의의 성과를 엮은 것이다.

　도쿄대학 사생학·응용윤리센터는 2002년부터 2012년까지 10년간 일본 문부과학성 지원의 글로벌 COE 프로그램을 운영한 경험이 있다. 생사학연구소에서는 국제교류 활성화를 위해 2014년 2월 도쿄대학 사생학·응용윤리센터를 방문하여 연구협력을 제의했고, 그것은 12월의 공동주최 심포지엄으로 실현되었다. '동아시아의 사생학으로'라는 주제로 도쿄대학 후쿠타케홀에서 열린 심포지엄에서는 양쪽 연구소에서 각각 3명의 발표자가 개론과 각론으로 나누어 보고하는 형식을 취했다. 찬비가 내리는 궂은 날씨에도 불구하고 홀을 가득 메운 100여 명의 청중들은 한국의 생사학에 매우 큰 관심을 보여 종합토론 시간에도 질의응답이 끊이지 않았다.

이 책의 3부 구성 가운데 제1부와 제2부의 일부에 심포지엄 당시의 발표원고를 바탕으로 재구성한 글들을 실었다.

제1부〈동아시아의 생사학 연구 현황〉에서는 한국과 일본에서 죽음 문제연구가 전개되어온 과정을 개괄적으로 제시한다. 이케자와 마사루의 "문화적 차이라는 시점으로 사생학을 생각하다"는 일본에서 사생학이 융성하게된 배경과 도쿄대학 사생학 프로젝트의 구상에 대해 소개한 것으로, 심포지엄 전체의 취지 설명을 대신하는 것이기도 했다. 이에 대해 배관문은 "한국에서의 생사학 연구 현황과 과제"에서 한국의 죽음 관련 연구에 대해 개관하고 한림대 생사학연구소의 활동을 소개한다. 이어서 각 연구소의 구체적인 연구활동의 예로, 시미즈 데쓰로는 "일본에서의 임상사생학과 임상윤리학의 교차"에서 사생학에 관한 철학·윤리학적 접근과 의료사회학적 접근이 실제로 어떻게 협력하고 있는지에 대해 보고한다. 이에 대해 이창익은 "세월호 침몰과 죽음 표상의 전염학"에서 한국 사회에서 '죽는다는 것'의 의미를 어떻게 논할 수 있는지에 대해 세월호 사건을 통해 생각한다.

제2부 〈동아시아의 자살현상과 예방〉에서는 생사학이 다루는 개별 주제 중에서도 특히 자살과 관련된 문제점을 지적하면서 동아시아 각국이 연대할 수 있는 자살예방의 해법을 모색한다. 가와노 겐지 등은 "일본의 자살 예방 시스템"에서 일본 정부가 시행하고 있는 자살 대책 기본법의 성립 경위와 현황을 보고하고, 국립정신신경의료연구센터 정신보건연구소 자살예방종합대책센터가 개발한 자살예방프로그램 등에 대해서도 소개한다. 오진탁은 "자살자의 죽음 이해 분석"에서 한국의 자살 현상을 진단하고, 특히 자살자 유서에 나타난 죽음 이해를 중점적으로 분석한다. 한편 마쓰모토 도시히코는 "자살관련 행동과 문화"에서 자살 행동과 관련이 깊은 자해 및 신체개조에 대해 병적인 측면만을 강조하는 것이 아니라 문화정신의학적 측면에서 이해하기를 제언한다.

　　제3부 〈동아시아의 죽음 이해와 임종방식 논란〉에서는 뇌사, 장기이식, 연명 의료 등을 둘러싼 논란이 각 문화권의 죽음 이해와 어떻게 관련되는지를 고찰한다. 와타나베 가즈코는 "뇌사·장기이식 논의로 보는 일본인과 서양인의 사생관"에서 일본인과 서양인을 대비시켜 논하는 장기이식 신중파·추진파 담론의 배후에 어떠한 문제가 있는지를 검토한다. 이에 대해 최경석은 "한국에서의 연명 의료 논란"에서 한국의 생명윤리 담론에서 중요한 위치를 점하는 김 할머니 사건 대법원 판결에 대해 미국 법원의 판결 논거와 차이가 있다는 점에 주목하여 그 의의와 한계를 지적한다. 마지막으로 시미즈 데쓰로는 "일본에서의 죽음 이해와 end-of-life care"에서 일본인이 생과 사에 대해 공통적으로 이해하는 이중의 시점이 임상사생학 현장에 어떻게 적용되는지를 제시한다.

나는 2002년 연구년을 도쿄에서 보내면서 알폰스 데켄 교수의 '삶과 죽음을 생각하는 모임'을 위해 도쿄대학 사생학·응용윤리센터를 방문한 적이 있다. 또한 도쿄대학의 사생학 프로젝트 팀은 2010년 11월 서울에서 국제심포지엄을 개최한 적도 있는데, 당시 나도 그 세미나에 참가하여 발표자들과 치열한 논쟁을 벌인 바 있다. 그때 느꼈던 일본 측의 죽음 문제에 대한 접근 방식이나 연구 방향을 2014년의 공동 심포지엄에서도 재차 확인할 수 있었다. 그러면서 내가 그동안 생각해온 한국적 생사학의 깊이와 넓이, 그리고 독자적인 방향성을 충분히 확보할 수 있으리라는 확신이 생겼다. 특히 한국적 생사학에 근거한 자살예방 콘텐츠는 생사학연구소가 독자적으로 개발한 프로그램이다. 자살예방은 전 세계적인 현안이므로, 이를 중심으로 죽음 문제 전반에 대해 함께 고민하며 깊이 있는 대화를 이어가는 일은 매우 중요하다고 생각한다.

생사학연구소는 앞으로도 대외활동의 일환으로 국내 및 국제학술회의를 지속적으로 개최하여 국내외에 있는 다양한 분야의 전문가들과 연구협력을 도모해갈 계획이다. 도쿄대학 사생학·응용윤리센터와 함께 하는 세미나는 이제 첫 출발선을 끊은 것이나 다름없다. 현재 2016년 봄에 한림대에서 열릴 예정인 국제심포지엄 '재해와 치유의 생사학'을 공동으로 기획 준비 중이다. 그 밖에도 리쓰메이칸대학 생존학연구센터, 도요에이와여학원대학 사생학연구소와 정식으로 연구교류협정을 체결하여 구체적인 연구협력 방안을 협의 중에 있다.

더불어 이러한 학술적 측면 외에도 생사학연구소에서는 교육 및 사회적 실천면에서 '생명살림 및 자살예방 공모전', '생명교육을 위한 교사직무연

수', '청소년 노인체험과 생명교육', '군인 대상 생명교육', '아름다운 마무리를 위한 어르신 생명교육' 등 다양한 계층을 대상으로 한 생명교육을 실시하고 있다. 또한 디지털 접근성을 보다 용이하게 하기 위해 연구소 홈페이지는 물론, 밴드(생명교육), 블로그(한국 웰다잉 연구회), 페이스북(나는 행복한 빚쟁이입니다) 등을 운영하여 생사학 관련 콘텐츠를 사회 구석구석에 널리 보급하기 위해 노력하고 있다. 죽음 문제에 대해 진지하게 고민하는 독자 여러분의 지속적인 관심을 기대한다.

2015년 4월
한림대 생사학연구소장 오진탁

죽음을 두고 대화하다

제 1 부

동아시아의
생사학 연구 현황

문화적 차이라는 시점으로 사생학을 생각하다

/ 이케자와 마사루

도쿄대학 문학부 사생학·응용윤리센터는 매년 사생학(死生學)이나 응용윤리 분야와 관련된 국제적인 연구집회나 강연회를 개최하고 있는데, 올해 2014년에는 한국의 대표적인 생사학 연구기관인 한림대학교 생사학연구소와 함께 '동아시아의 사생학으로'라는 제목의 국제심포지엄을 개최하게 되었다. 먼저 그 취지, 즉 사생학을 논하는 데 왜 동아시아를 문제로 하지 않으면 안 되는지를 설명하고 싶다. 그러기 위해서는 지금까지 도쿄대학 문학부가 전개해 온 사생학 프로젝트에 대해 설명할 필요가 있고, 더욱이 사생학(구미에서는 사생학을 death studies, thanatology라고 부르는 것이 일반적이다)이라는 분야가 어떠한 배경에서 탄생해서 어떠한 특징을 갖는지를 설명해야 한다. 일단 도쿄대학 문학부의 사생학 프로젝트에서 이야기를 풀어 가려 한다.

도쿄대학 문학부의 사생학 프로젝트는 2002년에 21세기 COE(Centers of Excellence, 문부과학성 연구거점 형성 지원) 프로그램의 하나로 시작되었다. 2007년 4월부터는 글로벌 COE 프로그램으로 갱신되어, 이때부터 시미즈 데쓰로 교수를 대표로 하는 우에히로 사생학 강좌(현재는 우에히로 사생학·응용윤리강좌)

를 개설했다. COE 프로그램은 2012년 3월에 종료되었으나, 그것을 잇는 조직이 현재의 사생학·응용윤리센터이다. 10년에 이르는 COE 프로그램 활동은 다방면에 걸쳐 진행되었으며, 무수하다고 말해도 좋을 정도의 심포지엄과 연구집회가 열렸다. 거기에서 큰 테마의 하나는 일본 사생관의 독자성을 그 역사나 문화와 관련하여 밝히는 것이었다. 그러기 위해서는 동아시아 죽음 이해 방식 전반 속에서 일본의 사생관을 자리매김하고 공통점과 차이점을 생각할 필요가 있다. 그러한 이유로 이하와 같이 한국, 중국, 대만에서 '동아시아의 사생학'을 테마로 한 심포지엄을 네 번 개최했다.

○ 중국·일본 국제연구회의 '중일 동아생사학 국제학술연토회'
　　중화일본철학회 공동 개최, 2008년 2월 19일
○ 일본·대만 국제연구회의 '동아시아의 사생학으로'
　　국립정치대학 종교학대학원 공동 개최, 2009년 10월 30일
○ 한국·일본 국제연구회의 '동아시아의 사생학으로'
　　성균관대학교 공동 개최, 2010년 11월 20일
○ 일본·대만 국제연구회의 '동아시아의 사생학으로'
　　국립 중문대학 일본연구센터 공동 개최, 2011년 10월 7일

사생학을 전개하는 데 아시아라는 문화를 특히 문제 삼아야 하는 것은 구미에서 생겨난 사생학(타나톨로지)이라는 학문이 갖는 일종의 특수성과 그에 대한 우리들의 반성을 위해서이다. 이에 다음에서 타나톨로지라는 학문이 어떠한 특수성을 갖는지를 논하려 한다.

1. 죽음 자각 운동과 타나톨로지의 흥기

죽음은 인간의 삶에서 가장 큰 문제이기에 예부터 다양한 분야에서 탐구되었다. 하나의 학문 분야로서 사생학은 그다지 오래되지 않은, 대략 1960~70년대 구미에서 구상되었다. 타나톨로지의 교과서인 하넬로어 와스와 로버트 니마이어의 『임종: 사실을 직시하기』(1995년, 제3판)의 서문에서는, 타나톨로지는 죽음과 임종에 관한 학문이며, 동시에 '죽음 인지 운동(death awareness movement)'이라는 사회현상의 일부이며, 그 중심적인 방법론은 사회심리학과 임상이라고 말한다. 이 교과서의 목차는 다음과 같다.[1]

제1부 문맥과 관점

　　제1장 죽음과 정치: 심리사회적 관점 (Michael C. Kearl)

　　제2장 우리들의 죽음과 슬픔을 살아가다: 역사적 · 문화적 태도 (John D. Morgan)

제2부 사실: 죽음과 임종의 사실

　　제3장 죽음의 불안 (Robert A. Neimeyer & David Van Brunt)

　　제4장 죽음의 과정 (Nelda Samarel)

　　제5장 임종의 제도: 문화적 가치, 기술, 사회조직의 수렴 (Jeanne Quint Benoliel & Lesley F. Degner)

　　제6장 죽어가는 자에 대한 케어: 호스피스의 접근 (Marcia Lattanzi-Licht & Stephen Connor)

　　제7장 죽음을 계획하는 것에 대한 법적 관점 (Sheryl Scheible Wolf)

　　제8장 현대의 장례식: 기능과 역기능 (Robert Fulton)

이것을 보면 확실히 학제적이기는 하지만 임종(dying)과 사별(bereavement)에서 비탄(grief) 과정과 이에 대한 대처가 중심이다. 또한 심리학과 사회심리학의 방법이 중심이며, 사회학이나 역사·문화에 대한 관심은 강하지 않은 것을 알 수 있다. 구미의 타나톨로지가 그러한 경향을 띠게 된 것은, '죽음인지 운동'이라는 표현에서 알 수 있는 것처럼, 1960년대경까지 지배적이었던 죽음 인식 방법에 대한 안티테제로서 타나톨로지가 시작된 것이 주요 요인이라 생각할 수 있다.

프랑스의 역사학자 필립 아리에스는 중세부터 현대까지 유럽의 죽음에 관한 인식과 표상의 변천을 분석하여 20세기의 죽음에 '역전된 죽음'이라는 이름을 붙였다.[2] 죽음이 역전되었다는 것은 역사상 유례없는 이상 사태가 발생했다는 것을 의미한다. 19세기까지는 죽음에 대한 인식과 태도가 다양하게 변화했더라도, 공적으로 죽음을 표현하는 방법이 관습에 따라 정해져 있었다. 그런데 20세기가 되면 그러한 전통이 붕괴되고, 죽음은 공적으로 표현되지 않게 되었으며, 공적 공간으로부터 배제된다. 병원이 죽음의 장소가 됨에 따라, 사회적으로는 흡사 죽음이 존재하지 않는 것처럼 행동하는 것이 보통이 되고, 죽어 가는 자도 죽음 따위는 존재하지 않는 것처럼 마지막까지 긍정적으로 사는 것이 바람직하게 된다. 영국의 인류학자 제프리 고러는 그것을 '죽음의 포르노그래피'라고 불렀다.[3] '죽음 인지 운동'은 그러한 경향을 의문시하여 죽음이라는 현상을 자각하고 그것을 표현하려고 하는, 환언하자면 죽음의 권리 회복을 지향하는 운동이었다.

1960년대부터 1970년대에 걸친 '죽음 인지 운동'에는 많은 요소가 있다. 예를 들면 의료 윤리를 대신하여 생명 윤리라는 영역이 출현하는 것도 거의 같은 시기이며, 시슬리 손더스(Cicely Saunders, 1918-2005)가 1967년 런던에서 성 크리스토퍼 호스피스를 개설한 것에서 시작한 호스피스 완화치료(Palliative Care)의 실천도 중요한 구성 분야이다. 그러나 1960년대 초엽부터 잇따라 나타난, 나중에 타나톨로지라는 말로 포괄되게 되는 일군의 심리학 연구가 '죽음 인지 운동'에 크게 공헌한 것은 분명하다.[4] 일반적으로 타나톨로지의 시작은 헤르만 페이펠이라는 심리학자가 1959년 『죽음의 의미』라는 논문집을 발간한 것에서 찾을 수 있으며,[5] 또 그 전년도에는 나중에 자살학(suicidology)을 집대성하는 심리학자 에드윈 슈나이드먼이 로스앤젤레스 자살예방센터를 개설했다. 이와 함께 연이어 나타난 연구를 연표로 일람해 보면 다음과 같다.

1958년 에드윈 슈나이드먼, 로스앤젤레스 자살예방센터 개설

1959년 헤르만 페이펠 편, 『죽음의 의미』

1960년 국제 자살예방학회 창설

1962년 어니스트 베커(Ernest Becker), 『의미의 탄생과 죽음: 정신의학 및 인류
학의 관점(The Birth and Death of Meaning: A Perspective in Psychiatry and
Anthropology)』; 죽음의 공포가 인간의 근원적이며 생득적인 성향이
며, 그 극복과 억압이 문화의 기능이라고 가정한다. 공포관리이론
이라는 심리학설의 기초가 되었다.

1963년 제시카 미트포드(Jessica Mitford), 『미국식 죽음(The American Way of
Death)』; 장례산업에 관한 사회학적 연구

1965년 바니 글레이저(Barney Glaser) & 안젤름 슈트라우스(Anselm Strauss), 『임
종의 자각(Awareness of Dying)』; 임상에서 고지(告知)의 바람직한 방법을
결정하는 요소 분석과 종말기 환자의 죽음에 대한 태도 유형에 관
한 사회학적 연구

1965년 로버트 풀턴(Robert Fulton), 미네소타 대학에서 죽음 준비 교육 개시

1967년 로버트 리프턴(Robert Lifton), 『삶 속의 죽음: 히로시마의 생존자(Death
in Life: the Survivors of Hiroshima)』[6]; 죽음을 극복하기 위해 상징적인 영속
을 구축하는 것으로 인간의 행위를 파악한다. 리프턴은 라이프 히
스토리 분석이라는 기법을 사용한다.

1967년 에드윈 슈나이드먼, 『자살학 회보(Bulletin of Suicidology)』 창간

1967년 엘리자베스 퀴블러로스, 『죽음과 죽어감』; 죽음의 과정에 관한 창
시적 연구

1969년 존 볼비(John Bowlby), 『애착과 상실(Attachment and Loss)』; 인간의 행위

를 애착 대상의 상실에 대한 대응으로 파악하여 종교를 포함한 문
화장치를 애착 대상의 대체로 이해하는 애착 이론을 주창했다.

1970년 로버트 카스텐바움(Robert Kastenbaum), 『오메가(Omega: Journal of Death
and Dying)』 창간

1972년 에이버리 와이스먼(Avery Weisman), 『죽음과 부정: 종말기에 관한 정
신의학적 연구(On Dying and Denying: a Psychiatric Study of Terminality)』; 죽
음과 사후에 관한 종교 관념이 자기 영속의 바람을 이루기 위해 기
능하고 있다는 것을 논한다.

　이상을 보면 명백하듯이 1960년대에 타나톨로지의 중요한 이론이 모두
나왔고, 그 많은 부분이 심리학자에 의한 것이었다. 그중에서 주제화된 중
요한 테마의 하나가 죽음의 공포/불안이다.[7] 우리들에게는 잠재적 · 현재적
(顯在的)으로 죽음에 대한 두려움이 있으며, 그것이 죽음을 사고하고 표현하
는 것을 억압하고 있다. 때문에 죽음의 불안을 억누르면서 죽음을 적극적으
로 마주할 때, 최종적으로는 죽음을 극복하는 것이 가능하다는 것으로 요약
할 수 있다.

　죽음의 두려움과 더불어 타나톨로지의 주요 테마가 된 것은 에드윈 슈나
이드먼(역시 심리학자이다)이 이끈 실천적인 자살 예방 운동과 함께 죽음 준비
교육, 즉 죽음의 프로세스이다. 후자의 테마를 확립하는 데 결정적인 영향
력을 끼친 것이 엘리자베스 퀴블러로스(1926-2004)의 『죽음과 죽어감』이라는
것은 틀림없다.[8] 그러나 굳이 말하자면 타나톨로지는 퀴블러로스에 대해 냉
담한 반응을 보였으며, 그녀를 과거에 많이 있던 죽음의 프로세스 연구자
가운데 한 사람으로 취급했다. 예를 들어 앞서 기술한 교과서 『임종: 사실

을 직시하기』의 제4장 「죽음의 과정」에서는 죽음 과정의 개념을 정립함에 있어서 퀴블러로스의 공적이 컸다는 것을 인정하면서도, 부정→분노→타협→우울→수용이라는 유명한 5단계 죽음 과정 이론은 그러한 단계가 존재한다는 것, 그러한 단계를 경유한다는 것, 그렇게 해석 가능하다는 것, 그 어느 것에 대해서도 '증거'가 없으며, 환자가 5단계를 거쳐서 '수용'에 이르도록 주위가 강요할지 모르기 때문에 그 이론이 백해무익하다는 것 등으로 다섯 가지 비판을 요약하고 있다. 확실히 퀴블러로스가 죽음 과정의 마지막을 '수용'이라 표현한 것이 적절하지 않았다고 할 수 있을지 모른다.[9] 하지만 타나톨로지 내부에서는 죽음의 과정을 '증거'에 의해 실증하는 것이 되풀이되어 시도되는 한편, '수용'이라는 말에 의해 퀴블러로스가 결정적으로 함의하는 것, 즉 죽음에 대해 긍정적으로 대처하여 최종적으로는 죽음을 극복한다는 틀은 전제가 되었다. 그것은 가까운 자의 죽음을 경험하는 비탄의 프로세스에 대한 연구에서도 마찬가지였다. 타나톨로지의 실천 운동으로서 중요했던 것이 '죽음 준비 교육'인데, 그 목적은 평소부터 죽음을 의식하여 불안을 저하시키고, 실제로 죽음에 직면했을 때 수용에 이르는 프로세스를 용이하게 하며, 가까운 자의 죽음에 대한 비탄에서 빨리 회복하여 죽은 자로부터 떨어지도록 촉진하는 것이었다.[10]

타나톨로지가 단순히 학문으로서 죽음을 연구하는 것만이 아니라, 죽음을 은폐하는 현대의 상황을 의문시하고 그것을 변혁하는 운동이었던 이상, 그것이 특정 가치관(죽음을 직시하고 수용하여 우리가 긍정적으로 사는 것이 가능하고, 죽음을 극복하는 것이 가능하다는)을 전제로 하는 것이 나쁘다고는 할 수 없다. 그러나 타나톨로지는 학문이기도 하므로, 죽음을 직시하여 극복하고 긍정적으로 산다는 가치관을 학문이라는 명목하에 강요할 위험성이 있다. 타나톨로지가 내포한 가치관은 삶과 죽음을 완전한 대립으로 생각하여 죽음을 일종의 '적'으로 취급하는 구조를 전제하고 있었으나, 아리에스가 묘사했듯이 중세 유럽에서는 삶과 죽음이 연속·공존하고 있었으며, 유럽 역사에서조차 죽음을 '적'으로 취급하는 태도는 특정 시대의 산물이었던 것이다.[11]

2. 일본의 사생관과 사생학

일본 문화 혹은 동아시아 문화 전체가 서양 근대처럼 삶과 죽음을 근본적인 이원 대립으로 이해하지는 않는 경향이 있다고 흔히들 말한다. 그에 대한 옳고 그름은 상세히 논구하지 않겠지만, 확실히 일본 전통 속에는 죽음을 적대시하지 않고 '수용'하는 경향이 있었던 것은 사실이다. 일례를 들자면 모토오리 노리나가(本居宣長)는 일본의 죽음 인식을 가장 뛰어나게 표현한 인물의 한 사람이다. 그는 선인도 악인도 모두 죽어서 황천국(黃泉国, 요미노쿠니)으로 가는 것이 신에 의해 정해져 있는 인간 본연의 존재 방식이며, 그것을 슬픈 일이라 생각하고 그저 슬퍼하는 것이 인간의 자연스러움이라고 했다.[12] 모토오리라면 죽음을 직시하여 극복하려고 하는 것은 부자연스러운 '주제넘음'이라고 생각할 것이다. 우리의 동료였던 다케우치 세이이치는 모토오리의 이러한 인식 방법을 포함하여 일본인의 사생관을 공시적 혹은 유형론적으로 표현하는 것을 시도하였다.[13] 필자 나름으로 그 논점을 정리한다면 다음과 같다.

일본인은 인간의 유한성, 즉 죽음을 슬퍼하는 것을 통해서 타자에 대한 윤리만이 아니라, '초월적인 것'을 지각하는 것을 가능케 했다. 물론 일본 문화 속에도 종교(특히 불교)는 중요하며, 절대적인 신이나 사후(정토)를 설정하여 죽음을 초극하는 것이 하나의 방법이기는 했다. 그러나 사후 존재를 믿고 죽음을 슬퍼하지 않는 것은 부자연스러운 것이며, 인간으로서 결여된 부분이 있다고 느끼는 감성이 일본인에게는 존재했다. 오히려 인간의 유한성과 무력감을 받아들임으로써 타자와의 공감이 생겨나고, 그 상처받기 쉬움, 즉 개개인의 바꿀 수 없는 소중함을 마음으로 느낄 수 있다. 인간의 유한성을 슬퍼한다는 것은 인간이 우주 속에서 '한 방울'의 물일 뿐이지만 유일무이의 '한 방울'이라고 인식하는 것이며, 죽은 자는 그러한 슬픔을 떠나 다른 모습으로 나타나지 않는다.

동시에 인간의 유한성이 우주의 섭리(즉 그렇게 만들어져 있는 것)라고 인식함으로써 인간이 어떤 종류의 '초월성'에 연결되는 것이 가능해진다. '사요나라'라는 헤어질 때 하는 일본인의 인사에는 '그렇다고 한다면'이라는 의미, 즉 지금을 확인하고 과거의 인생을 총괄하고 거기에 ('저절로') 작용하고 있는 섭리를 인식한 후 ('스스로') 미래에 발을 내딛는다는 의미가 내포되어 있다. '한 방울'의 비유를 다시 쓴다면, 인간은 '한 방울'로서 개별적인 존재이지만, 동시에 '한 방울'이라는 것에 의해 전체와 통하는 것이며, 죽어야만 하는 존재라는 것에 의해 우주적인 섭리에 내포되어 있는 것이다.

종교적인 피안성(彼岸性)을 통해서 초월성을 추구하지 않았던 일본인은 죽음을 초극해야 하는 대상으로 삼지 않았고, 인간이 할 수 있는 것은 지금 여기에 있는 생을 힘껏 사는 것이라고 생각했다. 또 죽어야 할 때가 오면 슬퍼하며 생과 헤어지는 것('사요나라')을 통해 자신이 확실히 존재했다는 것과 자신의 사후에도 확실히 세계는 지속된다는 것을 확인했고, 그것에 의해 자신의 생에 의미를 부여하며 죽음을 수용했다. 가네코 다이에이(金子大栄)의 법어 '꽃잎은 지지만 꽃은 지지 않는다'가 그 예이다.

　로버트 리프턴이 지적하듯이, 죽음에 의해 삶에 한계가 부여된다는 사실을 앞에 둔 채 삶에 동기를 부여하려면, 죽음을 넘어서는 무언가 상징적인 의의를 삶에서 발견하고, 그것에 의해 죽음에도 의의를 부여하면서 죽음을 받아들일 필요가 있다(리프턴은 이를 '상징화의 원리'라고 부른다). 그것은 인류 공통의 '전략'이라고 할 수 있을 것이다. 다만 리프턴은 이 상징적인 불사의 '전략'에 여러 가지 방법이 있다고 한다. 그것을 생물적 · 신학적 · 창조적 · 자연적 · 경험적이라는 다섯 가지 유형으로 분류하고, 일본인의 경우에는 생물적 또는 자연적 불사성, 즉 죽음에 의해 개인이 (집단이든 우주든) 영속적 전체성으로 회귀한다는 유형을 선택하는 경향이 강하다고 말한다.[14] 타나톨로지가 죽음에 패배하지 않는 긍정적인 삶을 확립하여 죽음을 초극하려고 하는 것은 확실히 상징적 불사의 한 가지 방법이기는 하지만, 그렇다고 모든 문화가 같은 전략을 채용하고 있는 것은 아니다. 일본 문화의 경우에는 죽음을 수용하는 것을 통하여 삶에 의의를 부여하려는 경향이 강하지만, 그것도 여러 방법 중 하나라고 할 수 있다.

3. 도쿄대학 사생학 프로젝트의 구상

　2002년 도쿄대학 문학부가 사생학 프로젝트를 시작했을 당시, 우리는 당연히 구미의 타나톨로지를 의식했다. 동시에 타나톨로지의 문화적인 한계 및 그것이 일본 문화의 사생관과 맞지 않는다는 사실도 또한 인식하고 있었다. 이것이 일본과 아시아 문화에 뿌리내린 사생학 구축을 우리가 지향하게 된 이유이다.

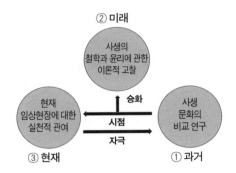

COE 프로젝트 초대 리더인 시마조노 스스무는 시리즈 『사생학』의 권두 논문 「사생학이란 무엇인가: 일본에서의 형성 과정을 돌아보며」에서, 사생 학의 기본 구상이 ① 사생 문화의 비교연구, ② 사생의 철학과 윤리에 관한 이론적 고찰, ③ 현재 임상 현장에 대한 실천적 관여라는 세 가지를 주축으로 한다고 했다.[15] 이 구상에 필자 나름으로 살을 붙인다면 이하와 같을 것이다.

급속히 죽음의 존재 방식이 변모하고 있는 현대에서는 그것에 대해 생각하며 복합적이면서도 유연하게 대응하는 것이 무엇보다도 필요하다. 그러나 그것이 임기응변식의 대응으로 끝난다면 진정한 의미에서 현대의 여러 문제를 극복하는 것이 불가능하다. 무엇보다도 인류는 지금까지 항상 그 시점에서 가지고 있었던 지(知)를 활용하여 역사상의 변화를 극복해 왔으며, 그것은 20세기 후반 이후의 변화에 있어서도 예외는 아니다. 그러므로 현대에 대응하는 진정한 학문적 지식은 인간 존재의 본질에 대한 깊은 통찰과 과거의 역사에 관한 풍부한 지식이 뒷받침되지 않으면 안 된다.

따라서 ③의 영역은 현대적인 상황에 적극적으로 참여하여, 거기서 무엇이 일어나고 있으며 어떠한 지식이 요구되고 있는지를 알기 위한 '임상'적 분야인데, 거기서 얻은 식견은 인류의 존재 방식과 역사에 비추어 검토되어야 한다. ③이 현재에 관한 분야라고 한다면, ①의 분야는 사생이나 윤리에 관해 인류가 쌓아온 지식을 탐구하는 역사적·문화적 연구 영역이 될 것이다. ③은 ①을 자극하고 새로운 연구 영역을 개척하기 위한 원동력이 되는 것인 데 반해, ①의 분야는 ③의 분야에 현상을 이해하고 문제점을 찾기 위한 시점을 제공한다. 그러나 그것만으로는 충분하지 않다. ③의 분야(현재)와 ①의 분야(과거)에 입각하여, 그렇다면 장래에 어떻게 되어야 하는가(미래)로 승화시킬 필요가 있으며, 그것이 ②의 철학적인 분야이다. 즉 사생학이 구축하려고 하는 학문적 지식은 현재와 과거를 근거로 하여 미래를 전망하는 구조를 가지고 있는 것이다.

4. 동아시아의 사생학으로

정리하자면 우리의 사생학 프로젝트는 타나톨로지의 문화적 한정성을 인식한 후에 보다 포괄적인 접근 방법을 선택한 것으로, 역사적·문화적 특성 속에서 죽음을 생각해 가는 것을 지향한다고 말할 수 있다. 이것은 우리의 사생학이 타나톨로지보다 더 학문적이라든지 객관적이라는 것을 주장하는 것이 아니다. 지금 말한 사생학 구상이 나타내듯이, 사생학의 출발점은 현재의 삶과 죽음의 현장에 마주하는 것이다. 현장이 특정한 문화적·사회적 상황에 의해 규정되어 있는 이상, 거기에서 산출된 학문과 지식은 일본이라는 문화와 사회에 한정되어 있기 때문에, 그것을 보편적이라고 말할 수는 없을 것이다.

중요한 것은 그렇게 산출된 학문과 지식이 보편적인 유효성을 갖지 않는다는 사실을 인식하는 것이다. 현장을 마주하여 구축된 지식이 유일무이한 보편적인 것이라고 믿어 버리는 독선에 빠지면 안 된다. 어떠한 학문과 지식도 시대와 문화의 제약을 받지 않을 수 없고, 게다가 현재의 관점은 우리에게 너무도 당연한 것이어서, 우리는 스스로의 한계를 자각하지 못하기 쉽다. 그러나 상황이 시시각각 변화하여 새로운 문제가 계속해서 생겨나고 있으므로 현재의 사고방식이나 시점만으로 대응할 수 있다고는 할 수 없다. 아주 새로운 발상, 아주 새로운 시점이 때로는 필요하며, 그를 위해서는 현재 당연시되는 관점을 상대화할 수 있는 여유가 필요한 것이다.

사생학에서 문화 비교, 다른 문화와의 대화가 필요한 이유는 바로 그 때문이라고 생각한다. 특히 동아시아는 유교와 불교 등 많은 요소를 공유하면서도, 많은 이질적인 상황, 문제, 시점을 가지고 있다. 그러한 공통성과 차이를 배움으로써 우리는 다른 관점과 시점이 있음을 알게 되며, 거기에서 문제에 대한 새로운 접근 방법을 개척하는 것이 가능해진다.

특히 공동 주최 심포지엄을 위해 힘써 준 한림대 생사학연구소는 한국 최초의 생사학 전문기관으로 자살 예방에도 진력하는 것으로 알고 있다. 자살 문제는 말할 필요도 없이 사생학의 큰 문제인데, 자살 자체의 상황도, 그 대처법도 일본과는 크게 차이가 있다고 들었다. 또 미국에서 탄생한 '자살학'의 방법론에 대해서 일본과 한국에서 각각 어떻게 생각하고 있는지도 관심을 끄는 테마이다. 우리의 교류가 사생학이라는 새로운 영역에서 동아시아 차원의 교류 기회가 되기를 빌어 마지않는다.

〈번역_ 김율리〉

한국에서의 생사학 연구 현황과 과제

/ 배 관 문

1. 생사학의 시작

한국에서의 생사학 연구는 1990년대 후반부터 서양의 죽음학(타나톨로지)과 일본의 사생학을 받아들여 여러 분야에서 조금씩 연구가 진행되고 있는 상황이다. 독립적인 연구소 단위에서 '생사학'이라는 이름을 내걸고 활동하는 곳은 현재 한림대 생사학연구소가 유일하다. 이에 대해서는 뒤에서 상술하기로 한다.

그동안 생사학 연구의 시도가 없었던 것은 아니다. 예컨대 동의대 인문사회연구소에서는 한국연구재단의 2009학년도 학제간 융합연구지원사업으로 '호모후마니타스 사생학'이라는 연구과제를 수행한 바 있다.[1] 거기서 제안한 것은 죽음학, 생명학, 사생관의 세 가지 연구 영역을 유기적으로 연결하는 교육 프로그램의 구축이었으나 기대만큼의 성과는 거두지 못한 듯하다. 또한 동아대 석당학술원은 원래 한국학 고전연구소로 출발하여, 2002년 한국학술진흥재단 기초학문 육성과제 '한국인의 신체관, 영혼관, 죽음관과

의료 윤리', 2003년 동 연구과제 '한국 정신문화의 생명윤리 독해'를 수행하여 성과를 낸 바 있다.[2] 현재도 학제간 융합 연구를 지향하고는 있지만, 의과학이 중심이 되어 사실상 인문학 연구에서는 많이 벗어난 것 같다.

한국에서 생사학이라는 학문 자체가 정립되어 있는 상황이라고 하기는 어렵다. 굳이 말하자면 이제 겨우 신생학문으로 자리매김하고자 노력해가는 단계라 하겠다. 다만 생사학에 대한 학문적 연구가 일천한 수준이라 할지라도, 죽음에 대해 사고하고 논의해 왔던 죽음 연구 성과의 축적은 당연히 무시할 수 없다.

이 글에서는 먼저 한국에서의 생사학 연구 현황(엄밀하게는 죽음 연구 현황)에 대해 크게 세 가지로 나누어 개관한 후, 한림대 생사학연구소의 활동을 특기하기로 한다. 그리고 나서 연구 현황에 대한 비판을 포함하여 한국적 생사학의 정립을 위한 제언을 해보고자 한다.

2. 죽음 연구, 타나톨로지, 생사학

첫째, 종교학이나 철학을 비롯하여 역사학, 문학, 민속학, 문화인류학 등의 인문학 분야에서 이루어지고 있는 죽음 연구다. 전통적인 연구는 물론, 근래의 죽음학 유입 이후 죽음에 대한 역사적·사회적·문화적 접근을 시도하는 다양한 연구들이 폭넓게 이루어지고 있다. 둘째, 장묘 문화와 관련한 죽음 연구이다. 사실 한국 사회에서 죽음 문제를 공론화시킨 가장 큰 요인으로는 1990년대 중반 이후에 시작된 '장묘 문화 개선 범국민운동'을 들 수 있다.[3] 실제로 이 시기에 죽음에 관한 서적들이 대거 출판되기도 했고, 이

운동을 계기로 죽음 담론 및 죽음 연구의 외연이 점차 확대되어 간 측면도 있기 때문이다. 셋째, 죽음학에서 촉발된 실천적인 죽음 연구이다. 한국에서는 IMF 이후 급증하는 자살이 사회적 이슈로 떠오르면서 2000년 즈음부터 자살예방, 생명교육, 사고사·돌연사를 겪은 유족에 대한 상처 치유 등에 주목하게 되었다. 또한 최근에는 연명 의료 결정이 중요한 사회적 의제로 등장하면서 안락사·존엄사에 대한 논의가 일고, 웰다잉과 죽음 준비 교육의 필요성도 제기되고 있다. 말할 것도 없이 위의 구분은 어디까지나 임의적인 것으로, 상호 중복되기도 하고 교차하기도 하면서 연동하는 것이다.

1) 인문학에서의 죽음 연구

죽음과 관련한 연구라 하면 먼저 죽음에 대한 종교적인 물음을 떠올릴 수 있다. 각 종교별로 죽음에 대한 이해나 영성, 사후세계(내세), 영혼의 문제 등을 다룬 것들은 셀 수 없이 많다. 종교학 분야에서는 이러한 종교에서의 죽음 이해를 바탕으로 한국인의 죽음에 대해 고찰하고자 하는 노력이 계속되어 왔다. 근래에는 한국 사회에서 죽음에 대한 인식과 태도가 변화함에 따라 종래의 죽음 연구에서 사고의 폭을 확장시켜 죽음의 사회문화적 의미에 대해 좀 더 깊이 있게 되묻는 작업들이 이루어지고 있다. 대표적으로 종교학계의 원로인 정진홍은 종교라는 인식의 틀을 통해 한국 사회에 대한 총체적인 문화비평 작업에 힘을 기울여 왔는데, 현대 죽음 문화에 관해서도 여전히 날카로운 비판을 계속하고 있다.[4]

철학 분야에서도 동서양 사상가들의 다양한 죽음관은 일찍부터 주목해 온 테마로, 일일이 다 들기 어려울 정도로 연구가 많은 편이다. 과거의 국문학이나 국사학을 중심으로 구성된 한국학 쪽에서도 2000년대 이후 죽음문화에 대한 관심이 높아졌다. 국어학자이자 민속학자로서 신화연구에 몰두해온 김열규가 대표적이며, 그는 또한 철학·문학·역사학·민속학 등의 학제간 연구를 통해 한국인의 죽음관이 무엇인지를 밝히고자 시도하기도 했다.[5] 한편 현대 사회에 접어들어 더욱 부각된 죽음의 비인간화 문제, 죽음의 은폐성 문제 등에 대해서는 사회학적인 접근도 이루어지고 있다.[6] 최근 영문과 출신의 임철규는 2009년 5월 노무현 전 대통령의 자살을 계기로, 좀 더 근원적인 동기로는 어린 시절 빨치산 활동을 한 사람들이 가혹하게 살해 당하는 일을 목격한 아픈 경험에서, 자살의 역사, 검투사, 기억과 망각의 역사(아우슈비츠) 등의 문제를 폭넓게 다루며 한국 사회의 죽음 문제를 비교 성찰했다.[7]

한국인의 죽음관에 대해 말하는 것은 결코 쉬운 일이 아니다. 흔히 서양에서는 한국인들이 보편적으로 공유하는 어떤 가치관이나 철학을 용이하게 발견할 수 있으리라고 생각하지만, 사실 한국의 사상은 복잡하기 짝이 없다. 즉 유교, 불교, 도교를 비롯하여 무속이나 풍수지리설, 거기에 기독교가 공존하는 '종교백화점'이자 '사상백화점'이나 다름없다.[8] 따라서 죽음에 대한 견해도 시대와 지역에 따라 현저한 차이가 있다. 포괄적인 한국인의 죽음관을 설명하려면 위의 모든 측면을 하나하나 전부 조명하고 나서 그것들을 다시 종합해야 하는 셈이다.

종교학계의 최근 동향으로 주목할 만한 것은 한국종교문화연구소에서 2009년에 개최한 심포지엄 '최근 한국 사회의 죽음의례'와 그 전년도인 2008년 충간문화연구소의 국제심포지엄 '상례 의례와 저승관의 한일비교'의 발표글을 모아 엮은 성과물이다.[9] 무엇보다 죽음 의례의 변화를 통해 한국 사회의 죽음에 대해 진단하고자 한 이 책에는 부록으로 일본 장례의 역사와 변화를 다루는 글도 세 편이 실려 있다. 한편 2014년 10월 한국종교학회와 한국종교사회학회가 주최한 심포지엄 '글로벌 시대의 재난과 죽음 그리고 종교의 역할'에서는 세월호 사건을 비롯하여 일본과 동남아시아의 쓰나미와 같은 대규모 재난을 계기로 죽음관과 종교의 대응 방안을 찾고자 했다.

2) 장묘 문화 관련 연구

죽음을 처리하는 장례 및 장묘에 관한 사회문화적 의미를 연구하는 작업은 종래에도 있었다. 구체적으로는 장례의 절차 등을 구조적으로 분석한 연구나 장례 문화의 변천에 대한 연구가 중심이었다. 상장례를 고고학적 접근법으로 설명하거나 역사적 변천 과정을 추적하기도 하고, 민속학적 방법으로 전통과 현재의 상장례를 비교하는 연구 등이다.[10] 그렇지만 1990년대 중반 이후 무엇보다 장묘 문화 관련 연구가 폭발적으로 증가한 것은 앞서도 말했듯이, 정부의 장례 정책 수립과 관련하여 장례 문화 개선을 위한 조사 및 제안 등이 집중적으로 이루어진 사실과 무관하지 않다.

장묘 문화 개선을 둘러싼 범국민적 운동은 "묘지강산을 금수강산으로!"라는 목표를 내걸고 시작되었다. 1999년 서울시의회는 '장묘 문화 개선 특별위원회'를 구성하고 본격적으로 활동을 개시했다. 이는 서울시의 제2화장장 건설 계획과 연관된 것이었다. 여기에 시민단체와 언론이 앞장서서 1999년 '한국 장묘 문화 개혁 범국민협의회'와 한겨레신문이 공동으로 장묘 문화 개선을 위한 캠페인에 나섰다. 매장과 화장을 둘러싼 논쟁의 지향점은 너무도 자명하다. 즉 매장이 해결되어야 할 당면과제로 상정되어 있고, 유일한 해결책은 화장이라고 주장된다. 그 담론의 형성과 확산 과정은 논쟁이라 기보다, 거의 일방적으로 화장과 다른 생각을 가진 이들을 계몽시키기 위한 성격이 다분했다. 학계와 언론보도는 하나같이 매장의 문제점을 지적하고 화장의 당위성을 역설하며, 매장은 악이고 화장은 선이라는 식으로 유도해 갔다. 가장 핵심에 있는 논지는 매장이 환경보전과 국토의 효율적 이용을 방해한다는 점이었다. 그러나 문제의 본질은 장묘 방식의 차이에 있는 것이 아니라, 한국 사회에서 죽음을 생각하고 바라보는 인식의 문제에 있다고 하 겠다. 결국 장묘 문화를 행정 정책적 차원, 시민운동의 차원으로만 환원시 켜 버리고 정작 중요한 문제들에 대해 이야기하지 않는 분위기에 대해서는 다소 우려를 표하지 않을 수 없다.[11]

한편 시민단체뿐만 아니라 일부 상조회사들의 경우 죽음 문화 전반에 관 한 적극적인 활동도 펼치고 있으나, 이들의 활동은 여전히 학문적 관심보다 는 장례 문화 개선 캠페인에 동조하는 수준에 머물러 있다. 2014년 8월에도 (사)한국장례업협회와 (사)전국공원묘원협회의 주최로 '한국 장례 문화 발전 을 위한 국회세미나'가 개최되었다. 한국 장례 문화의 현실과 개선 방안이 공중보건학적 측면 등에서 논의되었고, 그와 함께 한국 장례 문화 발전을 위한 웰다잉 교육이 강조되었다.

어찌 되었든 대학에서도 이러한 사회 분위기와 궤를 같이 하듯, 1999 년 서울보건대(을지대)에 장례지도과가 개설되었다. 미국의 영안학과(The mortuary science)를 모델로 한 것이었다. 이어 2000년 동국대 불교대학원에는 장례 문화학과가 개설되었다(2014년 9월 생사문화산업연구소 설립). 그리고 2002년 대전보건대 장례지도과, 2003년 창원문성대 장례복지과, 2004년 서라벌대 장례서비스경영과(장례풍수창업학과), 2012년 동부산대 장례행정복지과 등 주로 전문대학을 중심으로 장례 관련 학과가 다수 신설되었다. 이들 학과의 주요 교과목은 장례학개론, 장례심리학, 장묘제도론, 장례식장 경영론, 회복기술학 등의 실용성 위주로 구성되어 있다. 결과적으로 학과 커리큘럼이 당장 쓰일 수 있는 지식과 기능을 습득하는 데 치우쳐, 죽음이나 주검에 대한 피상적 접근에 그치고 있다고 볼 수 있다. 죽음 관련학의 학문적 가능성을 스스로 제한하고 그 탐구 영역을 협소화 또는 고립시키고 있는 셈이다. 바꿔 말하면 장례문화학이라 불리는 응용학문과 생사학이 상호 관계를 어떻게 설정해야 하는가 하는 논의에서부터 학문의 명칭, 목적, 범위와 내용, 학부와 대학원 간의 학문적 분업과 역할에 이르기까지 학과 및 학문의 자기 위상의 정립을 위한 시도가 이루어져야 할 시기라 할 수 있다. 관련 전문 학과의 개설로 향후 생사학 발전에 하나의 전기가 될 수 있음에도 불구하고, 현 단계에서는 학문적 토대나 산업적 수요가 뒷받침되지 않아 전망이 그리 밝지만은 않다고 하겠다.[12]

요컨대 장묘 문화 개선 운동이나 장례 문화학 관련학과 신설 등이 종합적인 생사학 연구의 수준으로까지 이어지지는 못했다. 하지만 이와 같은 한국의 상장례 문화의 급격한 변화, 즉 병원 장례식장의 이용과 장례 업체의 등장, 화장으로의 전환, 자연장의 권장 등 일련의 사회적 움직임이 일반에 죽음 문제를 공론화하고 현대 사회에서 웰다잉을 위한 죽음 교육의 필요성 등을 이야기하게 만든 것은 분명하다고 하겠다.

3) 죽음학에서 촉발된 연구

한국에 죽음학이 소개된 것은 그리 오래되지 않았다. 1991년에 〈삶과 죽

음을 생각하는 회〉가 창립한 것을 그 효시로 볼 수 있다. 〈삶과 죽음을 생
각하는 회〉는 기독교에 바탕을 두고 죽음학과 죽음 교육의 대중화를 목표
로 계몽 활동을 시작했다. 그 모태가 되는 사회복지법인 각당복지재단은
1987년에 설립되었는데, 당시 한국자원봉사능력개발연구회를 발족하여 한
국 최초로 자원봉사자를 배출하기도 했다. 재단 안에는 1991년부터 시작한
〈삶과 죽음을 생각하는 회〉를 비롯하여, 〈무지개호스피스〉, 〈비행청소년
상담〉, 〈다문화연구회〉 등이 활동 중이다.

이후 2004년, 당시 서울대 명예교수이자 한림대 한림과학원에 있었던 정
진홍과 한림대 철학과 교수 오진탁은 〈밝은 죽음을 준비하는 포럼〉을 창립
했다. 이 포럼은 장기기증운동본부, 장묘개혁범국민협의회, 호스피스학회,
생명나눔실천회 등의 시민단체 회원 및 대학 철학교수, 고교 윤리교사 30
여 명의 모임으로 시작되었다. 또한 2005년에 창립한 〈한국죽음학회〉는 이
화여대 한국학과 교수인 최준식을 회장으로 철학 · 종교학 · 심리학 · 사회
학 · 의학 등의 전문가들을 중심으로 한 학술 포럼이다.[13] 이러한 활동을 통
해 실천 학문으로서의 생사학과 죽음 교육이 국내에 서서히 소개되었다.

그간 서양의 죽음학이나 일본의 사생학 관련 서적이 다수 번역되었고, 죽
음학과 관련하여 임사체험도 많이 이야기되었다. 이제는 종교와 철학뿐만
아니라 의학, 사회학, 심리학, 법학, 교육학, 간호학, 사회복지학 등의 다양
한 분야에서 죽음을 다루고 있다. 죽음학을 소개하며 현대의 웰다잉에 대해
논하는 연구는 점차 늘고 있다. 예컨대 조계화 등의 공저는 간호학 · 교육
학 · 사회복지학 대학생을 위한 죽음학 교재로, 보건의료 · 상담 · 사회복지
등의 전문가를 양성하는 교육 자료에 해당한다.[14] 이는 2004년도부터 2년간
한국학술진흥재단의 교육과정개발연구 '죽음학 교과목 개발과 학습자료 개

발'에 관한 연구 프로젝트 수행에서 이어진 결과물이다.

한국의 경우, 생사학의 주된 실천 분야 중의 하나인 호스피스 활동은 생사학이 소개되기 이전부터 천주교 및 불교, 기독교, 원불교 등의 종교 단체에 의해 비교적 활발히 전개되어 왔다는 점이 특징적이다. 그에 비하면 죽음에 관한 학문적 접근이나 죽음교육은 아직까지도 사회적 인식이 충분하다고는 하기 어렵다.

한국에서 호스피스의 시초는 1978년 강릉 갈바리병원(마리아의 작은 자매회)에서 임종자 간호를 시작한 것이라고 알려져 있다. 1982년에는 서울의 강남성모병원을 중심으로 본격화되어, 대부분의 가톨릭계 병원에서 호스피스를 실시하고 있다. 1991년에는 한국호스피스협회가 창립되었다. 2011년 기준, 전국 43개의 호스피스지정의료기관에서 722병상을 운용 중이라고 한다. 2014년 12월 4일에는 실제 호스피스 병동의 모습을 통해 삶에 대한 의미를 되짚어보는 다큐멘터리 영화『목숨』(이창재 감독)이 공식 개봉되어 화제가 되었다.

최근 한국에서 일어난 웰엔딩, 웰다잉 붐은 안락사 · 존엄사 논쟁에서 촉발된 측면도 있다. 2009년 2월, 평소 존엄사를 긍정해 온 고(故) 김수환 추기경은 무의미한 연명의료를 거부하고 존엄한 죽음을 몸소 실천해 보였다. 같은 시기 서울고등법원은 환자 김 모 씨의 가족이 세브란스 병원을 상대로 낸 민사 소송에서 인공호흡기를 떼라는 판결을 내림으로써 안락사 · 존엄사에 대한 사회적 공론을 불러일으켰다. 이 연명의료 중단을 인정하는 판결 등의 영향으로 2009년 국립암센터에서는 완화의료에 관한 심포지엄 "품위 있는 죽음'을 위한 사회적 합의"를 개최하기도 했다. 같은 해 세브란스병원과 한국죽음학회는 "인간의 생명과 존엄사"라는 죽음학 심포지엄을 열어 의학과 종교의 학제간 접근으로 존엄사 문제를 조망하고자 했다.

또 하나의 요인으로 2011년 유명 연예인들이 잇따라 자살하고, 뒤이어 일반인들의 모방 자살이 계속되면서 자살이 사회적 문제로 크게 대두된 점을 들 수 있다. 대한의사협회는 2011년 '자살은 병인가?'를 주제로 심포지엄을 여는 등, 자살이 질병으로 인식될 수 있도록 적극적인 예방 대책을 제시하고 자살률 감소를 위한 대국민 캠페인을 전개하겠다고 밝혔다. 물론 정부의 제1차 자살 예방 종합 대책이 수립된 2004년을 전후하여 정부·종교계·민간단체의 연합으로 이루어진 자살 예방 관련 활동은 지속되어 왔고, 2009년부터 시작된 제2차 자살 예방 종합 대책에서는 심리적 부검의 도입 계획이 포함되기도 했다.

이러한 사회 분위기 속에서 최근 한국에서는 노인들뿐만 아니라 젊은이들 사이에서도 죽음 교육, 죽음 체험, 웰다잉에 대한 관심이 크게 증가하고 있다. 국내 최초로 노인 죽음 준비 교육 전문 인력 양성 프로그램을 시작한 각당복지재단은 2002년부터 14주 과정의 '웰다잉 교육 지도자 과정'을 개설·운영하고 있다. 이 밖에도 일반인을 대상으로 죽음 준비 프로그램을 직접 실시하는 기관이 많아져, 버킷리스트나 자서전 쓰기, 유언장 작성, 입관 체험, 법적 절차나 장례 방법의 선택 등의 실질적 도움을 제공하고 있다.

3. 한림대학교 생사학연구소의 활동

2004년에 한림대학교 철학과 오진탁 교수가 설립한 생사학연구소는 철학적 관점에서 자살 예방과 죽음 교육에 관여해 왔다. 원래 장자, 불교 등의 동양철학을 전공한 오진탁은 앞의 〈밝은 죽음을 생각하는 포럼〉을 만들고 나서, 1997년부터 학과 내에 죽음 준비 교육 및 자살 예방 교육 과목을 개설, 2011년부터는 생사학 자살 예방 협동 전공 과정을 개설하여 운영해 오는 등, 지난 10년간 한국에서 생사학을 개척해 왔다.

2012년 9월부터 생사학연구소는 한국연구재단이 지원하는 인문한국 프로젝트에 선정되어 중요한 전기를 맞이하고 있다. 2022년까지 10년간 수행하게 될 연구과제는 '한국적 생사학 정립과 자살 예방 지역 네트워크 구축'이다. 한국에서의 생사학 연구가 서양의 죽음학과 일본의 사생학에서 연구 방법이나 연구 대상을 많이 수용하고는 있지만, 한국적 문화 전통이나 한국인의 생사관에 맞는 연구는 충분하지 못한 상황이다. 서양의 죽음학은 생과 사를 단절된 것으로 보고 주로 영성을 강조하는 신학적 기반 위에 성립하여 죽음 교육에 중점을 둔 반면, 일본의 사생학은 죽음학에 바탕을 두면서도 전통적 사생관 및 현대의 생명윤리 문제까지도 포함시켜 연구 대상의 외연을 확대하면서 실천학으로서의 죽음학을 정립하고자 했다. 한림대 생사학연구소는 한국 생사학의 과제가 무엇보다도 한국적 생사학의 정립에 있다고 보고, 바로 그 점을 제일과제로 두고 있는 것이다. 이를 위해서는 지금까지 연구성과를 축적해온 해외기관과의 연대와 협력도 필수적이다.

생사학연구소의 활동 영역은 크게 아래의 세 분야로 나뉜다.

사유와 성찰 ─ 한국 사회의 죽음 이해를 위한 인문학적 융복합 연구
소통과 케어 ─ 불행한 죽음 방지를 위한 학제적 모델 구축
공유와 확산 ─ 사회적 확산을 위한 생명교육 프로그램과 콘텐츠 개발

이하 각각의 연구 활동에 대해 간단히 소개하기로 한다.

1) 사유와 성찰

동서양의 죽음 담론을 포괄적으로 이해하면서 현대 한국 사회의 죽음 문화를 비판적으로 성찰할 수 있는 연구를 지향한다. 연구 성과물은 최종적으로 생사학연구소 기획 총서의 형태로 만들고 있다. 이를 위해 연구소에서 주관하는 국내외 학술대회 및 콜로키움, 워크숍 등을 유기적으로 연계하여 실질적인 공동연구가 이루어질 수 있도록 하고 있다.

〈국내 학술대회〉
○ 제1회 '한국 사회의 죽음문화, 그 현주소를 묻는다'/ 2013년 3월 29일(금)
○ 제2회 '생사학적 죽음 이해의 다양성'/ 2013년 11월 2일(토)
○ 제3회 '연명의료결정 법제화에 대한 학제적 성찰'/ 2014년 4월 23일(수)
○ 제4회 '춘천시 노인의 자살행동과 비애'/ 2014년 12월 11일(목)
○ 제5회 '웰다잉을 위한 죽음준비교육 모델'/ 2015년 3월 25일(수)

〈국제 학술대회〉
○ 제1회 '죽음 정의, 어떻게 할 것인가?'/ 2013년 6월 5일(수)
○ 제2회 '자살예방을 위한 동아시아의 협력과 연대'/ 2014년 5월 14일(수)
○ 제3회 '죽음과 임종을 위한 동아시아의 이해'/ 2015년 2월 25일(수)

생사학연구소에서 기획 중인 총서는 다음과 같다.

① 단독 저서

제목	필자	비고
자살예방 해법은 있다: 죽음 이해가 삶을 바꾼다	오진탁(한림대 생사학연구소)	2013년 출간
자살예방의 철학: 생명교육과 자살시도자 교육 사례	오진탁(한림대 생사학연구소)	2014년 출간
죽음, 부활, 그리고 영생: 기독교 생사관 깊이 읽기	김경재(한신대)	2015년 출간
불교의 생사관과 죽음 교육	안양규(동국대)	2015년 출간
고대 희랍의 죽음 이해	이강서(전남대)	2015년 예정
죽음의 정치학: 유교의 죽음 이해	이용주(광주과학기술원)	2015년 예정
존엄한 죽음의 문화사	구미래(동국대)	2015년 출간
티베트의 죽음 이해: 하늘의 장례	심혁주(한림대 생사학연구소)	2015년 출간
죽음과 고통, 그리고 생명: 신학적 이해	박형국(한림대 생사학연구소)	2015년 출간

② 번역서

제목	역자	원저
좋은 죽음	정효운 (동의대) 배관문(한림대 생사학연구소)	立岩真也, 『良い死』(筑摩書房, 2008)
일본인의 사생관을 읽다: 메이지 무사도에서 영화 〈굿'바이〉까지	배관문(한림대 생사학연구소)	島薗進, 『明治武士道から「おくりびと」へ』(朝日新聞出版, 2012)
성스러운 죽음의 기술	양정연(한림대 생사학연구소)	Kenneth Kramer, The Sacred Art of Dying: How the World Religions Understand Death (Paulist Press, 1988)
구원과 자살: 짐 존스, 인민사원, 존스 타운	이창익(한림대 생사학연구소)	David Chidester, Salvation and Suicide: An Interpretation of Jim Jones, The Peoples Temple, and Jonestown (Indiana University Press, 2003)

③ 공동 저서

제목	필자	비고
죽음, 어떻게 이해할 것인가	오진탁 외 3명	2014년 출간
생과 사의 인문학	12명	2014년 출간
죽음 의례와 문화적 기억	10명	2015년 예정
죽음의 풍경을 그리다: 한국적 생사학을 위하여	16명	2015년 예정
죽음을 두고 대화하다: 동아시아 생사학을 위하여	12명	2015년 예정

일례로 공동저서인 『죽음의 풍경을 그리다: 한국적 생사학을 위하여』의
구성을 보자. 본서는 죽음에 관한 사회적 · 문화적 · 역사적 개념 가운데 매
우 구체적인 주제들을 선별한 다음, 각각의 주제에 적합한 전문가에게 집필
을 의뢰했다. 특히 전통사회의 죽음 이해에 관련된 주제들은 상여, 꼭두, 신
주, 제사, 족보 등 한국 특유의 죽음관을 보여주는 것이라 할 수 있다. 이러
한 것들이 조선 후기부터 근대 초기까지 이어져 오다가 현대에 들어 급격히
변화해 간 양상을 하나하나 살피는 일이야말로 한국의 죽음 문화를 비판적
으로 성찰하는 계기가 될 것으로 본다.

『죽음의 풍경을 그리다: 한국적 생사학을 위하여』			
제1부 전통적 이해		제2부 현대적 성찰	
상여	임현수 (한국종교문화연구소)	생명	정진홍 (울산대)
꼭두	김옥랑 (꼭두박물관)	고독사	이미애 (계명대)
신주	이욱 (한국학중앙연구원)	존엄사	박형국 (한림대)
귀신	강상순 (고려대)	장의사	심혁주 (한림대)
영매	김헌선 (경기대)	화장	정일영 (서강대)
제사	박종천 (고려대)	재해	배관문 (한림대)
족보	차장섭 (강원대)	테러	이창익 (한림대)
장례	세키네 히데유키 (가천대)	근사체험	양정연 (한림대)

2) 소통과 케어

자살 예방을 위한 지역 네트워크 구축이라는 과제 수행을 위해 사회조사팀에서는 춘천 지역에 거주하는 노인을 대상으로 2013년부터 리서치를 실시하고 있다. 사회조사팀의 연구결과는 『춘천시 노인의 자살행동과 비애』라는 저서로 출간될 예정이다.

		연구 목표 및 수행 과제
1단계		현장에서의 죽음인식과 대처방식
	1년차	한국인의 죽음 이해와 죽음대처 유능감 연구
	2년차	자살과 존엄한 죽음의 설문조사와 내용분석
	3년차	죽음과 말기환자 보호태도에 대한 다각적 접근
2단계		자살 위험요인과 사회현상 심층 분석
3단계		자살예방을 위한 통합적 교육모델 제시

또한 간호학 전공 공동연구원이 중심이 되어 개발한 『가정호스피스(완화의료) 돌봄 제공 매뉴얼』이 근간될 예정이다.

3) 공유와 확산

학문 후속 세대 양성과 사회적 확산을 목적으로 2013년 9월부터 생명교육융합대학원(석박사 과정)을 개설하여 운영 중이다. 이 밖에도 생명 교육 및 죽음 교육의 대중적 확산을 위하여 지역 사회를 대상으로 아래와 같이 다양한 활동을 하고 있다.

○ 교사직무연수 "일선 학교의 생사학 프로그램 확산"

○ 시민인문강좌(군부대) "창조적 군생활을 위한 인문학 강좌: 자살예방을 위한 인문학"

○ 독서공모전 "생명사랑 및 자살예방 공모전"

○ "생명사랑을 위한 희망콘서트", "생명영화제", "웰다잉 연극"

○ 대학생을 대상으로 한 블로그 개설, 자살예방 어플리케이션 개발

4. 한국적 생사학의 방향

생사학을 죽음으로부터 삶의 의미를 성찰하고자 하는 실천 철학이라고 한다면, 그 의미는 전통 문화를 되돌아보며 현대 사회의 생활에 깊이 관여하는 죽음에 대해 생각하는 것이라 여겨진다. 즉 문화 현상으로서 죽음을 생각하는 것은 사회적·역사적·문화적 관점에서 죽음을 재조명하는 작업이라고 할 수 있다. 그러한 연구는 각각의 전문 분야를 초월하여 철학, 종교학 등의 인문학에서부터 사회학, 심리학, 의학 등의 학제적 접근을 통해 비로소 가능하다.

또한 생사학의 주요 실천 영역으로는 호스피스, 말기간호, 유족 케어, 죽음교육, 자살예방 등의 생명교육 등을 들 수 있다. 이러한 활동은 정부 및 언론이나 시민단체와도 협력하여 가정·학교·병원 등의 지역 사회의 요청에 부응해야 하는 과제도 안고 있다. 이와 같은 생사학 연구와 활동이 기성 종교나 기성 교파에 얽매일 필요는 없을 것이다. 다만 한국의 경우는 호스피스 활동 등이 이미 각 종교 단체별로 이루어지고 있는 만큼 종교와 교파를 초월하여 한국적 생사학을 모색하는 일이 쉽지만은 않아 보인다.

한국에서는 아직도 죽음에 대해 이야기하는 것이 터부시되고 죽음 교육 등에 대해서도 사회적 인식이 부족한 것은 사실이다. 죽음에 대해 서로 다른 생각들을 자유롭게 이야기할 수 있는 사회 분위기를 조성하는 일은 확실히 중요하다. 그렇다고 해서 생사학이 지향하는 바가 웰다잉이라는 계몽 차원의 캠페인으로 그쳐서는 안 될 것이다. 자살 예방의 목표가 단순히 자살률이라는 수치의 감소가 아니듯, 죽음은 어디까지나 개인적·심리적 문제를 넘어 사회문화적 차원의 문제로 이해할 수 있다. 그러기 위해서는 무엇보다 학문적 기반 마련에 충실해야 하며, 이에 한림대학교 생사학연구소는 한국적 생사학을 정립하는 데 주도적 역할을 할 수 있도록 노력해 갈 것이다.

일본에서의 임상사생학과 임상윤리학의 교차

/ 시미즈 데쓰로

도쿄대학 사생학·응용윤리센터 우에히로 강좌가 현재 진행하고 있는 연구·개발 활동은 임상사생학과 임상윤리학 두 영역에 걸쳐 있다. 첫머리의 이 한 문장만 해도 이것을 한국어나 영어로 어떻게 번역하느냐에 따라 사생학을 둘러싼 학문 문화가 꼭 같지는 않은 비일본어권의 연구자들에게 필자가 바라는 대로 제대로 전달될지 어떨지 불안한 부분이 있다. 이 글에서는 먼저 일본에서 '사생학' 및 '임상사생학'이라 불리는 영역의 성립을 돌이켜보면서 일본에서의 의미를 설명하고(제1장), 그런 뒤에 본 강좌가 진행하고 있는 임상윤리 영역의 활동의 일단을 거기에 융합·포함되어 있는 임상사생학에 특히 주목하면서 살펴보고자 한다(제2장).

1. 미국류 '죽음학'의 성립과 일본의 '사생학'

1) 미국류 타나톨로지의 성립

일본어로 '사생학(死生學)'이라 불리는 학문 영역은 미국 영어로는 '타나톨로지(Thanatology)'이며 어원을 살펴보면 그리스어의 '타나토스(thanatos, 죽음)'와 '로고스(logos/logia, 학문·논리·이치)'를 조합한 조어이다. 오래된 예로는 'Astrologia(점성술)'와 같은 조어법으로서 'Biology(생물학)', 'Psychology(심리학)' 등과 같이 서구의 지식인이라면 이 단어를 보는 것만으로도 죽음을 테마로 한 학문 영역임을 알 수 있다. 실제로 19세기~20세기 전반에는 이러한 일반적인 의미의 '죽음학(死-學)'을 지칭하는 용례를 찾아볼 수 있다(OED; 옥스포드 영어사전). 그러나 1960년대 말, 미국에서 '타나톨로지'는 좀 더 한정된 의미로 사용되기 시작했다. 그것이 다음에 제시하는 OED의 정의에서 볼 수 있는 미국 기원의 용법이다.

○ 죽음, 그 원인 및 사상(事象)에 대한 과학적 연구

○ (미국에서 처음으로 사용되기 시작한 용법) 죽음에 다가가는 것이 미치는 영향 및 종말기 환자와 그 가족의 요구에 대한 연구(The scientific study of death, its causes and phenomena. Also (orig. U.S.), the study of the effects of approaching death and of the needs of the terminally ill and their families.)

덧붙여 콜린스(Collins)의 경우, 영국 영어 용법으로는 OED의 제1용법과 거의 유사한 내용을 제시하고 있지만, 미국 영어 용법으로는 OED의 제2용법

과 거의 같다고 볼 수 있는 내용을 일반적 의미에 부연해서 제시하고 있다.

○죽음, 죽음과 관련된 현상이나 행위에 대한 과학적인 연구(Collins English Dictionary: "the scientific study of death and the phenomena and practices relating to it.")

○죽음, 임종과 관련된 의학적, 심리적, 사회적 문제의 초감각 지각에 대한 연구(Collins American English Dictionary: "the study of death, esp. of the medical, psychological, and social problems associated with dying.")

이와 같이 일반적 용법과 미국 기원의 용법을 구별할 수 있는데, 그 중 후자, 즉 죽음에 직면하고 있는 환자와 그 가족의 요구(needs)에 부응해서 그 케어(care; 돌봄)를 제공하는 학문 영역을 지칭하는 용법을 수반한 '사생학=타나톨로지'가 일본에 들어온 것이다.

미국 기원의 '사생학'이라는 명칭 하에 당시 거론되었던 화제의 일단을 '타나톨로지'의 용례로부터 제시해 둔다.

○ "사생학과 더불어 새로 생겨난 가장 성가신 이슈는 종말기 환자에게 그의 병에 대해 무엇을 말할 것인가에 관한 문제이다.(The most disturbing issue that has arisen anew with thanatology is the problem of what to tell the terminal patient about his illness.) …사생학에 관련된 논쟁의 또 다른 영역은 종말기 환자의 통증을 완화시키는 투약과 관련되어 있다.(Another area of thanatological controversy concerns the administration of drugs to relieve the pain of the terminally ill.)"(New Scientist 2 Mar. 497/2, 1972)

○ "사생학이라는 새로운 분야에서 활동하는 이들은 부모들에게 자녀가 어리더라도 장례식에 데려가도록 권하고 있다.(Workers in the new field of thanatology are encouraging parents to take their children, even small ones, to funerals.)"(*Billings* (Montana)

Gaz. 11 July 3- F/4, 1976)

이러한 움직임 가운데 특히 눈에 띄는 것은 콜롬비아대학 치과학 교수 오스틴 쿠처((Austin H. Kutscher)를 초대회장으로 하는 사생학재단(Foundation of Thanatology)의 활동이다(1969년 창립). 이 재단은 콜롬비아대학을 통해 다수의 사생학 시리즈 서적을 출판했는데, 죽음에 직면한 사람들과 그 가족(유족)의 요구에 부응하기 위한 것으로 의학적 접근법과 기타 접근법을 망라한 폭넓은 시야에 입각한 시리즈이다. 책 제목을 몇 가지 들어 둔다.

○『타나톨로지 저널(*Journal of Thanatology*)』, January-February, 1971(Volume 1, Number 1), 기고자: M.D. Melvin J. Krant, M.D. Alan Sheldon 외 6인, 수록 논문 제목:「죽어가는 환자: 의료의 책무」,「죽어가는 것과 초현상적 의식」,「죽음과 죽어가는 것: 계속적 시점에서의 논의」,「부재를 수용하는 것은 가능한가?」

*이하의 서적은 모두, 간행: Foundation of Thanatology(New York); 발매: Columbia Universty Press.

○『종말기 환자와 유족을 위한 정신약리학적 약제(*Psychopharmacological agents for the terminally ill and bereaved*)』, Ivan K. Goldberg, Sidney Malitz, and Austin H. Kutscher 편저, 1973.

○『종말기 환자: 구강 케어(*The terminal patient: oral care*)』, Austin H. Kutscher, Bernard Schoenberg and Arthur C. Carr 편저, 1973.

○『사별: 그 심리·사회적 측면(*Bereavement: Its Psychosocial Aspects*)』, Bernard

Schoenberg and Austin H. Kutscher 저, 1975.

○ 『사생학의 철학적 측면(*Philosophical Aspects of Thanatology*)』, Florence M. Hetzler and Austin H. Kutscher 편저, 1976.

이를 보면 쿠처 교수가 사생학재단의 리더로서 미국 기원 '사생학'이 미치는 범위에 폭넓게 관여하고 있었음을 알 수 있다. 예를 들어 종말기 환자의 구강 케어를 주제로 한 서적에서 쿠처 교수는 죽음에 직면한 사람들의 케어에 대한 철학적 통찰을 가미하면서 치과의 입장에서 종말기 환자의 구강 케어의 중요성을 논하는 등 사생학의 역사에서 매우 중요한 인물이라고 할 수 있지만 여기에서는 그에 관한 상술을 생략하기로 하겠다.

또 이보다 조금 앞선 시기에 있었던, 현재까지도 영미에서는 큰 영향을 끼치고 있는 활동 및 저작이 있는데 여기에서는 그저 이름만 거론해 둔다.

○ 헤르만 페이펠 편, 『죽음의 의미』, 1965.

○ 시실리 손더스, 성 크리스토퍼 호스피스, 1967.

○ 엘리자베스 퀴블러로스, 『죽음과 죽어감』, 1969.

2) 일본에서의 사생학

이처럼 미국에서 타나톨로지에 새로운 의미를 부여하면서 죽음에 직면한 환자와 그 가족(유족)에 대한 돌봄을 주제로 하는 학문 영역이 형성되었는데, 이것이 일본에 들어오면서 '죽음학(死-學)'이 아니라 '사생학(死生學)'이라는 일본식 명칭을 갖게 된다. 그것은 '死-學(시가쿠)'이라는 말이 주는 이미지, 그리고 발음만으로 의미를 전달하기 어렵다는 등의 사정에서 비롯된 것으로 생각된다. 무엇보다 일본어에는 한자어 '사생(死生)' 내지 '생사(生死)'(현재는 보통 '세이시'라고 발음하지만 불교용어로는 '쇼지'가 된다) 또한 '사생관(死生觀)' 내지 '생사관(生死觀)'이라는 단어가 있었기 때문에,[1] 타나톨로지가 살아 있던 자가 죽는 장면을 문제로 삼고 있는 만큼 '사생' 내지는 '생사'가 적당한 역어라 여겨졌을 것이다(덧붙여 타나톨로지를 직역하면 '죽음학'이기 때문에 '생사'가 아니라 '사생'이 선택되었을 것으로 추측된다).

　일본에서 '죽어 가는 환자에 대한 돌봄'이 주제로 다뤄지게 된 것은 미국에서의 움직임이 있고 나서 그리 오래지 않은 뒤의 일이었다. 단 '사생학'이라는 말이 반드시 핵심어였던 것은 아니었다. 그런 움직임의 일단을 다음에 제시한다.

　　　○ 고노 히로오미(河野博臣, 1928-2003)

　　　1974년, 『죽음의 임상: 죽어가는 사람들에 대한 원조』

　　　1977년, 〈죽음의 임상연구회〉(the Japanese Association for Clinical Research on Death and Dying) 창설

　　　1986년, 〈일본 사이코온콜로지 학회〉 창설

　　　○ 가시와기 데쓰오(柏木哲夫, 1939-)

　　　1978년, 『죽어가는 사람들에 대한 케어: 말기환자에 대한 팀 어프로치』

　　　1984년, 요도가와 기독교병원 호스피스 개설

　　　○ 알폰스 데켄

　　　1983년, 〈삶과 죽음을 생각하는 모임〉

　　　…

○ 1995년,〈일본 임상사생학회〉(J.S.f. Clinical Thanatology) 발족

○ 1996년,〈일본 완화의료학회〉(J.S.f. Palliative Medicine) 발족

이중〈일본 임상사생학회〉라는 명칭은 좀 이상하게 여겨진다. 왜냐하면 미국에서 성립한 타나톨로지의 새로운 용법이 일본에 들어와 사생학이 된 이상, 이것은 임상 활동을 중심으로 한 것이고 이미 '사생학'에 '임상적'이라는 성격이 포함되어 있기 때문이다. 아마도 이러한 명칭을 쓰게 된 데에는 다음과 같은 배경이 있을 것으로 생각된다.

'종말기 케어', '완화 케어'라는 말이 죽음에 직면한 환자의 돌봄을 가리키는 말로 일본에 들어왔을 때 일본의 전문가들은 서구와 일본의 문화적 차이를 의식했다. 분명 당시의 타나톨로지는 지금보다 훨씬 기독교적 색깔이 강했을 것이고, 일본에 그대로 적용할 수 없다고 생각한 임상가들도 많았을 것이다.

따라서 일본 나름대로 죽어 가는 이들에 대한 돌봄을 생각하자는 동기가 생겼고, 그것을 구체적으로 실행하는 과정에서 '사생관'이라는 단어를 써서 '일본인의 사생관' 등의 표현을 사용하였다. 그리고 이 주제에 관한 전문가들은 임상가가 아니라 일본 문화에 관련된 제 학문 영역의 연구자들이었다. 따라서 '사생학'은 이러한 범위까지도 망라할 수 있도록 확장되었던 것이다.[2]

이렇게 해서 '사생학'이라는 용어가 단지 임상 현장에 관계된 분야뿐만 아니라 폭넓게 사용되자, 일반에서는 이것을 오히려 '사생을 어떻게 생각할 것인가, 어떤 마음가짐으로 사생을 마주할 것인가'를 주제로 하는 영역으로 이해하게 되었다. 이것은 미국류가 아니라 본래부터 있었던 일반적 의미로

서의 타나톨로지에 걸맞은 이해라 할 수 있다. 또 일본인은 '사생학'이라는 한자 표현을 보는 것만으로 그것이 어떤 학문인지 이미지를 떠올릴 수 있다는 점도 사생학을 일반적인 의미로서 이해하게 된 이유로 꼽을 수 있을 것이다.

이러한 흐름 속에서 사생학의 하위 구분인 '임상사생학'이라는 영역이 성립했다고 할 수 있다. 즉 현재의 '임상사생학'은 미국을 기준으로 하면 단순히 타나톨로지라고 해도 될 학문이지만, 일본의 사생학은 그 주변부로 확장된 영역이 커져 오히려 미국류의 한정된 의미가 아니라 본래의 일반적 의미로 사용되었고, 그 결과 미국류의 타나톨로지가 포괄하는 영역을 '임상사생학'이라 부르게 된 것으로 생각할 수 있다. 위에 언급한 〈일본 임상사생학회〉라는 명칭에도 그러한 배경이 있었던 것이 아닐까 생각된다.

요컨대 일본의 '임상사생학'은 첫째로 '죽음에 (여러 의미에서) 직면한 사람 및 그 가족(유족)의 돌봄에 기여하는 연구'이다. 둘째로 end-of-life care라는 용어도 있는데, 특별히 '사생학'이라는 말을 쓸 때는 '사생'에 대한 이해를 바탕으로 돌봄에 기여하는 것을 지향한다고 할 수 있다.

3) 도쿄대학의 사생학과 임상사생학

2002년도에 시작된 도쿄대학 대학원 인문사회계연구과의 21세기 COE와, 그것을 이어받아 2007년도부터 진행된 글로벌 COE 프로젝트는 '사생학'을 테마로 한 것인데, 문학부 교원들이 중심을 이루고 있었으며 넓은 의미에서 '죽음과 삶을 주제로 한 학제적 연구'였다. 따라서 이 연구 그룹은 '사생학'을 'thanatology'라 하지 않고 'death and life studies'라 영역해서 '(단지 죽음만을 다루는 것이 아니라) 죽음과 삶을 일체의 것으로서' 연구 대상으로 삼는 학문 영역이라 재정의하고 전 세계에 발신하고자 하는 자세로 활동을 벌여 왔다. 현재의 사생학·응용윤리센터는 사생학이라는 점에서 이 프로그램을 계승한 것이다.

현재 사생학·응용윤리센터에 속해 있는 '우에히로 사생학·응용윤리 강좌'는 2007년에 '우에히로 사생학강좌'로 시작됐다. 이것은 도쿄대학의 사생학 그룹이 2007년도부터 글로벌 COE로서 사생학 연구를 이어 가고자 기획했을 때, 우에히로 윤리재단의 기부강좌를 도입하여 임상 현장과 마주한 사생학을 표방할 수 있는 교원을 둠으로써, 말하자면 미국류 타나톨로지 부분의 강화를 꾀한 것이었다. 그 경향은 현재도 이어지고 있다. 이 글에서는 본 강좌 교원들의 활동 가운데 임상사생학에 관련된 부분을 소개하고자 한다.

2. 임상사생학과 임상윤리
   : 우에히로 사생학·응용윤리강좌의 활동

본 강좌의 현 특임교수인 필자도 특임준교수인 아이타 가오루코(会田薫子)도 임상윤리학 내지 의료윤리학 분야에서 활동해 온 연구자들이다. 필자는 철학·윤리학을 기초로 1987년부터 의료 관계자들과 대화를 시작했다. 처음에는 자신의 활동을 '의료 현장과 마주하는 철학'이라 불렀는데 이윽고 현장의 의사나 간호사를 비롯한 임상 종사자들과 공동으로 임상윤리의 바람직한 형태를 모색하는 활동을 벌이게 되었다. 아이타는 하버드대학 메디컬스쿨 의료 윤리 프로그램의 연구원(fellow)을 거쳐 도쿄대학 대학원 의학계

연구과 과정을 수료하고, 도쿄대학 사생학 프로젝트에 참가했다. 아이타는 '인터뷰 조사에 기초한 윤리 문제에 대한 접근법'이라는 연구법을 사용하고 있다. 지금까지의 주요한 조사는 죽음에 임박한 상황에서 인공호흡기를 어떻게 할 것인가, 고령자가 경구 섭취를 할 수 없게 되었을 때 '위루(胃瘻)'로 대표되는 인공적 수분·영양 보급법의 도입을 어떻게 할 것인가에 관한 것이었다.

이렇듯 같은 분야에 대한 다른 접근, 즉 철학·윤리학적 접근(시미즈)과 의료사회학적 접근(아이타)의 협력에 의해, 최근 몇 년간 일본 사회에서 큰 관심을 불러일으켰던 '위루' 문제에 직접적 영향을 미친 실천적 연구 성과를 낼 수 있었다. 즉 일본 노년학회 이사회가 가이드라인의 제정을 지향하게 되었고, 아이타가 중심이 되어 이 문제에 관한 의식 조사를 실시했다(2010~2011년). 시미즈가 정리 및 초안을 담당, 가이드라인 안을 작성하였고(2012년 3월), 이것이 일본 노년의학회의 가이드라인으로서 거의 원안 그대로 공인되었다(2012년 6월). 시미즈와 아이타는 이것과 병행해서 가이드라인에 준한 환자·가족의 의사 결정을 지원하는 툴도 작성했다. 가이드라인은 이후 일본의 고령자 돌봄 양상에 영향을 미치고 있다.

이 가이드라인은 총 3부로 구성되어 있는데 제1부는 의사 결정 절차의 바람직한 형태에 대해서, 제2부는 생명을 어떻게 생각할 것인가에 대해서 일반적 지침을 제시하고, 그를 바탕으로 제3부에서는 제1부, 제2부의 사고방식을 인공적 수분·영양 보급법에 적용하고 있다. 제1부는 요컨대 '관계자가 모두 같이 잘 고려해서 결정하자'는 것이며, 이것은 임상윤리 영역에서 1980년대 후반 이후의 활동에서 줄곧 제창해 왔던 것이다. 또 제2부는 '인생의 최선을 목표로 생명에 어떤 방식으로 개입할지 혹은 말지를 생각하자'는

것이다. 이것 또한 임상윤리의 각론으로, 죽음에 직면한 사람들을 대상으로
한 치료의 바람직한 형태에 대해서 '연명 우선이 아니라 삶의 질(Quality of Life,
QOL) 우선'이라는 슬로건 하에 제창해 왔던 것이며, 임상사생학의 주요한 주
제 가운데 하나이기도 하다. 죽음으로 향해 가는 인생의 최종 단계에서 사
생을 어떻게 생각하고 평가할 것인가 하는 문제이기 때문이다.

따라서 이상의 두 가지 문제(의사 결정 과정 · 사생의 평가)를 중심으로 활동을
개관해 보겠다.

1) 의사 결정 과정: 정보 공유에서 합의로

본 강좌가 중심이 되어 활동하고 있는 임상윤리 프로젝트는 사람들이 의
사소통을 통해 모색해 가는 의사 결정의 과정을 '정보 공유에서 합의로'라
는 큰 틀 속에서 파악할 것을 제창하고 있다. 이것은 '인폼드 콘센트(informed
consent)'를 키워드로 하면서 의료 방침 결정의 과정을 '설명과 동의'로서 파악
하는, 일본의 치료 현장에서 1990년대 이후 유통하고 있는 사고방식을 비판
하며 제시한 것이다.

인폼드 콘센트

'informed consent'가 일본에 처음 도입되었을 때 '설명과 동의'로 해설되
었던 탓에 '설명과 동의'라는 의미를 지닌 일본식 영어 '인폼드 콘센트'가 성
립하게 된다.[3] 본래의 'informed consent'는 의료 방침을 결정할 때 환자가
필요한 정보를 보유한 상태에서(informed) 동의하는 것이 필요함을 나타내는
용어이다. 그런 만큼 이것은 부당한 의료 개입으로부터 환자를 보호하는 역

할을 하는 것이지 반드시 의사 결정 과정의 전체상을 나타내는 것이라고는 할 수 없다. 하지만 '설명과 동의'라고 해설됨으로써 일본의 의료 현장에서는 이것이 마치 의사 결정 과정의 구조를 나타내는 것인 양 쓰이게 되었다 (〈그림 1〉 참조).

〈그림 1〉 동의 모델에서 의사 결정 과정

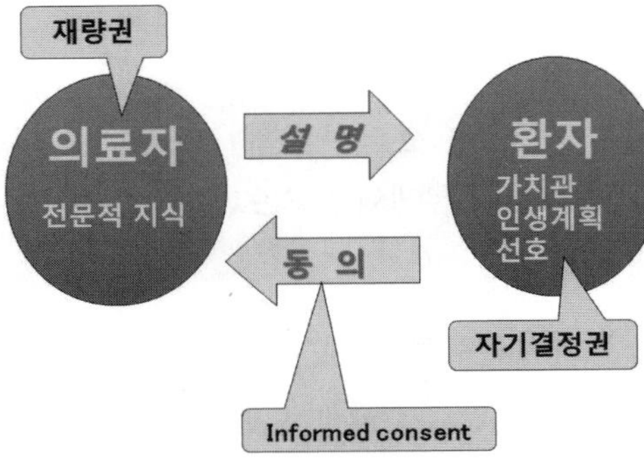

즉, 치료 방침을 결정해야 하는 상황에서 의료 측의 역할은 '후보가 되는 선택지에 대해 (보통은 특정 선택지의 권유와 더불어) 적정한 설명을 하는 것'이며, 환자는 '그것을 이해하고 어떻게 하고 싶은지 (가족과 상의하든지 해서) 결정하는 것'이 요구되었다. 의료 측은 허용 가능한 선택지의 범위를 정하고(이것이 의사의 재량권 행사), 환자 측은 그중 희망하는 것을 선택한다(이것이 환자의 자기결정권의 행사). 즉, 양자는 결정을 분담해서 한다. 이것은 의료 측과 환자 측의 관계를 신뢰 관계가 아닌 소원한 관계로 보는 방식이다. 따라서 개개인의 상대적 독립과 자율을 존중하면서도 돌봄을 제공하는 측과 제공받는 측의 공동성을 추구하는, 신뢰 관계를 기반으로 하는 방식을 지향하는 방향으로 전환해야 할 필요가 있다.

일본의사회가 '설명과 동의' 모델의 사고방식을 제시한 것은 1990년 3월 이었는데, 필자는 이에 대해 곧바로 문제의식을 표명하고 1991년 이후 여러 차례에 걸쳐 비판하는 글을 썼다. 그 과정에서 '결정 분담론이 아닌 공동 결정론'이라는 표현을 쓰게 되었고(1993년 공동 행위론),[4] 그것이 현재는 '정보 공유–합의' 모델이 되었다.

'정보 공유-합의'라는 과정 파악

'정보 공유에서 합의로'라는 과정 파악을 '설명과 동의'와 비교해서 말하면, 먼저 ① 쌍방향의 정보의 흐름이 존재한다. 즉 환자 측에 대한 의료 측의 설명(의학적 정보 중심=biological한 정보)과 의료 측에 대한 환자 측의 설명(환자의 인생이나 사고방식에 대한 정보 중심=biographical한 정보)을 통해 정보를 공유한 상태에서, ② 한쪽이 다른 한쪽에 동의하는 방식이 아니라 쌍방(당사자)의 합의를 목표로 한다.[5]

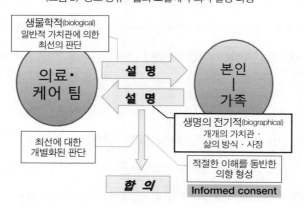

〈그림 2〉 정보 공유 - 합의 모델에서 의사 결정 과정

따라서 상술한 바와 같이 '설명과 동의'가 결정 분담론인 데 반해, 이 프로세스 파악은 공동 결정론이다. 또 여기서 '인폼드 콘센트'는 먼저 합의가 성립된 상태에서, 환자가 이를 바탕으로 의료자에게 합의된 치료의 시행을 허락하는 것이다. 합의를 목표로 한다는 것은 당연히 환자 측이 납득하고 일정한 의료 방침을 선택한다는 것을 포함하며, 그런 까닭에 의료자는 필요에 따라서는 단순히 설명만 하는 것이 아니라 환자가 자기 결정을 내릴 수 있도록 어떻게 도와줄지를 고려하게 된다. 이러한 프로세스 파악에 따라 의료 방침의 결정은 환자의 인생 전반을 이해한 바탕 위에서 이루어져야 한다는 방식을 인정하게 될 것이며, 삶의 이야기를 만들며 살아가는 환자 중심의 의료를 실현할 수 있을 것이다.

또한 '정보 공유에서 합의로'는 의사소통을 통한 합의를 지향함으로써 상대를 '인간으로서 존중하는' 자세에 서 있으며, 의학적 관점뿐 아니라 인생 전체를 보는 시점에서 '상대의 최선을 목표로 하는' 자세를 취하고, '사회적 시점에서의 적절성'을 요소요소에서 체크하는 등 의료자의 윤리적 자세(인간 존중·사회적 적절성)에 부합하는 것이다. 실제로 환자와 진지하게 대면하는 의사들은 자연스럽게 이러한 자세를 취하며 결과적으로 '정보 공유에서 합의로'라는 친화적인 의사 결정 과정으로 이어진다는 것이 조사 결과 밝혀졌다.[6]

임상윤리 검토 시트 · 임상윤리 에센셜즈 · 임상윤리 세미나

우리는 '정보 공유에서 합의로'라는 과정 파악에 기초하여 『임상윤리 검토 시트』를 핵심으로 하는, 각 현장의 구체적 사례에 대한 검토 방식을 제안하고 있다. 이것은 일정한 양식의 시트에 기입하면서 생각하게 함으로써 윤리적 검토에 필요한 핵심을 파악할 수 있도록 한 것이다. 바꿔 말하면 검토 시트는 의료자가 임상의 윤리적 자세(=윤리원칙) P1~P3를 체현할 수 있도록 설계되어 있다.[7]

우리는 이 시트와 임상윤리 사고방식을 세미나용 문서로 만든 『임상윤리 에센셜즈』를 가지고 전국에서 당일치기(평균 9시 30분~17시) 임상윤리 세미나를 진행해 왔다. 예를 들어 2013년도에는 전국 12개소에서 세미나를 진행했는데 총 2000명 이상이 참가했다. 세미나에서 검토하는 사례에는 생사에 관련된 치료 선택이나 삶의 마지막 시기를 어떻게 보낼 것인가 하는 것을 테마로 하는 경우가 많고, 또한 환자와 가족이 죽음을 어떻게 받아들이고 있는지가 검토의 주안점이 되는 경우도 많다. 이와 같이 임상윤리와 임상사생학은 융합되고 있는 것이다.

환자도 가족도 참가

정보 공유-합의 모델의 방식에서, 예컨대 치료 선택 과정에서 결정을 내리는 것은 환자 혼자가 아니라 관계자가 공동으로 결정하게 된다. 물론 이것은 어떤 치료를 환자가 꺼려 할 때 '의료자도 가족도 이게 좋다고 하니 따르라'는 식으로 강요하는 것과는 전혀 다르다. 환자의 삶의 방식, 인생관·가치관을 듣고 이해하고자 하며, 그러한 사고방식으로 어떻게 하는 것이 살아있는 환자 본인에게 가장 좋은지 주위에서도 고려하는 것이기 때문에, 오히려 환자 본인의 가장 자기다운 결정을 주위 사람들이 돕는 방식의 공동결정이다.

환자가 의사 결정에 참가할 수 없을 때

따라서 환자가 의사 결정에 참가할 수 없는 상태(의식불명이거나 치매의 진행으로 책임 있는 판단이 어려운 경우 등)일 때 어떻게 하는 것이 좋은가에 대해서도 미국에서 수입된 사고방식은 부적절하다고 할 수 있다. 그러한 사고방식은 다음과 같다.

① 환자의 의사 확인이 가능할 때 본인이 결정한다.
② 환자의 의사 확인이 불가능할 때는 가족이나 대리인이 결정한다.
③ 그것도 불가능한 경우, 환자에게 최선이 되도록 검토해서 결정한다.

이에 반해 정보 공유–합의 모델의 사고방식에서는 뒤에 서술할 인간 존중의 자세로부터 다음과 같이 된다(일본 노년의학회의 가이드라인 1.4에 채용된 정식).

① 환자의 의사 확인이 가능할 때
(1-1) 환자를 중심으로 상의해서 합의를 지향한다.
(1-2) 가족의 당사자성 정도에 따라 가족도 참여하게 한다. 또 가까운 장래에 환자의 의사 확인이 불가능해질 사태가 예상되는 경우에는 더욱 더 의사 확인이 가능할 때부터 가족도 참여하게 해서 환자의 의사 확인이 불가능해졌을 때의 합의체 전환이 원활히 이루어지게 한다.

② 환자의 의사 확인이 불가능할 때
(2-1) 가족과 함께 환자의 의사 및 최선의 방향을 검토하고, 가족의 사정도 함께 고려해서 합의를 지향한다.

(2-2) 환자의 의사 확인이 불가능해지더라도 환자의 대응 능력에 맞춰 환자에게도 설명해 주고 환자의 마음을 우선적으로 살핀다.

환자의 의사 확인이 가능한 상황에서도 가족이 참가할 필요가 있다(1-1)는 것은 가족은 보통 제삼자가 아니라 돌봄의료에 참여하거나 혹은 그 영향을 받는 당사자이기 때문이다(이 점에 대해서는 뒤에 다시 논한다). 특히 종말기 돌봄의 경우, 현재는 환자의 의사 확인이 가능하다고 해도 언젠가 불가능할 때가 닥쳐온다. 그때까지 울타리 밖에 있던 가족에게 갑자기 환자를 대신해 결정에 참여하라고 해도 원활히 진행되지 않는 경우가 많다. 실제로 필자가 진행한 임상윤리 사례 검토에서도 종종 '환자는 지금까지 우리와 상의 같은 건 하지 않았고 자기가 모든 걸 결정해 왔기 때문에…'라며 당혹스러움을 감추지 못하는 가족, 그리고 이번에야말로 자신들이 결정할 차례라는 듯이 지금까지의 방침을 무시하는 듯한 선택을 희망하는 가족도 등장한다. 전환이 원활하게 이루어지도록 하기 위해서는 상의하는 자리에 가족도 환자와 함께 참여해서 합의에 동참하는 것이 바람직하다.

(2-2)에 대해서는, 예컨대 치매가 진행된 경우, 환자가 앞을 내다보고 현재 필요한 선택을 할 수 있는 능력은 이미 상실했을지도 모르지만 기분만큼은 여전히 남아 있어서 고통을 피하고 싶다, 쾌적하게 지내고 싶다는 생각을 바탕으로 좋고 싫음을 표명하는 경우가 있다. 그 기분을 무시하고 일을 진행하는 것은 환자를 사람으로서 존중하는 것을 게을리하는 것으로 부적절하다.

다음으로, 환자 본인에게 최선일 뿐만 아니라 가족의 최선도 함께 배려해야 한다는 점은 가족이 당사자로서 의사 결정 과정에 참가하는 것을 통해

(1-2), 또한 가족 자신의 사정도 배려하는 것을 통해(2-1) 달성될 수 있을 것이다. 확실히 환자를 중심으로 생각하면 환자의 최선을 고려하는 것은 당연하다. 하지만 거기서 나온 최선의 선택지가 가족에게 상당한 희생을 강요하거나 혹은 피해를 끼칠 것이 예상되는 경우, 그래도 환자의 최선만을 고려하는 것이 맞느냐고 한다면 그렇지는 않을 것이다. 또 환자 본인이 나아갈 길을 선택하는 것이라 해도 그것은 가족에게도 일정한 선택을 강요하는 경우가 많다. 예를 들어 환자가 재택 요양을 희망하더라도 그것은 가족에게 돌봄의 부담을 주기 때문에 가족이 주저하는 경우가 있다. 즉 이러한 경우 요양 장소의 선택에 대해 가족은 단순히 제삼자가 아니라 당사자이다. 그리고 환자와 가족의 이해가 충돌하기에 더더욱 타협점을 이끌어내는 것이 필요하게 된다.

이상, 환자가 책임 있는 선택이 가능한 경우라도 가족이 의사 결정 과정에 참가하는 것이 바람직하다는 것을 지적했는데, 여기서 참가의 정도는 '당사자성의 정도'에 따라 상대적이라고 했다. 그렇다면 가족의 당사자성에 대해 잠시 확인해 보기로 하자.

가족–사랑이라는 이름의 지배

서구에서 수입된 윤리에서는 의사 결정 과정에서 가족의 자리매김이 불분명하다. 결국 제삼자로서, 공평성이라는 관점에서 환자와 이해의 균형을 고려하는 방식이 될 것이다. 그러나 우리는 가족은 제삼자가 아니라 당사자라고 이야기한다. 왜냐하면 가족은 다음과 같기 때문이다.

① 환자의 발병으로 인해 여러 문제를 안고 있다(질병에 따라서는 인생 전체에 영

향을 미친다). 그래서 WHO는 완화 치유의 정의에서 가족도 환자와 함께 돌봄의 대상이 된다고 밝히고 있다.[8]

② 많은 경우 환자의 요양생활을 지탱할 돌봄의 담당자로서 기대된다. 돌봄 활동에 참가하는 이상, 어떠한 돌봄을 실행할 것인가에 대한 의사 결정에 참가할 필요가 있다(결정에 참가하지도 않았는데 분담을 요구하는 것은 부적절).

③ 많은 경우 환자의 인생관·가치관을 알고 있으며, 그 의사를 대행할 제1 후보이다.

요컨대 가족은 돌봄의 대상으로서, 또한 돌봄의 분담자로서, 당사자가 될 가능성이 크다. 따라서 실제로 현재 돌봄의 대상으로 삼아야 하는지 아닌지, 혹은 분담자로서 기대할 수 있는 상황에 있는지 아닌지에 따라 당사자성은 높아지거나 낮아지게 된다.

단, 가족의 인간관계에는 따뜻하다고만 할 수 없는 측면도 있다. 가족 내 인간관계에서는 상호간에 '모두 같이'라는 자세가 지배적이어서 많은 경우 서로를 배려하고 도와주는 따뜻한 관계가 실현되고 있는 듯 보인다. 하지만 반면 '모두 같이'라는 생각 때문에 환자 본인에게 양해도 구하지 않고 환자에게 무엇이 최선인가를 마음대로 판단해서 돌봄 방침을 선택해 버리거나, 거꾸로 이해가 충돌할 때 가족의 생존을 우선시해서 환자의 희생을 강요하는 등, 때때로 의료·개호(介護) 측이 봤을 때 부적절해 보이는 대응을 하는 경우가 있다. 이것은 '모두 같이'라는 자세에 늘 붙어 다니는 그림자와 같다고 할 수 있다. 이런 모습을 '사랑이라는 이름의 지배'라고 부른다.[9]

예를 들어 가족이 의료자에게 "경과가 좋지 않다는 얘기를 환자한테는 절대 하지 말아 주세요"라고 요청하는 경우가 있다. 가족은 당연히 환자의 양해 없이 그런 요청을 한다. 그리고 환자에게 제대로 정보가 전달되지 않음으로써 많은 경우 환자는 적절한 선택을 할 수 없게 될 것이다. 그런 까닭에 가족은 종종 상황 설명 없이, 또는 사실과 다른 설명과 함께 환자에게 일정한 선택을 강요하기도 한다. 여기서 의료자와 환자 사이는 타인관계이고 가족관계와는 다른 윤리('사람들 제각각'이라는 자세)가 적절히 작용해서 환자가 주권을 지닌 영역에 자신들이 멋대로 개입(간섭)할 수 없다는 인식을 갖는다. 따라서 이러한 상황에 직면한 의료자는 환자의 의사를 무시하는 듯한 가족의 행동에 곤혹스러움을 느끼는 것이다.

이런 경우 의료·개호 팀으로서는 '모두 같이'에 편중된 의사 결정 과정의 진행은 바람직하지 않다고 생각해서 다소 '사람들 제각각'이라는 자세 쪽으로 치우치려는 노력을 하게 된다. 예를 들어 환자의 인생관·가치관을 화제로 삼음으로써 가족이 자기 생각을 마치 환자의 생각인 양 간주하는 상태를 다시 생각하게끔 돕는다. 또 환자를 위해 가족이 지나치게 자신을 희생할 경우, 그것은 아름다운 일이기는 하지만 가족이 피폐해지면 오히려 환자의 돌봄에 도움이 되지 않는다는 것을 알려줌으로써 환자와 가족이 서로 균형을 유지하도록 한다. 때로 가족이 자신들의 형편을 전면에 내세우거나 할 때는 환자에게 무엇보다 소중한 마지막 시간들에 대한 배려를 촉구하는 경우도 있다. 이 글에서는 이러한 조정의 과정과 내용에 대해 더 깊이 파고드는 일은 보류하기로 한다.

2) 임상의 윤리 원칙

의사 결정 과정에 관해서 '설명-동의' 모델을 비판하고 '정보 공유-합의'

모델을 제안하는 일은 미국에서 수입된 보샹과 칠드러스(Tom L. Beauchamp & James F. Childress)의 4윤리 원칙 세트를 비판하고 대안을 제시하는 것을 수반하기도 했다. 필자는 의료라는 돌봄 활동에 대해 기술하면서, 그 '진행 방식'과 '목적', 그리고 현재의 의료가 원초적 케어에 비해 사회적 장치화된 특징에 기초하여 '사회적 관점'이라는 좌표축을 세우고, 각각에 대해 기본적인 사회적 요청을 도출함으로써 임상의 윤리 원칙을 '인간 존중'·'여익(與益; 환자의 이익을 생각함)'·'사회적 적절성'의 세 가지로 정리한 생각을 제시했다.[10] 이것은 결국 미국에서 유래한 4원칙과 다음과 같은 관계에 있다.

〈표 1〉 임상의 윤리 원칙

보샹 & 칠드러스의 4원칙	임상윤리 3원칙(시미즈≒벨몬트 보고서)
Respect for autonomy(자율 존중)	인간 존중
Beneficence(여익)	여익(與益)
Non-maleficence(무가해)	
Justice(정의)	사회적 적절성

○ '인간 존중'(시미즈)은 '자율 존중'(보샹 & 칠드러스)을 포함하지만 보다 광범위하다.

○ '여익'(시미즈)은 '여익'과 '무가해'(보샹 & 칠드러스)를 포함한다.

○ '사회적 적절성'(시미즈)은 '정의'(보샹 & 칠드러스)와 실질적으로 동등하지만, 보다 원리에 충실한 이해 방식을 나타낸다.

여기서 '여익'과 '무가해'를 하나의 원칙으로 볼 것인가 두 가지 원칙으로 볼 것인가는 딱히 일본의 특징적인 문제가 아니며 또 임상 실천에는 별로 영향이 없기 때문에 생략한다. 또한 '정의'—'사회적 적절성'은 전자의 해석이 후자이며, 그 내용에 대해서는 미국과 일본 간의 문화적 차이가 있기에 나름의 문제는 있지만 여기서는 생략한다. 윤리 원칙으로 서로 가장 다른 것은 '자율 존중'과 '인간 존중'일 것이다. 그렇지만 4원칙을 제창한 보샹은 그에 앞서 '인간(인격) 존중', '여익', '정의'라는 3원칙을 제창한 '벨몬트 보고서'에도 관여했었다. 즉 보샹과 칠드러스에게 있어 자율 존중은 인간 존중의 좀 더 적확한 표현이었던 것이다. 거기에는 인간에게 무엇이 중요한가에 대한 미국 문화(오히려 WASP=White Anglo-Saxon Protestant 문화라고 해야 할 것이다)가 전제되어 있다. 그들은 인간 존중의 핵심은 개개인이 자기 삶의 방식을 스스로 선택해서 나아가는 것을 막지 않는 것이라고 생각한 것이다.

하지만 일본 문화 또는 돌봄이라는 활동에서는 개개인이 남에게 방해 받는 일 없이 자기 길을 선택해서 나아간다는 것도 분명 중요하지만, 상대를 사물이 아닌 사람으로 존중하는 자세를 취한다는 것은 자율 존중만으로 다 되는 것이 아니다. 상황을 계속 파악하면서 상대를 생각해서 '간섭적인', '개입적인' 말을 하는 일도 있고, '상대의 기분에 공감한다, 상대를 수용 · 포용한다'는 등의 대응도 또한 상대를 사람으로서 존중하는 것이다. 사람은 자기 길을 자기 혼자 마음대로 결정하는 것이 적절한 경우도 있지만, 한편으로 그것은 '자기 중심적'일 수 있기 때문에 가족과 상담해서 결정하는 것이 적절한 경우도 있다. 이렇듯 인간관계에서 적절성의 이해는 문화 상대적이라 할 수 있기 때문에 좀 더 보편적인 '인간 존중'을 원칙으로 해야 한다.

이상과 같은 이유에서 인간 존중에 대해 다음과 같이 설명할 수 있다. 또한 다음 설명에는 필자가 최근 생각하는 인간관계 윤리의 두 가지 요소라는 이해가 전제되어 있다. 그 두 가지는 '같음의 윤리' 내지 '모두 같이'(상대를 자신과 같다, 즉 동료라고 파악해서 서로 협력하고 돕자고 하는 자세)와, '다름의 윤리' 내지 '사람들 제각각'(상대를 자신과 다르다, 즉 제각각이라고 파악해서 서로에게 간섭하지 말자고 하는 자세)이다. 이 두 가지 자세를 상대와의 거리에 알맞은 비율로 섞어 대응하는 것이 윤리적으로 적절한 대응이 된다는 이론이다.

상대를 인간으로서 존중한다

케어를 진행할 때의 인간관계에 관한 자세이다. '같음의 윤리'에 기인하는 '의사소통을 유지하고 서로 돕자'는 자세와, '다름의 윤리'에 기인하는 '서로에게 간섭하지 말자(상대의 영역에 들어갈 때는 당사자의 허락을 구하자)'는 자세로 이루어져 있다. 후자는 '자율 존중' 원칙과 다름없지만, 전자는 상대와의 공동(共同)을 지향하는 방식으로 상대의 기분이나 개성, 그리고 서로의 신뢰관계나 상호 이해를 중시하는 자세, 또한 애초부터 돌봄의 태도로 상대를 대하는 자세도 포함된다. 상대를 인간으로서 존중한다는 것은 바로 돌봄을 진행할 때 상대와의 관계에 맞춰 이 두 가지 자세(같음과 다름)의 균형을 유지하면서 의사소통을 진행하는 것을 말한다.

3) 생의 평가: 인생과 생명

생물학적 생명과 전기적 삶

위에서 언급한 'biological'과 'biographical'이라는 것에 대해 덧붙여둔다. 신체에 정위(定位)해서 생을 파악할 때 대상이 되는 것은 '생물학적 생명(=biological life; 생명에 대한 논(로고스)이 대상으로 삼는 생명)'이다. '(신체가) 살아 있다'는 것을 성립시키는 생명이며 의학이 대상으로 삼고 있는 것이다. 이에 반해 사람들의 의사소통의 원 안에 참가하는 주체인 나는 '나는 산다'고 말한다. 우리는 각각 자신의 삶의 이야기를 주위 사람들의 삶의 이야기와 결부시키고 중첩시키고 만들어 내면서 산다. 그 '산다'는 것을 성립시키는 것을 '전기적 삶 (=biographical life; 삶의 이야기의 주제가 되는 삶)'이라 부를 수 있다.

전기적 삶은 생물학적 생명 없이 성립할 수 없지만, 가치라는 점에서는 생물학적 생명 상태의 좋고 나쁨을 평가하는 원천이다. 예를 들어 식사를 못하게 되는 것이 보통 '나쁘다' 또는 '치료를 요한다'고 평가되는 것은, 연하(嚥下; 삼켜서 넘김)기능 운운하는 신체의 주체인 전기적 삶에 있어 식사를 못하게 되는 것이 불편하기 때문으로, 신체 자체에만 한정해서 보면 '나쁘다'는 평가는 나오지 않는다. 또 수명이 긴 것이 짧은 것보다 좋다는 것도 일반적으로 수명이 긴 편이 전기적 삶을 좀 더 풍요롭게 하기 때문에 좋다는 것이다.

의료 측이 환자 측에 제공하는 의학적 정보에는 종종 특정한 선택지(치료방침)가 다른 것보다 낫다고 하는 정보가 포함된다. 그 우월의 평가 역시 전기적 삶의 차원의 평가에서 기인하고 있다. 단 그것은 일반적인 (혹은 평균적인) 사람들의 전기적 삶에 있어 그 치료 방침이 좀 더 좋다는 판단으로, 현실의 당사자인 개별 환자에게 그것이 좋은지 어떤지는 개별 환자의 전기적 삶을 참조하지 않고서는 단정할 수 없다. '정보 공유에서 합의로'라는 프로세스 모델에서 의료 측이 환자 측의 전기적 삶에 대한 정보를 얻어야 한다는 것은 바로 이 해당 환자 본인의 최선을 생각하기 위해 필요하기 때문이다.

이러한 사고방식이 일본 노년의학회 가이드라인 제2부의 기초가 되고 있다. 그것은 이 가이드라인의 작성 배경으로, 고령자가 경구 섭취를 할 수 없게 되었을 때, '인공적 영양 보급에 의해 생명이 더 연장될 수 있다면 그렇게 해야 하는가' 하는 물음에 답해야 할 필요가 있었기 때문이다. 그리고 위에 기술한 것은 '생물학적 생명의 연장'은 단지 그것만으로 좋은 것이 아니라 그것에 의해 전기적 삶이 좀 더 풍요롭게 전개될 수 있을 경우 좋다는 것을 나타낸다. 이것은 생명의 가치를 어디에서 찾을 것인가를 둘러싼 문제이자 바로 사생학의 과제이다.

연명 우선에서 삶의 질 우선으로

바로 위에서 논한 화제를 봐도 알 수 있는 것처럼 우리의 임상사생학 관련 활동에서 핵심에 있는 것은 사람의 생명을 어떻게 평가할 것인가에 관한 것이다. 이 화제는 1980년대부터 현재에 이르기까지 일본 의료계에서 중요한 문제가 되어 왔다.

사회적인 관심은 먼저 암 치료(완화적 대응을 포함) 장면에서 시작됐다. 1980년대 중반, 사람들은 암 말기라도 '일분일초라도 더 오래 살 수 있도록 의료가 힘 써주길 바란다'고 생각하는 경향이 있었고(나는 그렇지 않았지만) 의사들도 그것이 자신의 임무라 생각했다. 그래서 말기 암 환자라도 마지막 시간을 가족들과 조용히 보내거나 하지 못한 채, 결국에는 집중치료실 침대에 누워 몸 여기저기에 수많은 튜브와 코드를 달고 그것들이 수많은 기기에 연결된 상태에서 죽음을 맞이해야 했다.

무의미한 연명치료로부터의 탈피

그런데 1980년대 말부터 1990년대, 그러한 환자의 최후 상태를 '스파게티 증후군'이라 비판적으로 부르고 '무의미한(환자에게 이익을 주지 못하는) 연명치료는 안 했으면 좋겠다', '어차피 낫지 않는다면 더 이상 항암 치료는 하지 말고 남은 시간을 조용히 보내고 싶다'는 목소리가 점점 커져서 마침내 현재는 다수파가 되어 가고 있다.

그러한 가운데 1996년 일본 완화의료학회가 발족했다. 이 학회는 의학계 학회였지만, 완화 돌봄·의료는 의학만으로 대응할 수 있는 문제가 아니라 인문과학·사회과학과도 협력해서 전인적인 대응을 하는 것이 필요하다는 인식에서, 문과계 학문 영역을 대표해서 필자가 발족 당시 이사에 가담하게 되었다.

종말기의 수액

완화 의료라는 영역에서 90년대 후반 화제가 된 것은 수액의 종료와 지속적인 깊은 진정(鎭靜)이었다. 당시만 해도 많은 의료자들은 자연스러운 음식 섭취가 불가능한 환자에게는 말기까지 수액(기초수액과 영양수액 쌍방을 포함)을 투여해야 한다고 생각했다. 더구나 건강한 사람과 말기 환자에게 필요한 수분량의 차이에 대해서도 제대로 파악하지 않고 마지막까지 통상적으로 필요한 양을 투여했기 때문에, 다 사용되지 못한 수분이 체내에 쌓이는 현상을 자주 볼 수 있었다. 이에 대해 재택 돌봄을 실시하던 어느 의사가 처음으로 말기 환자에 대한 수액은 중단하는 편이, 적어도 투여량을 극히 적게 하는 편이 환자의 부담을 줄이고 편하게 지내게 할 수 있다는 문제를 제기하고 실천하게 되었다. 당초 현장의 간호사들 중에는 이에 저항하는 움직임도 있었지만 실제 해 보니 환자의 상태가 좋아져 납득하게 되었다. 이러한 지식과 실천이 확산되자, 일본 완화의료학회는 이윽고 종말기의 수액에 관한 가이드라인을 내놓았다.

여기서 수액 투여를 중지하거나 시작하지 않는 것은 '소극적 안락사'가 아닌가 하는 생각에, '안락사'라는 말에 지레 겁을 먹거나, '소극적'이라면 윤리적으로 인정할 수 있다고 주장하는 등의 논쟁이 있었다. 나는 '여기서 수액을 중지한다는 것은 환자의 삶의 질(QOL)을 유지하거나 높이기 위한 선택으로, 죽음을 선택하는 것이 아니기 때문에 소극적 안락사에 해당되지 않는다'고 주장했다. 사실 종말기 환자에 대해서는 생명 유지를 위해 통상 필요하다고 여겨지는 치료의 '억제와 종료'가 반드시 환자의 여명을 줄인다고 한정할 수 없는데도, 생명 유지의 억제와 종료=소극적 안락사라는 몰이해가 일본뿐 아니라 세계적으로 널리 퍼져 있어서 현장을 모르는 어설픈 생명윤리학자 · 의료윤리학자 중에는 현재까지도 그 몰이해 속에 빠져 있는 사람들이 많다.

이와 같이 암의 종말기가 화제가 되었던 1990년대, 종말기의 수액 억제와 종료에 대해서는 이론적으로 일단락 지어져, 일본 완화의료학회의 가이드라인 작성 과정에서 이것이 법적으로 문제가 되는 것이 아닌가 생각하는 의료자는 없었다. 그러나 2000년대 초 10년간, 고령자에 대한 인공적 수분 · 영양 공급에 대해서는 좀처럼 결론이 나지 않았고 이것이 점차 큰 화제가 되었다. 그 결과, 앞에서 서술한 것처럼 사실상 본 우에히로 사생학 · 응용윤리 강좌를 무대로 일본 노년의학회의 조사와 가이드라인 작성이 진행되어, 경구 섭취가 불가능해진 고령자의 인공적 수분 · 영양 보급에 대해서는 환자의 인생에 있어 최선을 생각해서 환자를 중심으로 관계자가 진지하게 상의 · 검토한 후에 의사 결정을 내린다는 방식이 공인되기에 이르렀다.

종말기의 진정

완화의료학회 주변에서 수액과 병행해서 1990년대 후반 큰 화제가 되었던 것은 암 환자의 종말기에 있어 '지속적인 깊은 진정'이었다. 전문가들이 문제라고 느낀 점은 두 가지였다. 하나는, 예를 들어 완화 의료 병동에서 죽음에 임박한 환자에 대해 이를 시행하는 비율이 얼마나 되는가 하는 것으로, 의료기관에 따라서는 비율이 지나치게 높아, 외부에서 봤을 때 안이하게 선택하고 있는 것이 아닌가, 혹은 증상 조절이 서툰 것이 아닌가 하는 의심을 불러일으키기도 했다. 또 하나는, '지속적인 깊은 진정'은 환자의 시점에서 보면 그것의 개시가 곧 이 세상과의 작별로 인식되어, 실제로 가족에게 작별을 고한 뒤에 이것을 개시하는 방식을 취하는 곳도 있었는데, 그렇다면 이것은 환자의 관점에서 봤을 때 안락사와 다름없지 않은가 하는 문제의식이었다. 또 객관적으로도 '지속적인'이라는 것이 '죽음에 이르는 순간까지 계속해서 시행한다'는 것이라면 이것의 개시 시점에 의료자가 환자의 인간적 생활(전기적 삶, 인생)을 끝내는 것이 되기 때문에, 물론 생물학적 생명은 계속해서 유지되므로 그것을 단축시킨다 · 끝낸다는 의도는 작용하지 않지만 전기적 삶을 끝낸다는 의도는 작용하는 것이 된다.

이에 대해 필자는 완화의료학회의 가이드라인을 작성할 때, '지속적'이라는 것은 '죽음에 이르는 순간까지 계속해서'라는 의미가 아니라 '중지 시기를 사전에 정하지 않고 의식의 저하를 계속해서 유지하는 진정'이라 정의하고, 결코 '이로써 인생을 끝낸다'는 의도로 시행하는 것이 아님(계속해서 진정 상태로 둘 것이라는 예상을 동반하기는 하겠지만)을 밝혔다. 한편 1997년경 이후로는 '될수 있는 한 최종적(=지속적) 진정을 쓰지 않아도 되는 것을 목표로, 그것을 실현 가능하게 할 방법에 대한 연구를 완화의료학에 촉구'(시미즈, 1997: 189)하게되었다. 진정은 고통을 느끼지 못하게 하지만 동시에 인간적인 활동을 불가능하게 하는 중대한 손실을 수반하기 때문에, 이것을 시행하지 않아도 완화가 가능하다면 그보다 좋은 것은 없기 때문이다.[11]

이처럼 여기에서도 생명의 지속과 인생의 마지막 시기에 대한 고민이라
는 사생학적 주제를 찾아볼 수 있다.

3. 맺으며

이상으로 일본의 임상사생학의 성립 과정을 뒤돌아보고 본 강좌의 임상
사생학과 임상윤리에 걸친 활동에 대해 개관했다. 전부를 제시하지는 못했
지만 본 강좌의 임상사생학의 특징을 이해하는 데 조금이라도 도움이 되었
기를 바란다.

〈번역_ 정유리〉

세월호 침몰과 죽음 표상의 전염학

- 한국 사회에서 '죽는다는 것'의 의미에 대해

/ 이창익

1. 침묵: "가만히 있으라"

> 나 역시 죽지 않을까? 나는 엔키두(Enkidu)와 다른가?
>
> 슬픔이 내 마음을 파고든다.
>
> 나는 죽음이 두렵다.[1]

2014년 4월 16일 오전 8시 48분, 전라남도 진도군 조도면 해상에서 인천에서 제주를 향해 가던 대형 크루즈 선박 세월호가 침몰을 시작했다. 오전 10시 31분, 세월호는 거꾸로 뒤집히며 완전히 전복되었고, 오전 11시 18분에는 선수 30미터 정도만 남기고 완전히 침몰했다. 그리고 4월 18일 오전 11시 50분, 남아 있던 선수마저 가라앉으면서 세월호 선체가 전부 물에 잠겼다. 이틀 동안 진행된 이 침몰 과정은 생생히 텔레비전 화면을 통해 생중계되었고, 공교롭게도 마치 3일장을 치르듯 사고 3일째 되던 날 배는 완전히 가라앉았다. 이때까지 적어도 사람들은 최소한 몇 명이라도 생환할 수 있을지 모른다는 가느다란 희망을 품고 있었던 것 같다. 그러나 선수마저 눈앞에서 사라지자 사람들은 이틀 동안 헛된 희망을 품고 있었다는 것을 깨달았다. 침몰이 진행되면서 에어포켓 이야기가 나돌기 시작했다. 가라앉은 배에 에어포켓이 형성되면 사람이 바닷속에서도 3일 동안 버틸 수 있다는 주장이었다. 그러나 에어포켓이라는 '인간의 부레'는 존재하지 않았다.

그리고 그 3일이 지나자 이제 모두 침묵하기 시작했다. 모든 생존의 희망이 사라진 것이다. 그러나 누구도 쉽게 '실종자 전원의 죽음'을 말하지 못했다. 유가족도, 정부도, 국민도 이미 기정사실이 된 '가라앉은 자들의 죽음'을 말하지 못했다. 왜 그랬을까? 왜 객관적으로 이야기할 수 있는 '무너진 희망'을 모두가 말하지 못했을까? 그 후로도 오랫동안 '생존의 신화'는 사람들의 뇌리에서 사라지지 않았다. 사람들은 여전히 애도는 너무 빠르다며 쉽게 애도하지 못했다. 모두가 그 후로도 오랫동안 '살아서 돌아오라'는 말만을 주문처럼 반복했지만, 실은 아무도 자신의 말을 믿지 않았다. 대중 매체에서도 '실종자 구조'라는 말을 쉽게 '익사체 수색'이라는 말로 바꾸지 못했다. 왜 그랬을까? 마치 서로가 서로에게 '죽음'에 대한 최초의 발언을 미루는 것만 같았다. 수중에서는 이미 오래전에 일어난 죽음이었지만, 지상의 사람들은 모두가 '생존의 신화'을 읊조리며 계속해서 죽음을 지연시켰다. 전 국민 모두가 '눈치 게임'을 하고 있는 것만 같았다.

이 엄청난 사건을 받아들이는 데는 모두에게 상당한 시간이 필요했던 것 같다. 국가는 단 한 명의 실종자도 구조하지 못했다는 비난을 받아야 했고, 그런 국가를 만든 국민은 어디에서 온 것인지 짐작하기 힘든 죄의식에 시달려야 했다. 특히 수학여행을 가던 수백 명의 고등학생들이 배와 함께 '수장

(水葬)'되었다는 사실은 전 국민에게 강한 트라우마를 남겼다. 아직 성인이 되지 못한 아이들의 죽음은 너무 순수했다. 침몰하는 배 안에서 "살려주세요!"라고 외치며 조난 신고를 하는 학생에게, 해양경찰은 배의 위도와 경도를 물을 뿐이었다. 매뉴얼이 요구하는 정답을 알지 못한 학생은 익사할 수밖에 없었다. 배가 상당히 기울어 있던 8시 56분, 침몰하는 배에서 찍힌 휴대전화 동영상에서 학생들은 "우리 진짜로 이만큼 기운 거야, 진짜로… 나간 사람들은 살고…"라고 말하지만, 세월호 승무원은 "선내에 계신 위치에서 움직이지 말라"는 안내 방송만 내보냈다. 탈출을 망설이던 학생들에게 움직이지 말고 제자리에 있으라고 한 것이다. 그리고 생과 사를 넘나드는 위기의 순간에 학생들은 '가만히 있으라'는 지시에 그대로 따르고 만다. 오전 9시 38분에 촬영된 동영상에서도 학생들은 "살려줘"를 외치고 "구조될 거야"라고 말하며 희망의 끈을 놓지 않고 있었지만, 이 무렵 선원들은 배를 탈출하고 있었다.

휴대전화에 기록된 영상과 사진이 공개되면서, 세월호 침몰은 점차 '재난'으로 여겨지지 않게 되었다. 구조할 수 있는 많은 기회가 있었고, 탈출시킬 수 있는 시간이 있었음에도 불구하고 결국 어린 학생들을 물속에 '생매장' 시키고 말았다는 인식이 지배적이 된 것이다. 침몰 당시 카카오톡 메시지를 보면, 교사들도 학생들에게 "가만히 있으라"는 메시지를 보내고, 학생들은 죽을 수도 있다는 사실을 점점 깨닫기 시작한다. 학생들은 서로에게 잘못에 대한 용서를 구하고 사랑한다는 말을 남긴다. 오전 10시 11분에 찍은 사진을 보면 학생들은 1시간 20분 동안 선실에서 여전히 구조를 기다리고 있었다. 오전 10시 17분에 작성된 마지막 카카오톡 메시지에는 다음과 같은 글이 적혀 있다. "기다리래. 기다리라는 방송 뒤에 다른 안내방송은 안 나와."

그리고 10시 31분, 세월호는 완전히 전복된다.

사람들은 배가 완전히 침몰하기 직전까지 학생들이 '지상으로 보낸 마지막 편지'를 보면서, 점점 말을 잃을 수밖에 없었다. 세월호 승객들은 "기다리라"는 말을 믿다가 배를 탈출할 수 있는 '골든타임'을 놓치고 말았다. 이러한 과정을 지켜보면서 사람들은 생과 사의 갈림길에서 학생들이 스피커에서 흘러나오는 공식적인 말에 이렇게까지 순종한다는 사실에 경악했다. 세월호를 통해 우리는 '삶과 죽음의 거리'가 안타까울 정도로 가깝다는 사실을 체감했다. 죽음은 다른 곳에 있지 않았다. 우리가 학교 교육을 통해 가르치는 '질서'와 '신뢰'와 '순종' 속에 죽음이 있었다. 우리가 국가와 사회의 핵심이라고 선전했던 모든 가치가 죽음과 동의어였다. 무질서, 불신, 반역을 가르치지 못한 것을 통탄할 수밖에 없었다. 이때부터 사람들은 '잊지 않겠습니다', '미안합니다'라는 말만 반복하기 시작했다. 더 이상의 말은 허용되지 않았고, 다른 말을 찾을 수도 없었다. 마치 모든 일이 과거의 사건에 대한 '망각'에서 비롯된 것만 같았다. '기억의 책무'와 '죄의식의 고통'만 덩그러니 남아 있었다.

4월 16일 오후 1시 19분에 중앙재난안전대책본부는 "368명 구조, 2명 사망"이라고 발표했다가, 다시 오후 2시 30분에 '290명 실종'이라고 발표하면서 전 국민을 패닉 상태에 빠지게 했다. 이때부터 텔레비전 화면 한편에서 구조자, 사망자, 실종자의 숫자가 계속해서 제로섬 게임을 벌이기 시작했다. 그러나 사실 구조자는 없었다. 오직 최초 사고의 순간 배에서 빠져나온 탈출자만 있었을 뿐이다. 그러나 텔레비전 화면은 구조자 0명이라는 문구를 결코 띄우지 못했다. 왜 그랬을까? 지난 11월 11일, 7개월간 계속된 실종자 수색 작업이 중단되었다. 2014년 12월 현재, 탑승 인원 476명 가운데 총

295명의 사망이 확인되었고 9명은 여전히 실종 상태다. 이 통계에 잡히지 않은 '존재하지 않을 승객'이 있을지도 모른다는 공포감은 여전히 사람들의 마음 한구석을 차지하고 있다. 세월호에는 수학여행을 떠나는 안산 단원고 2학년 학생 325명, 14명의 교사, 104명의 일반인 승객이 탑승했고, 이 가운데 학생 250명, 교사 11명, 일반인 33명, 승무원 10명, 총 304명이 사망했다.

304명의 생명을 앗아간 여객선 침몰 사고는 순식간에 '4·16'이라는 이름으로 불리기 시작했다. 4월 16일은 해마다 반복되지만, 역사상 같은 날 한국에서 발생한 어떤 사건도 세월호의 무게를 견디지 못했다. 세월호 침몰은 순식간에 '사건'에서 '상징'으로 전환되었다. 세월호는 모든 정치적·사회적·문화적·교육적·종교적 가치를 빨아들이면서 '침몰'이라는 하나의 상징적 가치로 수렴되었다. 한 척의 배와 함께 대한민국의 모든 가치가 침몰을 시작한 것이다. 침몰은 이미 세월호 이전부터 서서히 진행되고 있었던 것처럼 느껴졌다. 다만 아무도 그 사실을 모르고 있었던 것이다. 서서히 모든 것이 가라앉고 있다는 총체적 위기의식이 전 국민을 싸늘하게 감싸기 시작했던 것이다. 국가는 어느덧 침몰 직전의 세월호가 되어 있었다. 아니, 세월호의 상징은 사회의 모든 기관, 모든 조직, 모든 열차, 모든 배, 모든 비행기, 모든 교각을 뒤덮기 시작했다. 안전한 것은 하나도 없었다. 모든 것이 살얼음판처럼 언제라도 붕괴될 것만 같았다. 사회, 국가, 조직이 얼마나 허약한 것인지를 처음으로 노골적으로 알게 된 것이다. 죽음과 무관한 듯 보였던 모든 것에 서서히 죽음의 그림자가 드리워지기 시작했다. 모든 표상을 뒤덮고 있는 삶의 껍질은 너무 얇았고, 작은 생채기만으로도 그 안에 잠재돼 있던 '죽음의 표상'이 나신을 드러내고 있었다.

2. 기억: "잊지 않겠습니다"

내가 사는 도시에서 사람이 죽는다, 마음이 울적하다.

사람이 소멸한다, 마음이 울적하다.

성벽 너머를 보았다.

강물에 떠 있는… 시체를 보았다.

마찬가지로 나도 똑같은 종말에 이를 것이다, 참으로 그럴 것이다.

나는 내 이름을 세우고 싶다… 나는 내 이름을 드높이고 싶다.[2]

이미 침몰하기 전부터 세월호는 이 세상의 사물이 아닌 듯했다. 세월호의 이름이 한자로는 '世越(세상을 넘다)'이라는 것이 밝혀지면서, 사람들은 이름이 초래하는 '운명의 속박'에 아찔한 현기증을 느꼈다. 이름처럼 세월호는 결국 '세상을 넘어선 배'가 되고 말았다. 세월호는 이승과 저승을 연결하는 무수한 '상상의 나룻배' 가운데 한 척이 되었다. 신화 속에만 존재할 것 같던 '장례선(葬禮船)'이 이야기에서 현실 세계로 전송된 것만 같았다. 선장과 선원 대부분은 침몰 전에 배 밖으로 탈출했다. 그래서 세월호에 갇힌 승객들은 뱃사공도 없이 산 채로 이승에서 저승으로 건너갈 수밖에 없었다. 신화는 무의미로 녹아 내리는 현실 세계를 의미로 단단히 고정시킨다고 배웠지만, 막상 신화가 현실이 될 때 사람들은 두려움에 몸을 떨었다.

아마 '세월'이라는 이름은 세파에 찌든 이들에게 잠시 동안 바다 위에서 '구원의 휴식'을 준다는 의미를 지녔을 것이다. 우리는 항상 세상을 넘어서고자 한다. 그래서 여행을 떠난다. 여객선에 실려 잠시 세상과 단절되고, 제주도라는 섬을 만나고, 다시 인천 앞바다의 짙은 안개를 뚫고 육지의 세상으로 되돌아오는 것…. 세월호 승객들은 여행을 통해 이런 '작은 구원'을 원했을 것이다. 그러나 세월호는 영원히 반복될 '작은 구원'의 덧없음을 비웃기라도 하듯 승객들을 영원히 '타계'로 실어 날랐다.

일본에서 수입된 세월호는 한국으로 오기 전에 '페리 나미노우에(フェリー 波之上)'라는 일본 이름을 갖고 있었다. 나미노우에(波之上)호라는 이름은 오키나와에 있는 나미노우에 신궁(波上宮)이라는 신사(神寺)에서 온 것이다. 이 신사는 해상교통, 풍어, 제액 등과 관련한 신을 모시고 있다고 말해진다. 그러나 세월호는 끝내 '파도 위에만 있지' 못했다. 1994년에 건조된 세월호는 18여 년 동안 일본에서 운항하다 2012년 퇴역하였으며, 청해진해운에 중고로 매입되어 2013년 3월부터 인천과 제주를 오가고 있었다.

많은 이들은 이미 폐기되었어야 할 세월호를 사들이게 한 이명박 정부의 신자유주의적 규제 완화 정책을 비판했다. 2009년 해운법 시행 규칙이 개정되면서 진수일로부터 20년이던 여객선의 선령(船齡) 제한이 30년까지 늘어났기 때문이다. 결국 폐선에 가까운 '배의 수명 연장'은 많은 '승객들의 수명 단축'이라는 위험을 전제한 것이었다. 기계의 생명과 인간의 생명이 그렇게 교환된 것이다. 또한 '이미 죽은 배'까지도 돈이 된다면 죽지 못하는 현실, 마치 이것은 병실에서 생명 유지 장치에 매달려 있는 인간의 영원한 '죽음 지연'을 상징하는 것만 같았다. 인간이든 기계든 돈이 된다면 누구도 죽을 수 없다. 또한 세월호 침몰 당시 해경이 언딘(Undine)이라는 구난 업체에게 특혜를 주기 위해 민간잠수사, 해군 UDT, 119 헬기, 미군 헬기 등의 접근을 막아 구조를 30여 시간 지연시켰다는 사실이 알려지기 시작했고, 급기야 지난 11월 19일 해경이 해체되기에 이르렀다. 이 과정에서 국민들은 위기상황에서조차 '생명이 거래되는' 참혹한 광경을 목격해야 했다. 또한 청와대 대변인은 지난 5월 24일에 "민간잠수사가 일당 100만원, 시신 1구 인양 시 500만원을 받는 조건으로 일하고 있다"는 발언을 하며 파문을 일으켰다. 사건 발생 후 한 달이 지나면서 정부의 입에서 '시신 수색'과 '시신의 숫자'가 버젓이 돈으로 환산되는 장면을 보면서, 우리는 '우리의 죽음'에 대해 심각하게 의심하지 않을 수 없었다. 세월호는 그렇게 한국 사회가 감추고 있던 '죽음의 이면'을 서서히 하나둘씩 드러내고 있었다.

어쨌든 세월호는 그 이름이 본래 지향했을 불멸의 초월에 도달하지 못했다. 그리고 세월호가 소속된 청해진해운의 실소유주가 한때 구원파(기독교복음침례회)의 수장이었던 유병언이라는 주장이 제기되면서, 세월호 침몰에 차츰 종교적 기운이 서리기 시작했다. 구원파가 '구원의 일회적 완성'을 주장하는 한국 기독교계의 '이단'이라는 사실, 그리고 구원파 목사였던 유병언이 32명의 종말론적 집단 자살 사건으로 각인된 '오대양 사건'과 연관된 인물이라는 사실이 보도되었다. 이로써 세월호에 '신종교의 종말론'이라는 상징적 의미 하나가 추가되었다. 게다가 지명수배를 받던 유병언이 2014년 7월 22일 전남 순천 별장 근처에서 변사체로 발견되면서 '교주의 죽음'이라는 또 하나의 스캔들이 세월호 사건에 결부되었다. 이처럼 시간이 흐르면서 세월호에 수많은 '죽음 표상'이 들러붙기 시작했다. 어느새 세월호는 '죽음 표상의 더미'가 되어 버렸다.

사건 발생 후 불과 몇십 일이 경과하지 않은 시점에서 세월호는 급속한 '상징화 과정'을 거치기 시작했다. 적어도 한국 사회에서 '사실'과 '상징'의 합체가 이렇게 신속하게 진행된 적은 없었던 것처럼 보인다. 빨라도 너무 빨랐다. 사건이 발생한 지 얼마 지나지 않았고, 여전히 시신 수습이 진행되고 있는 상황에서 세월호는 이미 역사가 되었고, 상징이 되었으며, 순식간에 세월호 이전과 이후를 나누는 '포스트 세월호'시대의 신화가 되어 버렸다. 심지어 일부 사람들은 사건 발생 초기부터 세월호 관련 자료를 남김없이 꼼꼼히 기록하는 '아카이브 만들기'를 진행했다. 5월부터 한신대 대학원 기록학 전공자들, 명지대 기록정보과학전문대학원, 안산지역사회협의회의 '재난기록단' 등이 참여하여 세월호 관련 추모 기록, SNS 기록, 구술 기록, 영상, 사진 등을 수집하기 시작했다. 그리고 '세월호를 기억하는 시민 네트워크'가 만들어졌고, 경기도 안산시 단원구 고잔동의 한 상가 건물 2층에 '세월호 기억저장소 1호관'이 만들어졌다. 그 의미는 이렇게 설명된다.[3]

> 아카이브가 제대로 우리 눈을 뜨게 해줄 것이라 믿는다. 아카이브는 기억저장소이다. 세월호의 기억을 낱낱이 새겨둘 장소. 기록에 의한 기억이 우리의 슬픔과 혁신의 의지를 영속시켜 줄 것이다. 원인도, 과정도, 귀결도 모두 남겨야 한다. 아이들 하나하나의 마음도, 유가족의 절규도, 시민들의 눈물도 모두 기억해야 한다 … 세월호 피해자 가족들이 두려워하는 것은 '잊혀지는 것'이다. 시민들 역시 세월호 참사의 기억을 잊지 않으려 안간힘을 쓰고 있다. 사회적 기억을 형성하고 유지할 때 세월호와 같은 아픈 상처를 치유할 수 있는 힘을 가질 수 있기 때문이다.[4]

사람들은 세월호를 잊지 않는 것만이 세월호를 구제하는 길이라고 믿는 것 같았다. 왜 이렇게 기억에 집착하게 된 것일까? 왜 '기억하는 것'이 세월호 희생자들을 '애도'하기 위한 가장 중요한 방법이 된 것일까? 사실 기억은 인위적으로, 일방적으로 형성되지 않는다. 과거의 기억을 복원하는 일은 일정한 '회복의 기술'을 필요로 할지도 모른다. 그러나 현재 눈앞에서 진행 중인 사건에 대한 기억을 실시간으로 기록하고 저장한다는 것은 뭔가 '이상한 일'이다. 이러한 움직임은 왠지 모를 '기억의 강박증'을 노출한다. 한 개인은 '기억의 집체'이다. 그리고 그 개인의 모든 기억을 복원하는 것은 사실 불가능하다. 그래서 개인은 그 자체로 학문적 연구의 대상이 될 수 없다. 그렇다면 세월호 사건에서 기억의 상실을 두려워하며 모든 것을 기록하고자 하는 강박증은 왜 생긴 것일까? 사건이 발생한 지 몇 개월 지나지 않아 왜 '세월호 기억 저장소'라는 기억의 공간이 조급하게 만들어진 것일까?

나는 '세월호 기억 저장소'에서 '기억으로 빚은 무덤'을 보았다. 단원고 학생들의 유품, 휴대폰, 사진, 동영상, SNS 기록, 여기저기 흩어진 추도의 텍스트와 행위들… 이 모든 것이 '시신 없는 무덤'이 되고 있었다. 세월호가 바닷속으로 가라앉자마자 사람들은 '기억의 무덤'을 만들기 시작했다. 마치 아이들의 시신이 물속에서 잃어버린 육체를 이미지와 텍스트와 소리로 복원하고 있는 것만 같았다. 세월호 침몰은 일차적으로 '죽음의 사건'이다. 그러나 어느 누구도 죽음 자체를 말하려고 하지 않는다. 죽음의 원인, 죽음의 여파, 죽음의 의미에 대한 이야기는 무성하다. 그러나 어디에도 '죽음의 현상'은 없다. 죽음이 계속해서 다른 무언가로 번역되기 때문이다.

'잊지 않겠습니다'라는 말은 세월호 사건이 일어난 후 가장 빈번하게 사용된 주문 가운데 하나였다. 잊지 않으면 뭐가 달라진다는 것일까? 기억한다는 것이 애도의 유일한 방식이라면, 이러한 애도는 너무 빨리 찾아온 애도가 아닌가? 과거에 사람이 죽고 나면 '삼년상'을 이야기했듯, 죽음의 애도에는 일정한 '심상(心喪)'의 기간이 필요하다. 이 심상의 기간은 보통 매장 이후에 찾아온다. 그리고 장례를 치른 후에 서서히 '기억의 시간'이 다가온다. 누군가가 육체적으로 죽더라도 그는 여전히 마음속에 살아 있다. 누군가의 심리적인 사망 진단은 서서히 진행된다. 심리적 사망 진단이 내려질 때까지 우리에게는 '애도의 시간'이 필요하다. 그러나 세월호 사건에서 우리는 시신을 찾기도 전에, 매장하기도 전에, 화장하기도 전에 이미 기억을 수집하여 저장하고 있었다.

사람들이 너무 빨리 잊기 때문이라고 말한다. 그래서 기억을 잃을까 봐 기억의 저장소를 만들고 기억의 기념관을 만들어야 한다고 말한다. 그러나 '기억의 무덤'이 닫히면, 그래서 '기억의 규칙'이 정해지고, '기억의 공간'이 지정되면 그것으로 우리의 애도는 끝나는 것인가? 도대체 기억은 이렇게 쉽게 물질화되고 마는 것인가? 망각과 기억은 동전의 양면처럼 같이 움직인다. 기억은 망각의 결과물이다. 살아남은 자의 입장에서 볼 때, 죽은 자에 대한 망각이 없다면 결코 기억은 형성되지 않는다. 그러나 모든 것을 기억하겠다는 이 발상의 정체는 도대체 무엇인가? 세월호 사건에 대처하는 애도의 방식은 현재 우리가 지닌 '죽음의 모든 것'을 적나라하게 드러내 주고 있는 것 같다. 기억만으로는 애도가 이루어질 수 없다. 그러나 기억하는 것 말고 다른 무엇을 할 수 있단 말인가? 현재 우리에게 죽음은 이런 것이다.

기록은 기억이 아니다. 그래서 기록은 '애도의 불가능성'에 대한 고백일지도 모른다. 모리스 알박스는 역사는 '사회적 기억이 희미해지거나 부서지고 있을 때' 시작된다고 말한다.[5] 사회적 기억이 존속하는 한 그것을 글로 적는다고 해서 그것이 곧장 역사가 되지 않는다. 그러므로 당대를 기록하는 것은 '역사'가 아니라 '사료'일 뿐이다. 나아가 알박스는 "여전히 당대의 집단 기억에서 자리를 차지하고 있는 과거의 이미지를 보존하는 것으로 역사가 제한된다면, 역사는 현재 사회가 관심을 갖는 것만을 보유할 뿐이다"라고 말한다.[6] 그에 의하면, 집단 기억은 결코 인위적이지 않은 지속적인 사유의 흐름이며, 집단의식 안에서 살아남을 수 있는 과거만을 보존하는 것이다.

'세월호'에서 우리는 모든 것을 기록하고 기억하고자 하는 집단 충동을 만났다. '절대 기억'을 갖는 것만이 애도의 유일한 방식처럼 여겨졌다. 그러나 사회적 기억은 집단 안에서 끊임없이 변할 수밖에 없다. 기억은 태어나고 성장하고 소멸하는 것이기 때문이다. 그래서 알박스는 어떤 사악한 의지나 무관심도 과거의 사건이나 인물을 망각하게 할 수는 없다고 말한다.[7] 우리는 사회적 기억은 단수로 존재하는 것이 아니라 복수로 존재한다는 것을 유념해야 한다. 그러나 우리는 '세월호'에서 하나의 집단 기억만을 보존하려는 욕망, 이 독특한 애도의 방식을 만난다.

3. 죄의식: "미안합니다"

> 길가메시여, 너는 배불리 먹으라,
> 매일 낮과 밤을 즐겁게 놀아라.
> 매일을 환희의 축제로 만들라,
> 밤낮으로 춤추며 놀거라.[8]

남수단(South Sudan)에 사는 딩카 족의 종교적 지도자는 '작살의 달인(master of the fishing-spear)'이라 불렸다. 그런데 딩카 족은 늙고 병든 작살의 달인을 땅 속에 '생매장'하곤 했다. 공동체 전체의 생명력을 표상하는 작살의 달인은 병이나 사고 같은 우연적인 일로 죽을 수 없었다. 그렇다면 그것은 스캔들이었다. 정교하게 고안된 의례를 통한 자발적인 '생매장'만이 그의 죽음 방

식이었다. 딩카 족은 이렇게 해서 작살의 달인의 '죽음의 시간'을 지배하고
자 했다. 작살의 달인은 살해, 자살, 죽음의 혼합 속에서 죽어 갔다. 여기에
서 우리는 죽음, 또는 죽어 감이 일종의 장례식을 구성하는 장면을 본다.[9]
생매장은 마치 자살처럼 '죽음의 시간'을 통제하려는 욕망에서 비롯한다.
그런데 '작살의 달인'의 죽음은 공동체의 다른 사람들을 살리기 위한 희생
행위로 인식되었다. 우리는 세월호의 어린 승객들을 보면서 그런 생각을 했
다. 그들의 '생매장'을 통해 마치 남은 자들의 '생존의 기회'가 확대된 것 같
은 채무감이 생긴 듯하다. '미안합니다'를 주문처럼 외게 한 우리의 죄의식
은 그렇게 시작되었다.

　세월호를 통해 드러난 가장 예기치 못한 것은 '생존자'라는 개념이었을 것
같다. 사실 우리의 삶은 생존 게임으로 이루어져 있다. 인간은 항상 존재하
기를 원할 뿐만 아니라, 다른 사람은 더 이상 존재하지 않을 때에도 자기는
존재하기를 원한다. 그래서 인간의 불멸성은 기껏해야 다른 사람들보다 오
래 살아남거나, 내가 죽더라도 내 이름을 영속하게 하는 것 정도의 의미만
을 갖는다. 엘리아스 카네티의 말처럼 사람들은 '세상 누구보다 오래 살아
남으려는 지향성'을 갖고 있는지도 모른다.[10] 카네티는 "죽음을 회피하려는
개인들의 노력이 기괴한 권력 구조를 발생시켰다. 한 개인의 생존을 위해
무수한 죽음이 필요했다. 그 결과 초래된 혼란을 역사라고 부른다"라고 말
한다.[11] 사실 평화로운 듯 보이는 삶의 이면은 '생존 투쟁'으로 얼룩져 있다.
그렇다면 중요한 것은 '생존의 법칙'을 깨닫는 것인가?

　그러나 현대사회에서는 그러한 생존 개념이 적용되지 않는다. 세월호에
탄 누구도 세월호만의 '생존의 법칙'을 예측할 수 없었다. 생존의 법칙은 시
시각각 변화하며, 새로운 생존의 법칙이 계속해서 만들어진다. 그러므로 모

든 생존의 법칙을 안다는 것은 더 이상 불가능하다. 이제 '생존의 시대'는 끝난 것 같다. 수많은 변수의 조합을 통해서 협소한 생존의 틈이 잠시 만들어질 뿐이다. 우리는 그렇게 살아간다. 세월호의 침몰 원인을 모두 규명한다고 해도, 모든 책임자를 문책한다고 해도, 우리는 또 다른 세월호가 침몰할 것이라는 사실을 알고 있다. 생존의 법칙이 계속 변하고 있기 때문이다. 지그문트 바우만은 이렇게 말한다.

> 결과적으로 죽음이 교수형 집행인에서 교도관으로 변한 것이다. 필사성이라는 거대한 시체가 머리에서 꼬리까지 무섭지만 치료할 수 있는(또는 잠재적으로 치료할 수 있는) 가느다란 고통의 조각들로 얇게 저며진다. 이 조각들은 이제 삶의 구석구석에 딱 들어맞을 수 있는 것들이다. 이제 죽음은 삶의 끝에서 오지 않는다. 죽음은 시작부터 여기 있으면서 끊임없이 감시를 요구하고 한순간의 경계 소홀도 금지한다. 우리가 일하고 먹고 사랑하고 쉴 때 죽음이 지켜보고 있다(그리고 죽음을 주시해야 한다). 수많은 대리물을 통해 죽음이 삶을 지배한다. 죽음과 싸우는 것은 의미 없는 일이며, 죽게 하는 '원인들'과 싸우는 일 자체가 삶의 의미가 된다.[12]

어쩌면 세월호에서 우리가 만난 것은 애써 외면하려 했던 이러한 진실일지도 모른다. 삶도 국가도 일터도 사랑도 모든 것이 세월호라는 공포스러운 자각이 밀려온 것이다. 그렇다면 이러한 사태를 누가 책임져야 하는가? 세월호 침몰 사건의 '범인'은 누구인가? 우리는 승객들을 가만히 있게 하고 퇴선한 선장과 선원들을 법정에 세웠다. 그들은 현재 1심 재판에서 5년에서 36년의 징역형을 선고받았다. 세월호를 불법으로 증·개축하여 참사의 원인을 제공한 청해진해운은 면허가 취소되었고, 그 대표에게도 1심에서 징역 10년형이 선고되었다. 청해진해운의 실소유주로 의심받았던 유병언은 변사체로 발견되었다. 해양경찰은 해체되었고, 세월호 특별법이 통과되면서 2015년 1월 1일부터 '세월호 참사 특별조사위원회'가 활동을 개시할 예정이다. 그러나 이러한 지난한 과정을 지켜보면서도 우리는 끝내 범인을 찾을 수 없을 거라는 불안감을 지니고 있다. 어쩌면 처음부터 이 사건은 '범인 없이' 시작되었는지도 모른다.

세월호 침몰은 '사법적 판단'으로는 그 원인을 해명할 수 없는 사건인지도 모른다. 우리는 세월호 사건을 통과하면서 법과 도덕의 혼동 현상, 그리고 종교와 법의 혼동 현상을 목도했다.[13] 법과 도덕과 종교가 모두 따로 놀고 있다는 느낌을 받게 된 것이다. '미안합니다'라는 주문을 낳은 '죄의식'은 결코 정치화되지 않는 공백, 그래서 사법적으로 해결되지 않는 공백을 남기고 있다. 졸지에 세월호 침몰의 구경꾼이 돼 버린 많은 사람들은 알 수 없는 죄의식에 시달렸다. 그러나 이러한 죄의식은 '죄 없는 죄의식'이라는 점에서, 자기 비방이 만들어낸 죄의식이라는 점에서 카프카(Kafka)적인 죄의식에 가깝다. 모든 사람이 카프카의 『소송』에 나오는 주인공 '요제프(Josef) K'가 된 것만 같았다. 사람들은 자기가 죄가 없다는 것을 잘 알고 있지만, 자기의 죄를 비난하기 시작했다. 어쩌면 사람들은 '자기만이 자기를 비난할 수 있다는 것'을 알고 있었다. 그렇다면 그것은 법 앞에서는 자기가 무죄라는 것을 의미하는 것이 아니었을까? 왜 사람들이 세월호 앞에서 집단적으로 '종교적 죄의식'의 환상에 빠져들었을까? '미안합니다'라는 말은 매우 종교적인 주문은 아니었을까?[14]

세월호 침몰에서 신이 등장할 무대를 찾기는 쉽지 않았다. 종교가 할 일은 그저 천도재, 위령제를 지내는 일뿐인 듯했다. 죽음에서 종교는 사후의 '영혼'을 관리하는 일 말고는 다른 할 일이 없는 듯하다. 현재 우리의 종교는 얼마나 죽음에 속수무책인가? 이제 죽음에 대한 모든 위로는 종교 밖에서, 의례 밖에서 이루어지고 있지 않은가? 의례와 제사는 그저 영혼의 존재에 대한 물리적 증명으로만 존재하는 것 같다. '미안합니다'가 함의하는 죄의식과 관련하여 '도덕적 죄의식'을 이야기할 수도 있다. 지금까지의 나의 이기심과 부도덕과 무책임이 보이지 않는 연쇄 반응을 일으키며 세월호를 가라앉게 했다고 생각할 수도 있다. 그렇다면 나와 관계 되지 않은 죽음이 어디 있겠는가? 죽음과 관련한 우리의 언어가 이미 이렇게 느슨해져 버린 것 아닐까?

세월호 희생자들의 시신이 뭍으로 올라올 때마다 사람들은 '미안합니다'를 외치며 죄의식에 휩싸였다. '살아남은 자의 슬픔' 같은 죄의식이었다. 지금까지 우리가 의도적으로 간과한 세상의 악들에 의해 죽어 가는 '죄 없는 자들'을 보면서, 우리는 '희생양 메커니즘'에 감금될 수밖에 없었다. 왜 죽어야 하는지도 모르는 희생양을 세월호에 태워 침몰시키면서, 우리는 세상의 악이 그렇게 세월호와 함께 침몰하기를 기원했는지도 모른다. 그러나 사실 세월호는 더 이상 '희생양 메커니즘'이 가동되지 않는다는 것을 증명해 주었다. 오히려 세월호를 통해 우리는 가장 선명한 '죽음의 얼굴'과 마주쳤기 때문이다. 우리 모두가 언제라도 침몰할 수 있는 '잠재적인 희생양'이 되어 버렸기 때문이다.

4. 애도: 한국 사회에서 '죽는다는 것'의 무의미

> 모든 것을 보았던 자…
>
> 그는 감추어진 것을 보았고, 밝혀지지 않은 것을 발견했다…
>
> [그는] 탈진한 채 평화롭게 긴 여행을 마쳤다.[15]

서아프리카 로다가(Lodagaa) 족은 사별의 슬픔을 제어하기 위해 매우 기묘한 의례적 행위를 한다. 예컨대 남자가 죽었을 때, 그의 아버지, 어머니, 아내의 손목을 천으로 감싼 채 가죽 끈으로 묶는다. 형제나 자매의 경우 허리나 손목에 쉽게 끊어지는 섬유끈을 묶는다. 아들이나 딸은 발목에 실을 매어 둔다. 그리고 끈이나 실의 다른 끝을 다른 사람이 붙들고 있어야 한다. 이것은 죽은 자와 가장 가까운 자들이 슬픔을 못 이겨 자해하거나 자살하지 않게 하려는 의도를 담고 있다. 그리고 끈의 재질과 강도는 그들의 슬픔의 양을 표상한다.[16] 죽음의 슬픔이 사물을 통해 이렇게 물질적으로 가시화되고 위계화되는 것이다. 또한 레나토 로살도는 필리핀의 일롱고트(Ilongot) 족이 사별의 슬픔이 낳는 분노를 발산하기 위해 어떻게 '머리 사냥'을 떠나는지를 분석한 바 있다.[17] 죽음의 슬픔은 다른 사람의 머리를 자르지 않고서는 견딜 수 없을 그런 강한 분노를 야기할 수도 있다. 일롱고트 족은 '잘린 머리'로 자신의 애도를 물질화했다. 이처럼 우리는 장례식이 애도의 위계화와 물질화를 조정하고 배치하는 역할을 한다는 것을 알고 있다.

세월호 침몰 사건에서 죽음의 중심은 익사체에서 기억의 저장소로, 다시 세월호 특별법으로 재빨리 이동했다. 우리는 '잊지 않겠다'고 되뇌이며 '미안하다'고 말했다. 그러나 이상하게도 이 모든 과정에서 죽음은 점점 희미해지고 있었다. 어쩌면 '죽음 표상'이 침몰한 세월호 선체 내부에 갇혀 있지 않고, 모든 삶의 공간에 희박하게 확산되어 버린 탓인지도 모른다. 세월호의 죽음 표상은 침몰하는 배에서 익사체로, 다시 모든 것의 상징적 죽음으로, 다시 모두의 유예된 죽음으로 계속해서 성장하고 있었다. 그리고 그 표상의 성장은 삶의 공간이 죽음의 공간이라는 인식에서 이제 멈춰선 것 같다. 여기에서 한국의 재난의 역사를 거론할 지면은 없다. 그러나 적어도 세월호가 한국 재난사의 죽음 표상을 완결하고 있다는 것은 말할 수 있을 것 같다. 우리가 이 정도의 이야기를 통해서 도달한 귀결은 한국 사회에서 '죽는다는 것'의 무의미 정도인 것 같다. 의미를 물을 수 있는 해석의 틀이 모두 침몰해 버린 탓이다. 이 글은 세월호의 상징에서 점점 사라지고 있는 '죽음의 흔적'을 되찾으려는 시도이다. 우리는 여전히 '세월호'에서 죽음을 읽지 못하고 있다.

세월호의 침몰 과정은 마치 하관식(下棺式)과도 같았다. 304명의 시신이 담긴 길이 145미터, 폭 22미터의 세상에서 가장 큰 철관(鐵棺)이 바닷속으로 내려가고 있었다. 우리는 텔레비전 화면을 통해 3일 동안 장례식을 진행하고 있었다. 그리고 하관이 이루어졌고, 모든 것이 끝났다. 죽음의 현장이 곧 장례식장이 되는 기이한 장면이 연출되었다. 보통 사람은 죽은 후에 일정한 의례적 절차를 거치면서 매장된다. 그러나 세월호의 침몰에서 우리는 죽음과 매장의 동시성을 경험했다. 매장을 통해 죽는 이러한 일은 매우 드문 예외적인 경우에서만 일어난다. 죽음이 의례가 되었다고 말할 수도 있다. 또는 죽은 자가 스스로 자신의 장례식을 거행함으로써, '남은 자'가 수행할 의례가 사라져 버렸다고 말할 수도 있다. 남겨진 우리는 이제 무엇을 할 것인가?

세월호 침몰은 '생매장'의 과정처럼 읽혀졌다. 침몰과 장례의 동일성, 즉 재난 자체가 의례가 되는 기이한 상황이 벌어진 것이다. 그러므로 이 3일 동안 이미 사람들은 나름대로 '각자의 장례식'에 참여하고 있었다. 그 이후에 일어난 일들, 즉 시신 수습, 화장, 장례, 추모 행렬은 이미 마친 의례를 반복하는 '잉여적인 일'처럼 여겨졌다. 이후의 모든 일은 이 3일 동안 벌어진 불가사의한 일을 이해하려는 주석과도 같았다. 이때부터 사람들은 집단적인 '생존자 의식'에 휩싸이게 되었다. 배와 함께 '가라앉은 자'와 배에 타지 않은 '생존자'의 이분법이 작동하기 시작한 것이다. 세월호는 '재난의 현실성'이 아니라 '재난의 잠재성'의 구도에서 이해되고 있었다. 세월호는 '나의 재난'일 수 있었지만, 작은 시차로 인해 내가 재난을 살짝 비켜간 것뿐이라는 의식이 지배적이었다. 세월호는 언제 어디에서 어떤 사물을 통해서라도 다시 현시될 수 있는 '죽음의 괴물'을 상징하고 있었다. 그러나 우리가 딛고 있는 땅의 갑판이 얼마나 얇은지를 계속해서 응시할 만한 힘이 우리에게 아직 남아 있을까? 아마 한국의 생사학은 바로 이 무의미의 지점에서 다시 출발해야 할 것이다.

제**2**부

동아시아의
자살현상과 예방

일본의 자살 예방 시스템

/ 가와노 겐지, 다케시마 다다시, 야마우치 다카시, 고다카 마나미

일본은 인구 약 127,000,000명, 평균 수명은 남성이 80세, 여성이 86세로 고령화와 인구 감소가 진행된 사회이다. 의료 서비스와 복지 서비스는 재정적·행정적으로 분리되어 있다. 국민의료보험제도(国民皆保険制度)가 운용되고 있지만 명확한 진료 권역(catchment area)은 설정되어 있지 않다. 정신 의료의 특징으로는 정신과병원의 민간 의존도가 높아 80% 이상은 의료법인이나 개인병원이 차지하고 있다는 점, 또한 정신과병원의 이용은 장기 입원이 주류이며 평균 입원 일수는 307일로 매우 길다는 점을 지적할 수 있다.[1]

이 글에서는 위와 같은 배경을 갖는 일본의 자살 예방 시스템에 대해 그 성립 경위와 현황을 보고한다.

1. 일본에서의 자살의 특징

일본의 자살률은 현재에도 높아서 세계 10위 안에 든다. 〈그림 1〉에 1899

년에서 2009년까지의 자살자 수의 변화를 제시했다. 인구 증가와 더불어 자살자 수는 증가하고 있는데, 그중 세 번의 기복이 있음을 알 수 있다. 첫 번째는 1955년으로 젊은층의 자살이 증가했다. 그 후 1985년과 1998년의 증가에서는 중년 남성의 자살자 수가 많아졌다. 모두 불황의 시기에 해당하나, 경기로 인한 자살자 수의 변동은 전체의 30% 정도에 지나지 않는다고 하는 지적도 있다. 남성의 자살자 수는 일관되게 여성보다 많다.

〈그림 1〉 일본의 자살률(성별)

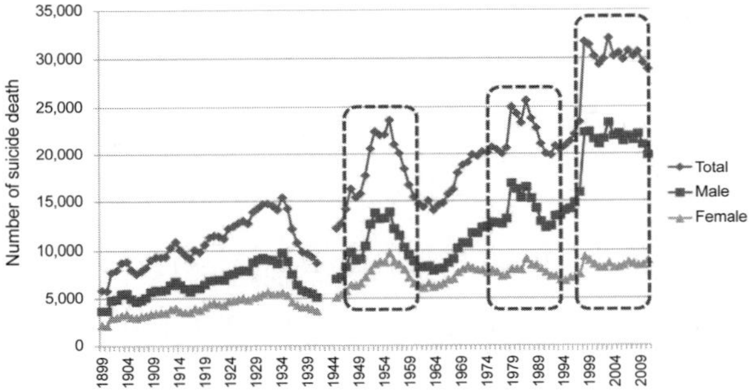

Data from Vital statistics of Japan

1998년의 세 번째 변동에서 자살자 수 급증의 중심에 있었던 것은 중년 남성이었으나, 그 후 이 집단의 자살률은 감소 경향에 있다(〈그림 2〉). 그에 비해 남녀 모두 젊은층의 자살률이 서서히 높아지는 점이 우려되고 있다. 현재 15세에서 34세의 사망 원인 1위가 자살이다.

또한 취업 상황 및 결혼 관계가 자살률과 관계가 있다는 점도 특징적이다(〈표 1〉). 그중에서도 무직 남성으로 이혼 경험자인 경우 자살률은 현저하게 높다.

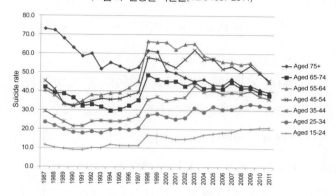

〈그림 2〉 연령별 자살률(Men; 1987-2011)

〈표 1〉 고용과 결혼에 따른 자살률

	1995		2000		2005	
	Employed	Unemployed	Employed	Unemployed	Employed	Unemployed
Married	15.6	45.2	24.2	60.1	21.2	50.3
Unmarried	15.4	36.2	20.6	54.8	23.0	58.2
Bereaved	51.0	94.0	77.5	108.1	58.7	90.2
Divorced	72.8	279.4	105.2	420.5	100.9	320.0
Married	4.7	13.9	5.4	16.0	4.5	14.2
Unmarried	4.2	15.7	5.4	20.7	4.7	24.1
Bereaved	11.5	31.9	13.0	33.1	12.7	24.4
Divorced	8.9	61.9	12.2	77.1	9.7	68.7

　　자살 수단으로는 연령·성별을 불문하고 가장 많은 것이 목을 매는 방법이다. 젊은층에서는 그 다음으로 남성은 가스 중독, 여성은 높은 곳에서 뛰어내리는 투신자살이 많다. 약물에 의한 자살은 1960년경을 마지막으로 격감하여, 현재는 자살 원인의 10%에도 미치지 못한다.

　　이상과 같은 특징 때문에 일본에서는 중년 남성의 자살자 수 급증 현상이 나타난 세 번째 변동 이후 중년 남성의 자살에 대한 대책 마련이 요구되었다. 특히 무직의 이혼 경험이 있는 중년 남성의 자살 위험이 높은 만큼, 이

집단에 대한 대책이 우선된 것은 당연하다고 할 수 있다. 단 후술하듯이, 최근에는 젊은층의 자살률 상승이 지적되면서 자살 대책의 새로운 초점이 되고 있다.

한편 자살 수단의 억제는 유력한 자살 대책이라고 이야기되는데, 일본에서 자살 수단 1위인 목을 매는 것에 대해서는 대책을 세우기 어렵다. 또한 가스 중독에 대해서는 인터넷에서의 정보 입수가 문제가 된 바, 사이버 공간에서의 자살 대책은 향후 주목되는 영역의 하나이다. 약물중독을 주된 수단으로 하는 자살 수는 많지 않으나, 알코올이나 정신과 처방 약물 등은 당사자의 정신건강을 악화시키는 요인으로 대책이 요구되고 있다. 특히 과다복용과 관련하여 자살 미수자 대책도 중요한 과제로 자리매김된다.

2. 일본의 자살 대책 발전

1) 자살 대책 기본법에 이르기까지

그렇다면 일본에서 자살 대책에 관한 시책은 어떻게 진전되어 왔는가? 1998~2005년의 제1기; 후생노동성이 중심이 되어 대처한 시기, 2005~2006년의 제2기; 참의원 후생노동위원회의 결의 하에 정부 전체의 대처로 확대된 시기, 2006년 이후의 제3기; 자살 대책 기본법 성립을 계기로 사회 전체가 자살 대책에 임하고 있는 시기로 나누어 정리해 볼 수 있다.

이처럼 후생노동성이 중심이 되면서 지적되었던 우울증 문제, 정부 나아가 사회 전체로 확대되는 가운데 고려되었던 종합적 대책이라는 사고방식, 그리고 예방/ 위기 개입/ 유족지원 등의 사후대응(prevention/ intervention/ postvention) 개념 등, 자살 대책 기본법에 들어가는 요소들은 실은 제2기까지의 단계에 모두 나왔다고 볼 수 있다. 또한 대책의 목표로, 자살자 수를 세 번째 증가가 시작된 1998년 이전으로 되돌린다는 것이 자살종합대책요강에 있지만, 이것도 실제로는 2005년 단계에서 제안된 것이다(《표 2》).

2) 자살 대책 기본법의 이해

2006년에 시행된 자살 대책 기본법에는 위의 경위가 잘 나타나 있다. 제1조에는 일본의 자살 대책 목적에 대해 다음과 같이 제시되어 있다. "이 법률은 근년 우리나라에서 자살에 의한 사망자 수가 높은 수준으로 추이하고 있는 점을 감안하여 자살 대책에 관해 기본이념을 정하고 국가와 지방공공단체 등의 책무를 분명히 함과 동시에 자살 대책의 기본이 되는 사항을 정함으로써, 자살 대책을 종합적으로 추진하여 자살 방지를 도모하고 더불어 자살자의 친족에 대한 지원을 충실히 하여 국민이 건강하고 삶의 보람을 느끼며 살 수 있는 사회 실현에 기여함을 목적으로 한다."

제2조에는 기본이념으로 네 가지 항목이 제시되어 있다. ① 자살을 개인적 문제로만 파악하지 않고, 그 배경에 사회적 요인이 있음을 고려하여 사회적으로 대처한다. ② 자살에는 다양하고 복합적인 원인과 배경이 있음을 전제로 하여 정신보건적 관점뿐만 아니라 자살의 실태에 맞게 실시한다. ③ 예방 · 위기 개입 · 사후대응의 각 단계에 맞는 효과적 대책을 실시한다. ④ 국가나 지방공공단체만이 아니라 여러 기관과 단체의 상호 긴밀한 연계 하에 실시한다.

<표 2> 일본 자살 예방 정책의 발전

■ 제1기(1998~2005년) 자살 급증 후에 후생노동성이 중심이 되어 대처한 시기

2000년	건강일본21에서 자살자 감소 수치 목표를 제시.
2001년	자살방지대책사업에 예산이 책정됨. 자살 대책은 사회·원호국 장애보건복지부 정신보건복지과(현재의 사회원호국 장애보건복지부 정신·장애보건과)를 중심으로 추진하기로 함.
2002년	자살예방대책 지식인 간담회를 설치. 보고서 「자살예방을 향한 제언」: 종합대책의 필요성, 예방·위기개입·사후대응에 대해 언급하는 등 자살 대책 기본법의 원형을 이룸.
2003년	후생노동성 「지역에서의 우울증 대책 검토회」. 「우울증 대책 추진방안 매뉴얼」: 지자체 직원 대상, 「우울증 대응 매뉴얼」: 보건의료종사자 대상.

■ 제2기(2005~2006년) 정부 전체의 대처로 확대된 시기

2005년	12개의 민간단체 「자살종합대책 실현을 향해~자살 대책 현장에서 국가에 제언하는 5가지~」. 참의원 후생노동위원회 「자살에 관한 종합대책, 긴급하고 효과적인 추진을 요구하는 결의」. 자살 대책 관련 부처 연락회의 발족, 「자살예방을 향한 정부의 종합적인 대책에 대해」에서 향후 10년간의 목표로 자살자수를 1998년의 급증 이전 수준으로 되돌린다고 명기.

■ 제3기(2006년~) 자살 대책 기본법 하에서 사회 전체가 대처하는 시기

2006년	자살 대책 기본법 시행.
2007년	자살종합대책요강이 내각회의에서 결정(2008년에 일부 개정).
2009년	지역자살대책 긴급강화기금 조성.
2012년	자살종합대책요강 개정.

이리하여 일본의 자살 대책은 1998년의 급증에 대해 종합적으로 여러 관련 기관의 연계를 통해 대처해야 할 것으로 이념화된다. 이 이념이 마련한 지극히 넓은 시야는 자살의 다양한 실태를 망라할 수 있게 했고, 대책에 있어 다방면에서의 참여가 가능하도록 했다. 반면 음악회며 공원 정비며 도로 확장까지 대략 생활에 관한 여러 가지 대응이 모두 자살 대책으로 대체 적용될 가능성이 있기 때문에, 효과적으로 대책을 세우기 위해서는 판단·선택의 기준이 필요하게 되었다.

3) 자살종합대책요강(General Principles for Suicide Prevention)

자살 대책 기본법에 제시된 것이 기본적 이념이라 한다면, 그에 대응하는 구체적 시책을 제시한 것이 자살종합대책요강이다. 앞에서 말한 바와 같이, 이념이 지극히 넓은 시야를 범주에 두고 있으므로 무엇에 대해 어떻게 어디서부터 착수해야 하는가가 요강에 제시되어 있기를 기대한다. 자살종합대책요강은, 당연한 일이지만, 자살 대책 기본법의 이념을 매우 충실하게 망라하고 있다. 또한 요강에 제시된 시책은 지방공공단체와 관계자·단체가 실시하도록 되어 있다. 즉 방침 결정은 지방공공단체에 일임한 부분이 있다.

〈자살 예방 일반 원칙의 당면 목표〉

○ 자살에 관한 연구 촉진(Promote research and study on suicide)

○ 시민들의 자살 예방에 대한 이해 심화(Deepen citizen's understanding of suicide prevention)

○ 인적 자원 양성(Secure and train human resources)

○ 정신건강 촉진(Promote mental health)

○ 정신건강 서비스 개발(Develop mental health services)

○ 자살의 사회적 요인에 대한 대처(Act on social factors)

○ 자살 시도자 지원(Support suicide attempt survivors)

○ 자살자 유가족 지원(Support the bereaved)

○ NGO 활동 지원(Support NGO's activity)

그 시책의 기본적 생각은 "(1) 사회적 요인을 고려하여 종합적으로 대처한다. (2) 국민 한 사람 한 사람이 자살예방의 주역이 되도록 한다. (3) 자살의 사전 예방과 위기 대응에 더하여 미수자와 유족 등에 대한 사후 대응에도 대처한다. (4) 자살을 생각하는 사람을 관계자가 연계하여 포괄적으로 지지한다. (5) 자살의 실태를 해명하여 그 성과를 바탕으로 시책을 전개한다. (6) 중장기적 관점에서 계속적으로 추진한다." 라는 여섯가지로 정리되어 있다.

그리고 이에 따라 당면 중점 과제로 9개 영역이 제시되어 있다. "(1) 자살의 실태를 분명히 한다. (2) 국민 한 사람 한 사람이 알아차리고 지켜볼 것을 촉구한다. (3) 조기 대응의 중심적 역할을 맡는 인재를 양성한다. (4) 마음을 건강하게 만들기를 추진한다. (5) 적절한 정신과 치료를 받을 수 있도록 한다. (6) 사회적 대처로 자살을 방지한다. (7) 자살 미수자의 재시도를 방지한다. (8) 유족의 고통을 완화한다. (9) 민간단체와의 연계를 강화한다." 각각의 구체적 시책을 포함하여 총 50개 항목이 당면 중점 과제로 되어 있다. 또한 2016년까지 2005년의 자살사망률을 20% 이상 감소시키는 것을 목표로 하는 동시에, 사회 상황이나 대책의 추진 상황 등에 따라 5년마다 내용을 재검토한다고 되어 있다.

이와 같이 자살종합대책요강은 실행 가능한 시책을 망라한 것으로, 절차나 실행 방법 등은 실행 주체가 자유롭게 판단할 수 있는 부분이 적지 않다. 그 결과 각지의 자살 대책의 시책은 지역의 특징을 반영하여 다양한 전개를 보이게 된다.

3. 자살종합대책 실행 상황

1) 보급계몽으로 진행된 일본의 자살 대책

2010년도에 자살예방종합대책센터가 내각부 자살 대책 추진실, 후생노동성 사회 · 원호국 장애보건복지부 정신 · 장애보건과와 실시한 조사에서는 시스템 재검토 중이거나 정령(政令) 지정도시가 된 지 얼마 지나지 않아 준비 중인 2개 도시를 제외한, 모든 지자체가 자살대책연락협의회를 설치한 것으로 확인되었다(국립정신 · 신경의료연구센터 정신보건연구과 자살예방종합대책센터, 2011). 그 위원의 구성을 살펴보면, 의료기관, 보건소, 정신보건복지센터와 같은 의료 관련, 노동 기준 감독 부서를 비롯하여 상공 관계나 농림수산 관계 단체 등의 노동 관련, 각종 학교 등의 교육 및 연구 관련, 경찰, 소방, 그 밖에 언론과 다양한 민간단체가 참여하고 있다. 이는 자살 대책 기본법이 강조하는 연계의 이념이 반영된 것이라 할 수 있다.

〈그림 3〉 지방정부에 의한 자살예방 활동

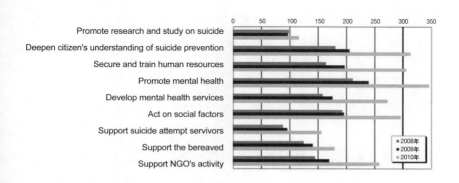

그런데 이 조사에서는 요강에 제시된 9개 중점 영역에 대해, 각 지자체가 실시했던 사업 수에 대해서도 물었다. 2008년에서 2010년까지 세 차례에 걸친 조사 결과를 보면, "국민 한 사람 한 사람이 알아차리고 지켜볼 것을 촉구한다", "마음을 건강하게 만들기를 추진한다", "사회적 대처로 자살을 방지한다" 등의 사업 수는 많아졌으며, 2009년 6월 지역자살대책긴급강화기금이 정비된 이후로는 더욱 증가했다. 이에 비해 "자살의 실태를 분명히 한다", "자살미수자의 재시도를 방지한다", "유족의 고통을 완화한다"에 해당하는 사업 수는 적었으며, 지역자살대책긴급강화기금이 정비되고 나서의 증가폭도 작았다(《그림 3》). 또한 사업 계획에 평가 절차가 포함된 사업은 2010년도에도 전체의 18.2% 수준에 머물렀다.

요컨대 지자체에서의 자살 대책 실시가 확대되고는 있으나, 그 내용은 계몽 캠페인이나 강연회에 치우치는 경향을 보였다. 한편으로 지자체 간의 차이는 실태 조사나 미수자 및 유족에 대한 대응과 같이 대처하기 곤란한 사업에서의 상황 차이로 나타났다. 자살 대책에 대한 준비 상태의 차이를 반영한 결과라고 생각되지만, 대책의 효과라는 점에서는 의문의 여지가 있는 상황이라 하겠다. 또한 평가 시스템이 없기 때문에 실행 주체인 각 지자체가 경과를 파악하고 수정을 해 나가기 어렵다는 점도 자살 대책의 효과적 관리 면에서 부적절한 것으로 간주되었다.

2) 전략의 수정과 재설정

자살종합대책요강은 2008년에 일부 개정이 이루어졌다. 가장 큰 변화는 우울증 이외의 정신질환에 의한 고위험군 대책 추진 항목이 추가된 것이었다. 우울증 이외의 자살 위험인자인 통합실조증(統合失調症: 정신분열병을 일본에서는 2002년부터 통합실조증으로 명칭 변경—역주), 알코올의존, 약물의존 등에 대해 조사 연구를 추진하는 동시에, 계속적 치료·지원을 위한 체제 정비, 자조 활동에 대한 지원 등을 실시하기로 했다. 또한 사춘기·청소년기에 정신적 문제를 겪는 자나 자해 행위를 반복하는 자에 대해 응급의료기관, 정신보건복지센터, 보건소, 교육기관 등을 포함한 연계 체제 구축을 통해 적절한 의료기관과 상담기관을 이용할 수 있도록 지원하는 등, 정신질환 조기 발견 및 조기 개입을 위한 시책을 추진할 것도 명기했다.

또한 인터넷상의 자살 관련 정보 대책 추진에 대해서도 항목이 추가되었다. 제삼자에게 위해를 가할 우려가 높은 물질의 제조 방법을 알리고 그 제조를 유인하는 정보에 대해, 제공 기관 등이 계약약관에 따라 삭제할 수 있도록 요청하는 인터넷 핫라인센터 활동을 지원하기로 한 것이다. 그리고 제삼자에게 위해를 가할 우려가 있는 자살 수단을 소개하는 정보 등에 대한 대응 방향의 명확화를 도모하는 등의 대책을 추진하기로 했다. 또한 청소년이 안전하게 안심하고 인터넷을 이용할 수 있는 환경 정비 등에 관한 법률에 기초하여 대처할 것을 촉구하고, 동 법률에 근거한 기본 계획에 따라 청소년에 대한 필터링 보급을 도모하는 동시에, 인터넷의 적절한 이용에 관한 교육 및 계몽 활동을 추진하기로 했다.

시행 5년 후인 2012년에는 자살종합대책요강의 전면적인 재검토가 이루어졌다. 현행의 대책을 총괄하고 요강에 맞는 시책을 강구하기 위해 노력했지만, 자칫하면 전국적으로 획일화되기 쉽다는 점이 지적되었다. 따라서 향후 지역 실정에 따라 실천적인 대처를 중심으로 하는 자살 대책을 도모할 필요성과 자살미수자에 대한 대책, 그리고 국가, 지방공공단체, 관련 단체,

민간단체 등의 연계·협력의 필요성도 지적되었다. 또한 목표로 하는 사회 상으로서 "누구도 자살로 몰아 넣는 일 없는 사회 실현"을 요강의 부제 및 서두에서 명시했다.

아울러 다음과 같은 당면 중점 시책을 들고 있다. (1) 9월 자살예방주간과 3월 자살 대책 강화의 달 사이에 종래의 계몽 활동과 더불어 지원책을 중점 적으로 실시한다. (2) 인터넷 활용을 포함한 지원책 정보를 통합 제공한다. (3) 보건 의료 영역뿐만 아니라 변호사, 법무사, 약사, 이발사 등 다양한 분 야의 게이트키퍼 양성을 촉진한다. (4) 초중고생이 생활상의 곤란·스트레 스에 직면했을 때의 대처 방법을 익히도록 하는 교육을 추진한다. (5) 초중 고생의 자살 사례 실태 파악과 집단 괴롭힘 문제에 대해 대처한다. (6) 인지 행동요법의 보급 및 적절한 약물 요법의 보급과 과다복용 대책을 철저히 한 다. (7) 자살미수자 돌봄 체제를 정비한다. (8) 직장에서의 정신 건강 향상을 위한 환경을 정비한다. (9) 대규모 재해 시 이재민의 마음치유 및 생활 재건 등을 추진한다.

한편 자살 대책에 관한 시책 실시 상황을 확인하고 효과 평가를 위한 체 계를 확립할 목적으로, 2013년 8월 제1회 자살대책 검증평가회의가 개최되 었다. 보고서에서는 2009년에 조성된 지역자살대책 긴급강화기금에 기초 한 사업 평가가 이루어졌다. 이 기금은 지역의 실정을 고려하여 자주적으로 임하는 지방공공단체의 대책이나 민간단체의 활동 지원을 통해 '지역에서 의 자살 대책 역량'을 강화하겠다는 것이다. '대면 상담 지원 사업', '전화 상 담 지원 사업', '인재 양성 사업', '보급계몽 사업', '강화 모델 사업'의 다섯 가 지 중에서 선택 실시하는 메뉴 방식이었다. 위의 검증회의에서는 자살 자수 의 억제와 지역의 자살 대책 역량강화에 해당 기금은 어느 정도 사업 효과가 있었다고 평가했다. 동시에 향후 과제로 첫째 지방자치단체의 부담도 포함하여 시한적이지 않은 재원에 의한 사업 실시, 둘째 도도부현(都道府県; 우리나라의 광역시도에 해당-역주) 내에서 사업의 역할분담을 정리, 셋째 보급계몽 사업에서 다른 직접적 사업(상담지원사업 등)으로의 이동, 넷째 PDCA(plan-do-check-act cycle, 계획-실행-평가-개선을 반복하는 업무관리 시스템) 등에 의한 검증ㆍ평가의 충실 등이 거론되었다.

4. 자살 예방 활동의 향후 방향성

지금까지 자살종합대책요강을 하나의 지표로 삼아 일본의 자살 대책을 개략적으로 살펴보았다. 종합적인 대책이 추진되고 체제 정비가 진전된 것은 분명하다. 그리고 요강에 기초한 종합 대책 실시가 시작되고 나서 일본의 자살사망률이 감소했다는 사실도 확인할 수 있다(〈그림 4〉).

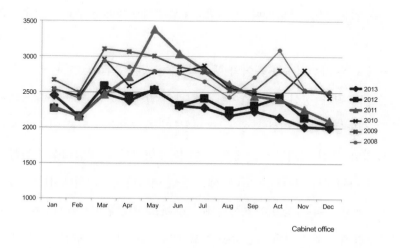

Cabinet office

앞으로는 수정된 종합 대책의 전략에서 드러난 개별 과제에 선택적으로 대처하게 될 것이다. 그중 몇 가지에 대해 언급해 둔다.

1) 자살미수자의 재시도 방지

자살미수자의 재시도 방지는 2007년의 자살종합대책요강 개시 때부터 중요한 과제였다. 후생노동성에서는 2007년에 「자살미수자·자살자 친족 등의 돌봄에 관한 검토회」를 설치했다. 일본임상응급의학회에서도 같은 해에 「자살기도자 돌봄에 관한 검토위원회」를 설치했다. 정신과 전문의가 없는 상황에서 신체적 치료와 함께 자살 기도, 정신과적 문제에 대하여 표준적인 돌봄을 실시함으로써, 최종적으로 자살 재시도자가 감소하고 결과적으로 자살에 의한 사망자가 감소하는 것을 목적으로 활동을 개시한 것이다. 2009년에는 『자살미수환자에 대한 대응: 응급외래(ER)·응급과·구명응급센터 스태프를 위한 지침서』, 그리고 2011년에 Q&A집을 발행했다. 이 자료들은 일본임상응급의학회 및 후생노동성 홈페이지에서 무료로 다운로드할 수 있다.

위와 같은 자살미수자 케어의 핵심이 되는 것은 응급의료기관에서의 정보 수집과 평가, 정신의료기관이나 지역과의 연계(case management, 사례관리)이다. 후생노동성은 이러한 틀에서 2009년부터 자살미수자 돌봄 연수를 시작하고 있다. 또한 지역의 실정에 맞게 이 틀에 변화를 준 자살미수자 돌봄이 일부 지자체에서 실시되고 있다. 예를 들면 야마나시(山梨)시에서는 응급의료기관에서 연락을 받아 간호협회에서 '라이프 코디네이터'를 파견하고, 자살미수자에 대해 상담하는 활동을 하고 있다. 오사카(大阪)에서는 경찰이 창구가 되어 지역 보건 기관에 연결해 주는 체제가 여러 지자체에서 채용되었다. 후쿠오카(福岡)에서는 법률 전문가가 병원에서 상담에 응하는 '베드사이드 법률상담'이 이루어지고 있다. 복수의 전문기관이 연계하여 자살미수자 지원 체제를 만드는 시도는 앞으로도 계속될 것이다.

또한 위와 같은 자살미수자 돌봄의 임상효과(evidence)도 정비되고 있다. 2005년에 시작된 미수자 돌봄에 관한 대규모 다시설 협동연구 'ACTION-J'는 응급의료시설에 이송된 자살미수자에 대해 정신과 평가 및 심리교육을 행한다. 그 후 시험 개입으로 사례 관리를 실시하고, 시험 개입이 통상 개입과 비교하여 자살기도 재발 방지에 효과가 있는지를 검증하는 것으로, 주요 평가 항목으로 자살기도(자살기수 및 미수)의 재발을 내건 연구였다. 이 결과 보고는 일본의 자살미수 사례가 관련 돌봄 활동의 대책 수립에 근거를 제공하여 그 대처를 충실하게 할 것으로 기대된다.

2) 청소년 대책

앞에서도 말한 바와 같이, 일본의 자살 사망률이 감소하는 경향에 있는 가운데 청소년 자살이 과제가 되고 있다. 문부과학성은 2008년부터 〈초중고생 자살 예방에 관한 조사 연구 협력자 회의〉를 설치하여 학교에서의 자살 예방에 대해 논의를 계속하고 있다. 2009년에는 그것을 종합한 매뉴얼 『교사가 알아야 할 아동 자살 예방』을 제작했다. 또한 2010년에는 학교에서 자살이 일어난 경우의 대응 매뉴얼 『아동 자살이 일어났을 때의 긴급 대응 지침서』를 제작했다. 이들 매뉴얼은 문부과학성 홈페이지에서 다운로드할 수 있다. 향후 학교에서 할 수 있는 자살 예방 활동에 대한 정보 제공이

기대된다.

　다만 일부 연구기관 및 대학과 지자체는 서로 연계하여 자살 예방 교육을 이미 모색하기 시작했다. 예컨대 자살예방종합대책센터는 중학교 대상 자살예방 프로그램 〈GRIP〉를 개발하여 중학교에서 계속 실천하고 있다. 〈GRIP〉는 교사가 수업으로 실시할 수 있도록 작성되어 있고, 그룹 활동, 게임, DVD를 활용하여 학생이 어려움에 처했을 때 그것을 극복하는 힘을 키우는 것이 핵심이다. 더욱이 학생들만으로는 대응할 수 없는 자살 충동의 어려움에 직면했을 때는 적절히 어른과 상의할 수 있도록 하는 것을 지향하고 있다. 또한 기타큐슈(北九州)시립 정신보건복지센터에서는 후쿠오카현(福岡県) 임상심리사협회와 협력하여 초등학교 5학년부터 실시할 수 있는 프로그램 〈누구에게나 마음이 괴로운 때가 있으니까…〉를 개발했다. 이것은 사용이 간편한 전단지를 작성하여 임상심리사 등이 실시하는 것으로, 역시 학생들이 도움을 구하는 것, 또 일상적인 스트레스 대처 능력을 갖는 것을 장려하는 내용으로 되어 있다.

〈그림 5〉 학교에서의 자살예방프로그램

위 두 가지는 기본적으로 전체적 예방 개입이다. 이에 비해 학교에서의 선택적·개별적 예방 개입의 예로, 일반사단법인 인클루전 넷 요코하마(Inclusion-net YOKOHAMA)의 시도는 흥미롭다. '교류상담형 아웃리치(outreach, 방문서비스)'라 불리는 이 사업은 빈곤세대 지원을 행하고 있는 과제 집중 학교의 도서관에 지역의 민간단체가 '외부상담원'을 상주시키는(선택적 예방개입) 것이다. 평소에는 학생들과 도서관에서 교류하고, 희망하는 학생이 있으면 다른 방에서 상담을 하거나 지역의 관계자를 연결해 주는 등의 대응을 하는 시스템(개별적 예방개입)이다. 더구나 학교를 중퇴한 학생들에 대한 접근으로 인터넷을 이용한 개입은 검토할 만한 가치가 있다. 대학교원과 민간단체가 협력하여 실시하고 있는 '야간순찰2.0'(스에키, 2014)는 검색 연동형 광고를 사용하여 고민이 있는 이들을 원활하게 상담으로 연결하는 인터넷 게이트키퍼 시스템의 시도이다.

여기에서 소개한 사업들은 모두 시작한 지 얼마 안 된 것들이다. 청소년 대책은 어떻게 '젊은이들의 자발적 참여(ticket to young people)'를 실현할 것인가가 관건이라는 점은 변함이 없다.

3) 심리적 부검과 자살유족 지원

〈그림 6〉은 일본에서 이루어지고 있는 심리적 부검의 체계를 나타낸 것이다. 자살예방 종합대책센터에서 훈련 받은 조사자가 2인 1조가 되어 자살자의 유족을 대상으로 조사를 행하고, 병행하여 지원을 제공한다. 2013년까지 97명의 유족들로부터 얻은 데이터를 포함하는 환자군-통제군 연구(case-control study)에서 자살 위험인자인 우울증, 취업 상황, 알코올, 수면 등이 자

살에 영향을 끼친다는 점, 또는 자살미수자가 의료기관의 치료를 받는 것이 보호인자로 기능한다는 점 등이 확인되었다. 2014년 이후에도 새로운 체제 하에서 이 조사는 계속될 예정이다. 앞에서 언급했듯이, 요강의 재검토 이후 선택적 예방 개입을 효과적으로 전개해 나가기 위해서는 이 조사는 매우 의의가 있다.

〈그림 6〉 일본에서의 심리적 부검 체계

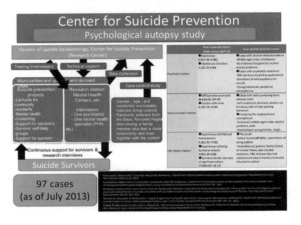

심리적 부검을 포함하여 불행하게 일어난 자살 사례에 관한 연구는 과학적 근거에 기초한 자살 대책 수립에 필수불가결하다. 그것은 동시에, 혹은 그러한 연구의 전제로서 자살자 유가족(自死遺族; 후술하듯이 일본에서는 '자살자 유가족'이라는 용어 대신 '자사자 유가족'으로 통일하자는 움직임이 있다―역주) 지원을 자살 대책의 일환으로 자리매김해야 할 필요성을 보여주는 것이다.

자살자 유가족은 수입이나 상속 등 경제·법률·생활의 측면, 비탄 과정에서의 심신의 건강, 또는 대인관계에서의 상처나 편견 등 다양한 측면에서 지원이 필요할 수 있다. 현재 일본의 자살자 유가족 지원에 대해 2011년도에 실시된「도도부현·정령지정도시 등에서의 자살 대책 대처 상황 조사」
에 의하면 전국의 도도부현·정령지정도시 등(이후 지자체)이 파악하고 있는
자살자 유가족 지원을 위한 민간 자조·지원 집단은 60곳에 달한다.[2] 그 밖
에도 정신보건복지센터와 보건소 등 공적 기관이 중심이 되어 운영하고 있
는 자조·지원 집단이 있다(2011년도 조사에서는 24곳, 2012년도는 미 조사). 또한 자
살자 유가족 지원 메뉴는 자조·지원 집단뿐만 아니라 면접 상담이나 전화
상담, 전단지, 웹 상에서의 정보 제공 등도 생각할 수 있기 때문에 범위는 더
욱 넓다. 게다가 "마음 건강 상담에서는 자살하려는 사람(希死念慮)들은 물론
자살자 유가족들의 상담도 받는다"고 하는 데서 알 수 있듯이, 다른 자살 대
책 사업과 통합하여 실시되고 있는 시책도 적지 않으므로 전체상은 복잡하
다.

그러한 상황 속에서 일본에서는 최근 자살자 유가족에 대한 편견 문제가
주목 받고 있다. 2013년 2월에는 제6회 세계정신의학회 안티스티그마 분과
회 국제회의가 도쿄에서 개최되었는데, 여기서도「자살자 유가족과 낙인효
과: 그 체험, 지원, 대책에 대해」라는 제목의 심포지엄이 편성되었다. 한편
시마네현(島根県)에서는 현의 협의회에 참가 중이던 자조 집단의 요청에 따
라 "자살이라는 말에 유족들은 상처받고 있다. 종합계획은 '자사(自死)'로 통
일한다"는 방침을 내세웠다. 2013년 3월부터 협의회 명칭을「현 자사종합
대책 연락회의」로 변경하고, 순차적으로 대책계획서, 계몽 팜플렛, 시정촌
(市町村: 우리나라의 시군구에 해당—역주)에 보내는 통지문 등을 바꿔나가겠다고 한
다. '자살'에서 '자사'로의 변경은 지금까지 여러 차례 자살자 유가족들과 그
지원자들에 의해 제안되었던 바이다. 예컨대 2013년 자살종합대책요강의
재검토 때〈전국자사유족연락회〉는 '자사'로 통일할 것을 제언했다. 한편

다른 유족지원단체는 단순히 '자사'로 용어를 통일하는 것에 대한 우려를 표명하기도 하여, 향후의 논의가 주목된다.

2012년의 자살종합대책요강의 재검토에서 일본의 자살 대책에 평가 과정 도입의 중요성이 지적되었다는 것은 앞에서 이미 언급했다. 가나가와현(神奈川県), 가와사키시(川崎市), 사가미하라시(相模原市), 요코하마시(横浜市)의 정신보건복지센터는 자살자 유가족 지원에서 협력 관계에 있는 특정 비영리법인 전국 자살자 유가족 종합지원센터 및 독립행정법인 국립정신신경의료연구센터 정신보건연구소 산하 자살예방종합대책센터와 공동으로, 2011년도 자살자 유가족 지원 사업의 평가에 착수했다. 로직 모델(Logic Model)에 따라 참여 실태 편파성(bias), 참가자의 안심, 시민 보급 등의 측면이 거론되어 몇 가지 개선 가능한 점들이 지적되었다. 그러나 좀 더 중요한 것은 복잡한 전체상을 갖는 자살자 유가족 지원을 지역 정신보건의 평가 연구로서 취급함으로써 공적 기관, 민간단체(당사자의 협력), 연구기관의 새로운 협동 사례를 찾았다는 점이다.

5. 맺음말

WHO는 자살 예방 활동의 도전과 과제로서 건강영역 이외의 개입이 필요하며, 종합적인 다영역 접근이 중요함을 지적하고 있다. 거기에는 교육, 노동, 경찰, 법률 관계, 종교, 행정, 미디어 같은 영역이 포함된다.[3] 일본의 자살 예방 활동의 경우에도 고위험군 지원에 대처하는 활동으로 지금까지 생활곤궁자 지원이나 대금업법(貸金業法, 다중채무를 막는 규정) 개정 등이 자살 대책과 관련하여 시행되었고, 또 성과를 거두기 시작했다. 앞으로는 건강 영역과 그 밖의 영역, 학계와 그 이외의 연계를 심화시켜 효과적인 대책으로 진행시킬 필요가 있을 것이다. 2013년에 발족한 과학적 근거에 기초한 자살 예방 종합대책 추진 컨소시엄 준비회는 자살예방 학술단체 · 연구기관, 지방공공단체, 관련단체 및 민간단체 등의 연계를 통해 학술 면에서 일본의 자살 예방 종합대책에 기여할 것을 목적으로 한 것으로, 위와 같은 방향의 추진 역할이 될 것으로 기대한다.

〈번역_ 배관문〉

자살자의 죽음 이해 분석
- 자살자의 유서를 중심으로

/ 오진탁

1. 이끄는 말

한국 사회에서 자살 문제는 OECD 가입 국가 중 자살률 1위가 된 지 10년째일 정도로 사회 현안으로 자리를 잡았다. 2011년 자살자는 15,906명이지만, 자살 시도자는 그보다 훨씬 많을 것으로 추정된다. (1) 취업포털 '사람인' 2011년, 2030세대 1,837명 조사, 22.5%가 자살을 시도한 적이 있고, 스트레스가 심각한 사람은 63.3%, 자살 충동자 42.5%,[1] (2) 교육부 2012년 전국의 초중고 학생 648만 명 조사, 상담과 관리 같은 지속적인 관심이 필요한 학생이 105만 4,000명(16.3%),[2] (3) 보건사회연구원 2013년 조사, 정신건강 고위험군이 368만 명, 우리나라 사람 중 27.6%가 평생 1번 이상 정신건강 질환을 앓고 우울증을 경험. 따라서 문제의 핵심은 자살자 15,000여 명, 혹은 OECD 가입국 중 자살률 1위 같은 수치가 아니라 경제적·사회적 상황 악화로 인해 자살자보다 훨씬 많은 자살 예비군이 대기 중이라는 사실에 있다. 1997

년 '외환위기', 2002년 '카드대란', 2009년 '국제금융위기' 그리고 2012년 '유로존 위기'를 거치면서 이젠 경제 위기를 넘어 사회 위기가 지속적으로 반복되고 있다. 사회 위기는 경제위기보다 훨씬 심각하다. 경제적 가치 편중과 물질만능, 가족관계의 약화 혹은 해체, 외로운 노인의 증가, 폭력적인 인터넷 문화, 스트레스와 우울증의 만연, 가치관의 붕괴와 새로운 가치관의 부재 등 사회병리 현상은 일단 생겨나면 쉽게 없어지지 않는다.

뉴욕타임스는 '한국은 전 국민이 신경쇠약에 걸리기 직전'이라고 보도했다. 인터내셔널 헤럴드 트리뷴은 해병대 병사의 총기 난사 사건, 해병대 원사의 자살 사건 등 일련의 사태를 열거하면서, "한국의 병영 문화가 통제 불능의 상태에 빠졌다"고 보도했다.[3] 국내 인문학계의 원로 김우창 교수도 '지금의 한국 사회를 정신적 불행이 일상화된 사회'라고 진단한다.[4]

이 글은 '이끄는 말'[5]에서 한국 사회 자살 현상의 심각성을 간략히 제시하고, '자살자 유서에 나타난 죽음 이해 분석'에서는 자살자 유서의 내용 분석을 통해, 자살자는 "죽는 게 사는 것 보다 낫다" "자살하면 고통에서 벗어난다"는 식으로 죽음을 이해하고 있음을 제시한다. 또 '자살찬양론의 죽음 이해 비판적 검토'에서는 『자유죽음론』을 저술하고 자살한 장 아메리의 주장을 생사학의 관점에서 재검토함으로써 그의 '자살 찬양'이 얼마나 잘못된 발상인지 밝혀낸다. '자살 예방의 해법 모색'에서는 자살자 유서 분석을 통해 자살자의 죽음 이해에는 커다란 문제가 있음을 지적한다. '마무리'에서는 자살 현상의 밑바탕에서는 죽음에 대한 잘못된 이해가 자리 잡고 있으므로, 생명 교육을 통해 죽음과 삶의 질을 향상시킬 수 있으면, 자살 예방의 토대는 자연스럽게 마련될 수 있음을 밝히고자 한다.

2. 자살자 유서에 나타난 죽음 이해 분석

하루하루 살아간다는 것이 너무 힘이 드네여. 매일매일 죽음이란 단어만을 품고 세상을 살아가고 있습니다. 오늘이면 죽을 수 있을까? 내일이 오지 않았으면 하는 생각에 늘 죽음을 생각하죠…. 얼마 전에 자살하려고 아파트 옥상에 올라간 적이 있습니다. 뛰어 내리면 죽을 수 있을 것 같더군여. 그런데 몸이 움직이지 않았어여. 한 발자국만 앞으로 내딛으면 되는데… 정말 세상 사는 게 힘들고 고통스러운데 되는 일은 하나도 없는데… 막상 죽으려고 하니 두려움도 생기고 떨리고… 옛 생각도 나구요…. 언제나 밝고 명랑하게 웃으면서 하루하루를 살아 왔지만 이젠 지쳤다. 더 이상의 미래가 보이지 않는다. 미래가 없는 삶, 형에게 미래를 준비하라는 말을 들었다. 하지만, 이젠 늦어 버렸다.[6]

답답한 세상, 답답한 인생. 난 죽고 싶을 때가 많았다. 답답한 세상과 꽉 막힌 인생 때문이다. 어른인 아빠는 이틀 동안 20시간 일하고 28시간 쉬신다. 어린이인 나는 8시 30분부터 6시까지 학교와 학원에 갔다가, 집에 와서 10시까지 공부해야 한다. 27시간 30분 공부하고 20시간 30분 쉰다. 왜 어른보다 어린이가 자유시간이 적은지 이해할 수 없다. 세상은 답답하다. 난 바다를 헤엄치는 물고기처럼 자유로워지고 싶다. 어린이가 왜 어른들의 개조를 당하면서 살아야 하는가.[7]

첫 번째 사례는 26세 남성의 글, 자살로 사망하기까지 최소한 1년 11개월 전부터 자살시도를 했고, 자살사이트에 지속적으로 글을 적었다. "정말 세상 사는 게 힘들고 고통스러운데 되는 일은 하나도 없고…. 막상 죽으려고 하니 두려움도 생기고 떨리고…. 이젠 지쳤다. 더 이상의 미래가 보이지 않는다." 그는 이렇게 삶을 마감했다. 두 번째 사례는 2003년 11월 8일 충남 천안에서 발생한 자살자의 일기장 일부이다. 맞벌이 부부의 외아들 초등학교 5학년 정 군이 같은 반 여자친구와 채팅하면서 자살을 예고한 뒤, 열흘이 지나 집에서 숨진 채로 발견되었다. 당시 아파트는 안으로 문이 잠긴 채 정 군 혼자 있었다. 정 군이 남긴 일기장과 채팅 메시지에는 '자살'의 그림자가 짙게 드리워져 있었다.[8]

자살자 유서에는 앞에서 살펴보았듯이, "살기가 힘들다" "살기 지쳤다" "잘 살고 싶었지만 아무리 노력해도 되지 않는다"는 말이 자주 발견된다. 또 "죽는 게 사는 것보다 낫다" "세상과 결별한다" "자살하면 고통에서 벗어난다"는 표현도 자주 보인다.

첫째, "죽는 게 사는 것보다 낫다"는 생각

잘 살고 싶었다. 하지만 웬일인지 그렇게 되지 않았다. 아무리 노력해도 되질 않았다…. 내 자신이 이상해졌다. 바보가 되었다. 내가 왜 이렇게 되었는지 내 자신도 모르겠다. 성적도 엄청 떨어지고 삶의 의욕도 없어지고 자신감도 없어졌다. 내 자신의 변화에 내 자신이 감당하지 못하겠다. 하루하루가 괴롭고 싫고, 두렵고 즐거운 말이 없었다. 내 자신이 비참하다. 희망이 보이지 않는다. 내 자신도 이렇게까진 하고 싶지 않지만, 어쩔 수 없다. 부모님께 더 이상의 실망을 드리기가 죄송스럽다…. 하지만 그렇게 되지 못했다. 더 이상 내 자신이 비참해지기 싫다. 자존심도 패기도 모두 없어져 버렸다. 중학교 시절처럼 행동하고 싶었지만, 아무리 해도 그렇게 되질 않는다. 모두들에게 이런 내 모습을 보여서 창피하다. 더 이상의 희망이 없다.[9]

죽고 싶다는 생각은 100번도 넘게 해 봤다. 죽으면 끝날까. 죽으면 편해질까. 이대로 죽기엔 15년밖에 못 산 내 인생이 너무 아깝지만 계속 이렇게 사는 것보단 나을 것 같다. 이대로라면 남은 인생 정말 자신이 없다. 만약에 이 죽음에 성공하면 뭐라고 할까. 반항심에 저지른 충동적 자살? 아니다. 아주 오래전부터 계획해 온 일이다. 죽음을 결심한 사람들은 아무런 낙이 없다. 내가 지금 살아갈 가치를 못느끼고 있다.[10]

진짜 살고 싶지 않다. 왜 욕을 먹으면서 남의 눈치를 보고 살아야 하는지, 정말 그냥 죽어버리고 싶다. 자살하고 싶다.[11]

자살자는 자기 삶을 잘 살고 싶었지만, "아무리 노력해도 되지 않았다"고 한다. '훌륭한 사람이 되어 부모에게 효도'하고 싶은 욕망이 있었음에도 불구하고, 성적이 떨어지고 삶의 의욕이 사라져버린 것이다. 결국 죽고 싶지 않지만 더 이상 부모를 실망시키기 싫어 '어쩔 수 없이' 죽음을 선택하는 것이라고 한다. 이런 식의 내용은 자살자 유서에서 흔히 발견되는 내용이다.[12] 자살자는 죽는 것보다 사는 게 힘들어서 이렇게 사느니 차라리 죽는 게 낫다고 판단하고 있다.

둘째, 자살로 "세상과 결별한다"는 생각

자살자들은 살기가 힘드니까, 자살하면 모든 게 끝나고 지긋지긋한 세상과도 결별할 수 있다고 생각한다. 자살해 죽는다고 해서 다 끝나는 게 아님에도 불구하고, 이런 오해는 자살자 유서에서 흔히 발견된다.

이렇게 사느니 차라리 죽고 싶다. (안티성형 카페 회원)[13]

죽어버리면 다 끝나는 거 아니냐!(술 먹고 충동적으로 자살)[14]

죽고 싶다고 느낀 적은 많다. 하지만 그것도 잠깐일 뿐 다시 죽기 싫어질 때가 많았다. 그런데 지금은 다르다. 갑자기 사후세계가 궁금해지고 죽음이 기대된다. 내가 만약 환생한다면 지금보다 훨씬 나은 삶을 살고 싶다. 이젠 삶에 질리고 지쳤다. 만약 천당과 지옥이 있다면 난 지옥에 가겠지. 길게 쓰기도 싫다. 이젠 원망스런 이 세상과도 안녕이다.[15]

셋째, "자살하면 고통에서 벗어난다"는 생각

자살은 해방 행위, 우리가 도달할 수 있는 가장 극단적이며 마지막 형태의 자유.[16]

어려운 처지에 빠지면 그 어려움으로부터 '해방'될 수 있으리라는 기대로 자살 충동을 느끼는 사람이 우리 주변에는 많다. 자살자는 죽음을 통해 일종의 휴식을 취하고자 한다. "죽으면 영원한 안식을 얻을 수 있을까?"[17] 자살자들은 자살로 모든 게 끝나기를 기대한다. 죽으면 다 끝나기를 바란다.

그렇다면 과연 자살은 우리에게 해방 또는 자유를 가져다줄 수 있는가? 고통스런 현재로부터 자유로워질 수 있으리라는 생각으로 자살을 선택하는 것은 큰 착각이 아닐 수 없다. 어떤 자살자는 '자살한 뒤 무슨 일이 일어나든 상관없는 일'[18]이라고 말하기까지 했다. 자살로 모든 것이 끝이고 무슨 일이건 상관할 바 없다면, 그가 말하는 '자유'란 도대체 무슨 말장난인가?[19] 자살로 모든 것이 끝이라고 주장한다면, 이런 주장에 수반되는 결과에 대해 끝까지 책임져야 한다.[20]

3. 자살 찬양론의 죽음 이해 비판적 검토

그렇다면 자살한다고 해서 과연 문제가 해결될 수 있는지 정확하게 검토할 필요가 있다. 자살하면 그의 희망대로 현실의 고통에서 벗어나게 되는 것일까? 자살 예방을 위해서는 과연 자살하면 어떻게 되는지 정확하게 가르치는 일이 중요하다. 자살자가 바라는 대로 이루어질 수 있는지, 생사학의 관점에서 세밀하게, 또 정확하게 검토할 필요가 있다.

자살을 인간의 '자유의지'에 따른 행위로 보는 견해, 자기 판단에 따라 자살해도 된다는 생각은 한국 사회에 너무나 많은 사람들에게 퍼져 있다. 프랑스의 문필가 장 아메리(Jean Améry)는 『자살하기: 자유죽음론 On Suicide: A Discourse on Voluntary Death』(1976)에서 허무주의적이고 자전적인 색채가 짙은 시각으로 자살 문제를 다루었다. 그는 아우슈비츠의 몇 안 되는 생존자

였음에도 이 책을 출간하고 나서 2년 뒤 자살했다. 이 책에서 그는 "자살이란 당사자의 자유의지에 따른 결정이므로, 자살이라는 용어 대신 '자유죽음'이라는 표현을 써야 한다"며 스스로 이 말을 즐겨 사용했다. 장 아메리는 자살을 휴머니즘과 존엄성 개념을 활용해 정의하였다. 즉 인간은 자살함으로써 당사자의 자유와 존엄성을 수호하고 그리고 행복을 느낄 수 있다는 것이다.[21] 그는 '자신의 존재'가 사회의 것도 교회의 것도 아니고, '자기 자신의 것'이라고 주장하고, '자살 행위의 사회적 복권'을 꾀했다.

> 자살은 모순된 것이기도 하지만, 여전히 우리 앞에 놓여 있는 유일한, 넓고 자유로운 세계를 향한 길이다. 자살은 부조리하기는 하지만, 허튼짓은 아니라는 것이다. 왜냐하면 자살의 부조리성은 삶의 부조리성을 증대시키는 것이 아니라 감소시키기 때문이다.[22]

장 아메리의 자살은 이와 같은 자살관을 실천한 것이다. 모든 존재 증명을 부정당한 그에게 스스로 죽음의 주인이 되는 것이야말로 최후의, 또 가장 확실한 존재 증명이었던 것이다. 장 아메리가 자신의 책에서 주장하는 자살에 대한 견해는 자살자들의 유서에서 보이는 내용과 흡사한 점이 많다. 그의 '자유죽음론'은 언뜻 보기에는 인간의 자유의지를 주장한 의미 있는 성찰로 보일 수도 있겠지만, 그 속에는 자살에 대한 그릇된 시각과 죽음에 대한 사려 깊지 못한 생각이 일관되어 있어 감성적인 논리에 쉽게 휩싸일 수 있는 젊은이들에게 오도된 가치관을 심어줄 위험이 높다.

첫째, "자살은 인간만의 고유 권한이다"[23] 라는 주장. 자살은 인간만이 지닌 고유한 현상일 수도 있다. 자살이 그런 가능성을 실현하는 것이라면, 자살한 뒤에 당사자에게 벌어지는 일은 어떻게 보아야 하는가? 그것도 인간만의 존엄성이라고 할 것인가? 이성, 만물의 영장, 과학의 발견 등 여러 측면에서 인간다움을 규정할 수 있을 것이다. 죽음이라는 절대적 순간 앞에서 자신의 삶을 정리하고 담담하게 밝은 미소 속에서 죽음을 맞이하는 것이야 말로 인간이 도달할 수 있는 최고의 성취이다.[24] 그에 비해 자살은 인간만의 고유성을 실현할 수 있는 가능성이기는커녕 인간다움을 일거에 폐기시키는 어리석은 행위다. 자연스럽게 찾아오는 죽음에 임해 담담하게 밝은 표정으로 세상을 떠나는 사람들의 숭고한 모습이야말로 인간의 존엄성을 드러내는 일이다.

둘째, "자살을 통해 최고 형태의 자유가 실현된다"[25]는 주장. 자살이야말로 최고의 자유라는 말처럼 어처구니없는 궤변은 없다. 과연 자살을 통해 실현되는 최고 형태의 인간적 자유란 게 도대체 무엇일까? 이미 자살한 사람들은 그런 자유를 만끽하고 있을까? 나는 지금껏 자살을 감행했다가 실패한 사람들로부터 단 한마디도 이런 말을 들어본 적이 없다. 자살이 무엇을 의미하는지, 죽음이 무엇을 의미하는지 조금이라도 아는 사람이라면 이런 식의 무책임한 발언은 하지 않을 것이다. 위의 발언은 자유보다는 자포자기에서 나왔거나 삶과 죽음의 본질을 꿰뚫어볼 수 있는 지혜가 없어서라고 말할 수밖에 없다.[26]

셋째, "자살은 비인간적 삶에서 인간성을 지키는 유일한 행위다"[27]라는 주장. 이런 말은 자살자가 남긴 유서에서 흔히 볼 수 있는 내용이다. 사실, 우리가 사는 사회에서 인간으로서 감당하기 어려운 경우를 당하는 일도 있게 마련이다. 하지만 자살한다고 해서 그런 삶으로부터 벗어날 수 있을까.[28] 자신의 삶이 비인간적이라고 해서 자살할 수밖에 없다고 생각하는 것은 성숙한 인간이 취할 수 있는 행동이 아니다. 더구나 자살함으로써 모욕적인 상황으로부터 벗어나기를 기대한다는 것은 전혀 맞지 않는 이야기이다.

넷째, "자살하는 순간 자살자는 그의 과거와 무관해진다"[29]는 생각. 자살하는 사람은 마음속으로 이런 바람을 갖고서 죽는 경우가 많다. 고통스러운 현실, 해결책이 보이지 않는 상황으로부터 도피하고 싶은 심정에서 최후의 선택을 하는 것이 자살일 것이다. 자살자는 자살을 감행함으로써 자신의 불행한 과거와 단절되고 자유로워지기를 바라겠지만, 그의 존재는 그가 살아온 이력과 자살 행위로부터 무관해질 수 없다. 칼로 무를 자르듯 오늘의 삶과 내일의 죽음이 갈라질 수 없기 때문이다. 그가 살았던 삶, 자살 행위, 그리고 자살 이후의 삶, 이 세 가지는 결코 단절될 수 없다. 자살하는 사람은 자기 삶의 이력으로부터 벗어나기를 바라겠지만, 삶의 이력뿐 아니라 자살로 인해 야기되는 인과까지도 결코 모면할 수 없다.

다섯째, "우리에게 자살 권리가 있으므로, 삶만이 최고라는 독단은 폐기되었다"[30]는 생각. 죽음이 삶과 마찬가지로 개인에게 속한 권리라는 주장에는 전적으로 동의한다. 하지만 자살을 통해서 삶과 동등한 죽음의 권리를 행사해도 된다는 주장은 독단이라고 하지 않을 수 없다. 자살 행위는 삶의 권리만이 아니라 죽음의 권리마저도 포기하는 행위이기 때문이다. 우리에게는 자살권이 있는 게 아니라 인간답게 살 권리, 인간답게 죽을 권리가 있을 뿐이다. 자살은 인간다운 삶의 권리와 존엄한 죽음의 권리를 일거에 파기하는 어리석은 행위일 따름이다.

여섯째, "자살은 자신의 절대적 개성, 절대적 정체성의 표현이다"[31]라는 주장. 인간이 자살을 통해서만 자기 존재의 절대적 개성, 절대적 정체성을 표현할 수 있다면, 이처럼 비극적인 경우도 없을 것이다. 자기 존재가 자기에게 속한다는 것은 당연한 상식이다. 오히려 자살은 자기 존재를 파괴하므로, 자기 존재의 절대적 정체성을 폐기시키는 행동이다. 건강한 삶과 건강하지 못한 삶이 있듯이 죽음에도 건강한 죽음과 그렇지 못한 죽음이 있다. 사람이라면 누구나 건강한 삶을 원하듯이 마찬가지로 죽을 때도 건강한 죽음으로 삶을 마무리해야 하는 것은 당연한 순리이다. 하지만 자살이야말로 건강하지 못한 죽음의 대표적인 사례이다.[32] 장 아메리의 아이덴티티 분열이 그를 자살로 내몰았다는 레비의 분석은 정곡을 찌른 것이었다.[33]

4. 자살 예방의 해법 모색

한국 사회 자살 사례들은 특정한 원인에, 또 특정 사회 계층에만 국한된 것이 아니라는 점에서 더욱 심각성을 느끼게 한다. 한국 사회에서 자살은 말 그대로 '각계각층'에서 '각양각색'의 동기로 벌어지고 있다. 그런데 모든 자살 사례들에서 공통적인 점을 한 가지 발견할 수 있으니, 그것은 올바른 죽음관이 부재함으로써 자살이 일어나고 있다는 점이다. 수많은 자살자들의 사례를 추적해 보면, '죽음'에 대한 올바른 이해나 자각이 전무하다. 그들은 자신에게 다가온 현실적인 어려움을 해결하는 유일한 탈출구가 마치 '죽음'에 있기라도 하듯 너무나 쉽게 자살을 감행한다. 자살자는 죽음이 무엇을 의미하는지, 자살한 이후 얼마나 끔찍한 상황이 자신에게 다가오는지[34] 전혀 개의치 않는다. 이들이 이런 선택을 하는 것은 평소 죽음에 대하여 아무런 이해도, 준비도 한 적이 없기 때문일 것이다.

'웰다잉'(Well-Dying)의 개념과 자살 예방에 대해 오래도록 고민해 온 필자로서는 자살을 크게 줄일 수 있는 대책은, 죽음이나 자살에 대해 바른 시각을 갖도록 죽음과 삶의 참된 의미를 교육해야 한다는 것이다. 자살에 대한 근본적인 해결책은 결국 분명하고도 단호한 어조로 '죽음이란 무엇을 의미하는지', '자살이 무엇을 의미하는지', '죽음을 알면 자살하지 않는다', '자살해서는 안 되는 이유' 등을 다양한 연령층의 눈높이에 맞게 제시하는 교육에 있다. 죽음을 교육하게 되면 자살이 얼마나 끔찍한 자해 행위인지 사람들 스스로 알게 된다. 자살 예방은 자살 그 자체에 대한 단편적인 접근, 미봉책이나 임시방편으로는 효과를 거둘 수 없으며, 한국 사회의 죽음 이해와 임종 방식에 대한 총체적인 문제제기가 선행되어야 한다.

그런데 자살자들이 남긴 유서들을 분석해 보면, '사는 게 힘든다' '세상과 결별한다' '자살하면 고통에서 벗어난다'는 표현도 있지만, '살고 싶은 욕구' 역시 표출되어 있다. 자살자는 삶과 죽음 갈림길에 서 있다가 죽음 쪽으로 이행한다. 그러나 근본적으로 자살자가 원하는 것은 죽음이 아니라 바로 삶이었다. 자살자는 죽고 싶은 게 아니라 살고 싶었던 것이다. 자살자는 살고 싶은데 현실 고통으로 인해 살기가 힘들어서 어쩔 수 없이 자살로 뛰어드는 것일 뿐이다.

어떤 자살자는 삶을 위해 복권을 구입했고, 자살하기 위해 칼도 준비했다. 자살자 앞에는 두 가지 갈림길 위에 놓여 있다. 미래를 위해 복권도 사고 자살을 위해 칼도 구입하는 등 마음속으로 깊은 고민을 했다. '산다? 그럼 당장 직장은 어떻게? 또 가서 잘 적응할 자신이 있나? …이러지도 못하고 저러지도 못하고…. 어떻게 사냐구…. 조금 사는 쪽으로 마음을 기울였더니 되는 일 없이 힘만 드는구나.'[35] 살기 위해 마지막으로 붙잡았던 '복권'이라는 밧줄마저 끊어진 이후에야 그는 결국 자살을 선택하였던 것이다.

"세 번째 이혼, 세 번의 아픔. 겁이 난다, 죽는 게…. 아…"[36]

"죽음, 무섭고 피하고 싶지만…"[37]

"죽을 때, 아프지 않을까? 아픈 건 싫은데… 몇 번이나 결심을 해도 죽는 건 힘든가 봐. 좀 무서워. 너무 외롭다구."[38]

어느 자살자는 유서에 자살은 최악의 선택이라고 적었다.[39] 자살자도 죽음은 무섭다. 죽음은 피하고 싶어 한다. 자살자는 죽기 위해서, 자살하고 싶어서 자살하는 게 아니다. 삶에 더 이상 머물 수 없어서 자살하는 것일 뿐이다. 어떤 자살자는 죽고 싶다는 생각은 100번도 넘게 해 봤다. '죽으면 끝날까, 죽으면 편해질까'라는 걱정을 하고 있다.[40] 그러니까 자살자는 죽고 싶은 게 아니라 살고 싶은 것이다. 살기 힘드니까, 자살로 뛰어들 뿐이다.

자살자들도 역시 죽음에 대한 두려움과 불안의 감정이 있다. 따라서 죽음에 대한 정확한 이해를 바탕으로 "죽는다고 다 해결되는 게 아니다" "자살한다고 다 끝나는 게 아니다"는 사실을 정확하게, 또 분명하게, 그리고 단호하게 가르칠 수 있다면, 자살 예방에 크게 도움이 될 것이다.

5. 마무리

생사학의 관점에서 보면, 자살 현상의 근저에는 '죽음에 대한 잘못된 인식'이 자리하고 있다. 사실 죽음 문제에 비하면 자살 그 자체는 그야말로 빙

산의 일각에 불과할 뿐이다. 바닷물 아래에 잠겨서 우리 시야에는 잘 잡히지 않지만, 자살 현상의 몸체에는 우리나라 사람들이 죽음을 맞이하는 방식의 문제가 도사리고 있다. 죽음 이해와 임종을 맞이하는 방식에 문제가 많다 보니 결과적으로 자살이 자주 일어나는 것이다. 자살 현상을 이해하고 효과적으로 예방하기 위해서는 자살 자체에 초점을 맞추기보다는 수면 아래 숨어 있는 죽음에 대한 오해와 편견, 불행한 죽음 방식에 대한 심층적 반성과 함께 새로운 방향 모색이 시급하다. 눈앞에 보이는 자살만 문제 삼고 올바른 죽음 방식을 일깨우는 데 관심을 쏟지 않는다면, 한국 사회의 자살률은 결코 줄어들지 않을 것이다. 올바른 생사관이 정립되어 한국 사회에 성숙한 죽음 문화가 정착될 수 있다면 자살률은 자연히 감소할 것이다.[41]

자살 문제보다 죽음 이해와 임종 방식이 훨씬 중요하다는 말의 의미가 바로 여기에 있다. 사람들은 행복한 삶을 원하는 만큼이나 간절하게 건강한 죽음을 원한다. 하지만 실제로 대다수의 사람들은 마치 불행한 죽음을 원하기라도 하는 듯 죽음에 대해 갈피를 못 잡은 채 불행하고 고통스런 죽음을 맞이하곤 한다. 자살은 불행한 죽음의 한 가지 사례에 불과할 뿐이다.

지금까지 자살자 유서를 중심으로 살펴보았듯이, 자살 현상의 바탕에는 '죽음에 대한 잘못된 인식'이 자리하고 있다. 죽으면 다 끝나니까, 자살과 함께 삶의 고통 역시 자살자들은 종결된다고 착각한다. 한림대에서 인터넷강좌 '자살 예방의 철학'[42]을 통해 죽음과 자살에 대해 교육받은 자살 시도 학생들은 더 이상 자살을 생각하지 않는다. 자살한다고 문제가 해결되지 않는다는 사실을 가르쳤기 때문이다. 지금까지 약 1,500명 정도를 교육시켰는데, 자살 예방 효과는 99% 이상이었다. 2012년 1학기 '자살예방의 철학' 수강생 48명을 대상으로 수업 받기 이전과 이후의 의식 상태를 자세히 조사했다. 48명 중 자살 관련 고위험군 학생은 16명, 33%였다. 사이버 수업이어서 학생과 직접 만나 상담하지 않고 15주 동안 사이버로만 교육했더니, 고위험 학생도 더 이상 자살을 생각하지 않게 되었다. 한 학기 동안 생사학 중심의 생명 교육을 사이버만으로 교육했을 때도 교육 효과는 높게 나왔다.

인터넷강좌 '자살 예방의 철학'을 통해 죽음과 자살에 대해 교육받은 자살 시도 학생들은 더 이상 자살을 생각하지 않는다. 자살한다고 문제가 해결되는 것은 아니라는 사실을 가르치고, 동영상 화면을 통해 자살 이후 더 큰 난관에 봉착하게 되는 사실을 직접 보여주었기 때문이다.[43]

자살률은 그동안 한국 사회에서 해결하려는 지속적인 노력에도 불구하고 더욱 증가하는 추세에 있다. 자살 예방이 죽음에 대한 충분한 이해 없이 임기응변식 위기 대응과 임시 방편적인 정책 위주로 이뤄져 왔기 때문이다. 생명 교육을 통해 학교와 사회에서 죽음은 무엇을 의미하는지, 왜 자살해서는 안 되는지, 어떻게 살아야 하는지, 또 삶을 어떤 방식으로 마무리해야 하는지 차분히 가르치는 것이 바로 자살 예방의 기본이다. 생명 교육을 통하여 죽음과 삶의 이해를 증진시켜 죽음의 질과 삶의 질을 향상시키면, 자살 예방의 토대 역시 자연스럽게 마련될 수 있을 것이다.

자살관련 행동과 문화
- 자해와 신체 개조에 관한 문화정신의학적 고찰

/ 마쓰모토 도시히코

1. 들어가며

리스트컷(wrist cut, 칼로 손목을 긋는 자해 행위) 등의 자해란, '자살하고자 하는 의도 없이 고의로 자기 몸에 비치사적인 손상을 가하는 행위'(Favazza, 1996)로 정의되고 있으며, 따라서 자살과는 엄격히 구별되어야 하는 행동이라고 할 수 있다. 즉 자살이 '견디기 힘든, 벗어날 수 없는, 끝없이 계속되는 고통'으로부터 해방되기 위한 유일한 '탈출구'로서의 의미를 지니는 것에 대해, 자해 행위는 분노나 치욕과 같은 강렬한 감정에 의해 야기된 혼란을 진정시키고, 의식 상태를 재통합하는 기능, '제정신으로 다시 들어오는 입구'(Favazza, 1996)라 할 만한 의의가 있다고 여겨지고 있다. 역사적으로는 다양한 연구자들이 다양한 정의를 가지고 자해에 대해 논해 왔다. 그러한 개개의 정의들의 타당성에 대한 논란은 차지하고, 그동안의 다양한 논의를 정리하면 자해 행위의 범위는 진짜 자살행동으로부터 머리 뽑기나 손톱 물어뜯기, 혹은 여드름

짜기에 이르기까지 실로 광범위하다.

대체 자해란 무엇일까? 예를 들어 코르셋이나 전족, 혹은 일부 부족에게서 보이는 코걸이나 할례, 또는 반사회적 집단이 피부에 새기는 타투 등은 자해일까? '문화란 먼저 자연의 가공이며, 인위를 제2의 자연으로 변환시키는 것'이라고 한 와시다(1995)의 말을 끌어다 쓸 것도 없이, 인류의 역사를 개관해 보면, 기성의 제도를 지키기 위한, 혹은 반대로 낡은 제도를 파괴하기 위한 신체 가공의 예를 무수히 찾아볼 수 있다. 이것들은 자해와는 본질적으로 다른 행위인 걸까?

필자는 결코 '자해는 문화다'라고 말하고 싶은 것은 아니다. 단지 자칫하면 경계성 인격 장애와 관련해서 원조자를 고민하게 하는 병적인 측면만 강조되기 쉬운 자해지만, 그 문화적 측면을 이해함으로써 자해 임상에 새로운 시점을 가져올 수 있지 않을까 평소부터 생각해 왔다. 따라서 본고에서는 문화정신의학적인 시점에서 자해와 그 임상을 다루어 보고자 한다.

2. 신체 개조와 자해

최근의 10여 년 사이에 우리는 거리를 오가는 젊은이들이 하고 있는 피어싱이나 타투 등의 신체 개조(body modification)에 놀라지 않게 되었다. 확실히 현상면만 보자면 피어싱이나 타투는 최근 사춘기 · 청년기 정신과 임상 현장에서 증가하고 있는 자해와 공통적인 특징도 지니고 있다. 하지만 지금은 혀끝을 자르는 '스플릿 텅(split tongue)'이라는 신체 개조를 소재로 한 소설(가네하라, 2003)이 화제가 되고, 평범한 여성조차도 '돌이킬 수 없는 몸을 원해서'

타투를 새기고 싶어 하는 시대이다(야마시타, 2006). 지금의 젊은이들에게 있어 신체 개조는 패션이나 자기 표현의 한 방식에 지나지 않는 듯이 보인다.

신체 개조에 눈살을 찌푸리는 보수적인 사람들조차도 이러한 시대의 영향과 무관하지는 않다. 무엇보다 요즘은 젊은 여성의 대부분(남성의 귀걸이도 드물지 않지만)이 귀를 뚫는다는 것이 그 증거이다. 예를 들어 20년 전만 해도 귀걸이라고 하면 클립형이나 나사형이 주류였고 뚫는형은 소수파였던 것으로 기억한다. 귓볼에 구멍을 뚫는 것은 그것만으로도 '부모로부터 받은 몸에 구멍을 내다니', '불량의 시작' 등의 비난을 받았고, 상황에 따라서는 자해로 취급됐을 수도 있었다. 하물며 눈썹, 코, 입술에 피어싱을 했다면 주위 사람들은 두려움에 떨거나 경우에 따라서는 정신과 상담을 권유했을지도 모를 일이다.

요컨대 신체 개조가 자해인가의 여부는 문화 의존적인 문제인 것이다. 월시(Walsh, 2005)에 따르면, 1980년대 미국에서는 타투나 신체 피어싱을 '자해'로 생각하는 사람이 80~90%를 넘었지만, 2000년 이후에는 불과 5~10%로 격감했다고 한다. 월시와 로슨(Walsh & Rosen, 1988)은 신체 개조를 정상 행위로부터 명확한 정신병에 이르기까지 연속적인 스펙트럼으로 파악해서 네 가지 유형을 제창하고 있다(《표 1》). 그들은 그 가운데 III형(리스트컷을 전형으로 하는, 기분을 바꾸기 위한 습관적이고 비치사적인 자해)과 IV형(환각·망상에 기초한 중증의 치사적인 자해)만을 이른바 '자해'로 보았다. 이 분류에 따르면 요즘 유행하는 신체 피어싱이나 타투, 나아가 브랜딩(Branding; 낙인에 의한 화상 반흔으로 모양을 표현)이나 스케리피케이션(Scarification; 캘로이드화·비후화된 절창의 반흔으로 모양을 표현)조차 자해라고 할 수 없다.

〈표 1〉 신체 개조의 스펙트럼과 유형(Walsh & Rosen, 1988)

유형	행동례	신체손상 정도	심리 상태	사회적 용인도
I 형	귀에 피어싱을 한다, 손톱을 물어뜯는다, 전문가에게 받은 작은 타투, 미용성형수술	극히 표층-경도	양성	거의 모든 사회집단에서 용인된다.
II형	펑크 록의 영향을 받은 신체 피어싱, 19세기 프로이센 학생들이 사벨을 가지고 행한 자해, 폴리네시아나 아프리카 부족들이 행하는 의식적인 자해, 뱃사람들이나 바이크족에서 볼 수 있는 큰 타투	경도-중등도	양성-흥분 경향	어떤 특수한 서브컬처 내에서만 용인된다.
III형	손목이나 신체를 벤다. 불붙은 담배로 자기 몸을 지진다, 스스로 새긴 타투, 상처를 문지르거나 벌리거나 한다.	경도-중등도	정신적 위기	일반적으로는 모든 사회적 집단에서 용인되지 않는다. 같은 행동을 하는 소수의 무리 내에서는 용인될지도 모른다.
IV형	자기 거세, 안구 적출, 사지 등의 절단	중증	정신병적, 대상부전(代償不全)	모든 무리, 모든 사회적 집단에서 전혀 용인되지 않는다.

　그럼에도 불구하고 필자는 자해와 신체 개조의 경계는 애매하며 양자는 자주 밀접한 관계를 갖는다고 생각한다. 지금으로부터 10여 년 전에, 담당하고 있던 남성 자해 환자가 약물 과다 복용으로 응급실에 실려와 해독 처치를 위해 어쩔 수 없이 도뇨(導尿)를 시도했던 적이 있다. 그때 의식이 없는 환자의 성기 끝에 직경 3센티미터 정도의 피어싱이 끼워진 것을 발견하고 매우 당황했던 경험이 있다.

　그렇게까지 극단적이지는 않더라도 자해 임상에서는 귀에 열 몇 개나 되는 (그것도 통증에 민감한 귓바퀴 연골부에) 피어싱을 하고 타투를 한 환자가 드물지 않다. 한동안 자해를 중단했나 싶었더니 어느새 귓바퀴의 피어싱 개수가 늘어나 있거나 타투를 한 환자도 있다. 이런 경우에는 신체 개조가 자해와 같은 행위일 가능성이 있다. 이러한 환자에게 있어서는 타투나 스케리피케이션, 브랜딩의 결과로 나오는 모양보다도 몸에 타투를 새기거나, 칼로 째거나, 인두로 지지거나 하는 과정이 더 중요했는지도 모른다.

3. 문화로서의 신체 개조

최근의 신체 개조의 융성은 1970년대 미개 부족의 풍습이던 신체 피어싱에 관심을 가진 짐 워드(Jim Ward)가 미국 서해안에서 신체 피어싱 전용 장신구를 생산 · 판매하기 시작한 것에서 기인한다. 하지만 신체 피어싱에 국한되지 않는 다양한 신체 개조의 보급에는 파키르 무사파(Fakir Musafar)의 공적이 크다. 무사파는 미개민족이 행하던 신체를 가공하는 다양한 풍습을 추체험함으로써, 현대인들이 잃어버린 것이 무엇인지를 생각하고 그것을 회복시켜야 한다는 사상을 내건 모던 프리미티브(Modern Primitive) 운동을 주창하고, 다양한 신체 퍼포먼스를 자화상(Self Portrait)으로 발표했다. 파바자(Favazza, 1996)는 그에 대해서 다음과 같이 말하고 있다. "무사파에 대해, 그 경탄할 만한 사진의 피사체로서 알고 있는 사람(가장 유명한 것은, 가슴에 끼운 두 개의 커다란 고리에 의해 그가 포플러 나무에 매달려 있는 사진이다)이라면, 그가 입으로만 떠드는 사람이 아니라는 것을 이미 알았을 것이다. 그와 이야기를 나누어 보면 그 걸출한 지성과 정신성을 느낄 수 있으며, 그의 뛰어난 미적감각은 그가 1992년에 창간한 계간지 *Body play & Modern Primitives*의 예술성을 보면 확실하다", "무사파는, 정신성은 육체의 구속을 길들임으로써 얻어진다는 보편적이고도 고귀한 전통을 따르고 있다. 고통을 극복하고 신체를 변형시키는 것을 통해 그는 또 다른 경지에 다가서는 것이다."

그런데 이렇게 무사파를 소개하고 그에게 자기 저서의 마지막장을 집필하게 한 파바자 역시도 용감하고 독창적인 연구자이다. 그는 문화정신의학적 입장에서 자해를 이해하고자 시도하여 세계 여러 선주민족에게서 볼 수 있는 신체 개조를 검토하였고 『포위된 신체(Bodies Under Siege)』(1996)라는 저서로 정리했다(〈표 2〉).

〈표 2〉 문화 허용적인 신체 개조행위의 예(파바자, 1996의 기술을 바탕으로 필자 작성)

종류	종족	부위 · 방법	의미
피부의 절개	아메리카 선주민족 평원 인디언	어깨나 가슴 피부 절개	종교적 의식('Sun Dance')
	중동제국	남성기에 대한 할례	종교적 의식, 통과의례
	아프리카 일부 민족	여성기에 대한 할례 (음핵, 음핵포피, 소음순, 대음순의 절개, 음부 봉쇄)	여성의 성욕, 성감의 억제?
신체의 절개	뉴기니 두군 다니족	소녀의 손가락 절단	장례의 산 제물
	아프리카 호텐토트족		약혼 또는 결혼의 표시
	오스트레일리아 선주민족		약혼의 표시
	북미 인디언 크로우족	자기 손가락을 절단하고, 머리카락을 자르고, 대량의 출혈이 있을 때까지 몸을 짼다	젊은 사자의 죽음을 애도
	아메리카 선주민족 만단족	왼손 검지와 약지 절단	종교적 의식
	아메리카 선주민족 평원 인디언	손가락 절단	

타투 (문신)	폴리네시아 마오리족	얼굴 전체의 문신	개인의 식별, 사회적 지위 표식, 전투 시 적을 위협
	파푸아뉴기니 모투족	소녀의 성장에 따라 문신의 영역을 배, 가슴, 등, 어깨, 다리, 얼굴로 넓혀간다	여성의 생식능력의 발달 단계를 표시
	파푸아뉴기니 로로족	소녀의 유방, 배꼽에 문신	약혼 또는 결혼의 표시
	보루네오 카잔족	손 전체에 문신	남성의 통과의례 (완전한 '헤드헌터'로서 성장했다는 증표)
스케리피케이션 (반흔성형)	아프리카 바테케족	흉부, 상완, 복부 등에 반흔성형	미적 이유, 사회적 지위 표시, 주술적 의료행위
	카메룬 반가족		
	나이제리아 티브족		미적 이유, 영토의 권리, 결혼상대로서의 적합성, 토지의 이용, 개인의 권리를 표시
	남미 구야키족	등 전체에 반흔성형	남성의 통과의례(여성에 대한 매력과 사냥지식이 충분해졌다는 표시)
	파푸아뉴기니 카고로족	신체 전반에 걸친 악어가죽모양의 반흔성형	남성다움과 강함의 과시
피어싱	보르네오 선주민족	남성기 귀두부분을 좌우로 관통하는 피어싱	성교시 능력을 높임
	아프리카 일부 선주민족	동물의 뼈나 뿔 등으로 코청을 관통하는 피어싱	남성성과 강함의 과시
	알래스카 에스키모	입술 주위나 볼에 대나무나 목재, 동물 뼈를 봉처럼 만들어 끼우는 피어싱	미적 이유?
신체성형	타이 카렌족	다수의 목걸이를 끼워 목을 길게 늘인다	마을로부터 도주 방지, 미적 이유?

　이런 일련의 연구에서 그가 주목한 것은, 사자의 재생이나 병의 회복을 기원하는 주술로서 신체를 상처 내고 변형시키는 것을 선택한 민족의 존재였다. 그리고 그는 문화정신의학적 입장에서 자해의 치료적 효과를 규명하고,

그것이 인류가 행한 치유와 재생의 기도와 연관되는 행위임을 밝혀 냈다.

파바자는 아프리카 선주민족의 의식적(儀式的)인 스케리피케이션에 바탕해 자해에 대해 다음과 같이 유추한다. "반흔화한 조직이 있다는 것은 상처가 아물었다는 생리학적 증거이다. 따라서 자해 행위에도 그 반흔 조직의 형성이 심리적인 치유를 상징하는 경우가 있을지도 모른다." 나아가 그는 이렇게 결론 낸다. "어떤 문화적 집단에서 의식적인 자해가 치유적 목적에서 행해진다면, 이러한 것이 정신장애를 지닌 사람에게도 해당되는 것은 아닐까? 칼 메닝거(Karl Menninger, 1938)가 주장한 '어떤 종류의 자해는 자살을 회피하는 데 유효하다'는 생각은 말할 것도 없고, 서구 문화에서도 사혈(瀉血)이 신성한 치료 행위로 여겨지던 시대가 있었음을 기억할 필요가 있다."

4. 현대 젊은이들의 신체 개조

신체 개조에 치료적인 힘이 있다고 한다면, 신체 개조에 심취한 이들은 조금이라도 치유받고 싶은 어떤 고통을 안고 있다고 이야기할 수 있지 않을까? 실제로 파바자는 자기 몸에 다수의 피어싱과 타투를 하고 있는 이들은 많은 정신의학적 문제를 안고 있을 가능성이 크다고 지적하였다. 이 지적은 신체 개조를 단순히 젊은이들의 유행이라고 보는 견해를 견제하는 발언이다. 같은 입장에서 가야마(2002)는 "피어싱이나 타투는 자기개조의 표현이라고 생각하는 사람들이 있다. 하지만 나는 그렇게 생각하지 않는다. 리스트컷을 하는 사람들이 자살을 위해서가 아니라 그 순간 자신이 살아있음을 실감하기 위해서 팔이나 손목에 상처를 내듯이('리스트컷 증후군'), 신체 여기저기에 피어싱을 하거나 타투를 새기는 젊은이들은, 그렇게 함으로써 그 부위를 중심으로 한 자기감각이나 생생한 신체 감각을 얻으려 하는 것이 아닐까"라고 서술하였다. 많은 연구에서 자해에 의한 고통이 해리(解離) 상태로부터의 회복에 유효하다고 지적하는데, 신체 개조에도 같은 기능이 있는 것이 아닌지 의문을 가져 보는 것이다.

해리와의 관계는 불분명하지만, 신체 개조의 심리학적 배경으로 언급한 연구는 소수이기는 해도 확실히 존재한다. 캐럴 등(Carroll et al., 2002)은 여고생을 대상으로 한 조사를 바탕으로, 신체 피어싱이나 타투 정도가 특성 분노 척도의 지수와 강한 비례관계를 보인다고 보고하고 있다. 또한 드류 등(Drew et al., 2000)은 대학생을 대상으로 한 조사를 통해, 타투의 유무에 따른 심리적 특성의 차이를 검토하였다. 그 결과에 따르면, 타투가 있는 학생은 자신이 모험심이 강하고 창조적이며 예술적인 재능이 있고 스스로를 위험한 상황에 내던지는 경향이 있다고 인식하는 사람이 많았다고 한다. 또 남녀별로 보면, 타투가 있는 남학생들은 성적 파트너가 많고 체포 경력이 있거나 신체 피어싱을 한 사람이 많았으며, 타투를 한 여학생의 경우 술과 기타 불법 약물 경험자가 많고 상점 물건을 좀도둑질한 경험이 있거나 귀 이외의 신체 부위에 피어싱을 한 사람이 많았다고 밝히고 있다. 이러한 사실은 일반 청년들에게 있어 신체 개조와 신기성 욕구(新奇性 欲求, Novelty seeking) 혹은 반사회적 행동 특성과의 관련을 시사하고 있지만, 그것이 곧 특정한 정신병리를 시사하는 것이라고는 할 수 없다.

그러나 일반적인 청년기 여성들에게서 볼 수 있는 귓볼의 피어싱조차도 실은 자해와 밀접한 관련이 있을 가능성이 있다. 우리 연구(야마구치·마쓰모토, 2005)에서는, 여고생의 14.3%가 칼 등으로 자기 피부를 긋는 자해를 경험해 보았으며, 그들 중에는 음주 경험이 있는 사람의 비율이 높았고, 귀를 뚫어본 경험이 있는 사람도 눈여겨볼 만큼 많았다. 이 결과는 언뜻 봐서는 귀에 구멍을 뚫는 것이 자해의 위험 요인인 듯한 인상을 주지만, 자해 경험자들의 자해 개시 평균연령이 12.6세였던 것에 비해, 처음으로 귀를 뚫은 평균연령이 15.1세였던 것에 주의할 필요가 있다. 즉, 피어싱이 자해의 발증(發症)을 촉진하는 것이 아니라, 자해 경험자들은 피어싱과 같은 신체 침습(身體侵襲)에 대한 저항감이 적다는 것을 의미하는 데 불과할 것이다.

5. 하위문화 집단에서의 신체 개조

예로부터 신체 개조는 반사회적 하위문화(sub-culture)와 친화성이 있다고 알려져 왔다. 많은 정부 기관이 형무소에서 복역한 범죄자들에 대한 낙인으로 타투를 사용해 온 역사가 있으며, 언제부터인가 무법자를 자인하는 이들이 자진해서 그 낙인을 신체에 새겨 넣었다. 거기에는 권위에 대한 반항, 강함과 공격성의 과시, 나아가 반사회적 집단의 결속이라는 목적이 있었다. 이러한 범죄자들의 타투에 대한 기호가 일종의 격세유전적인 원시적 행동 특성이라고 해석되던 시대도 있었다고 한다.

한편, 일본에서 '야쿠자'로 통칭되는 집단에서는 타투(刺青, 이레즈미) 외에도 '손가락 절단'이나 '해바라기 시술(성교 시 상대 여성의 성감을 높여 주기 위해 페니스의 피하에 작은 구슬을 삽입한다)'과 같은 신체 개조의 예를 볼 수 있다. 특히 후자는 여성을 착취하는 기생적 생활을 의도하는 것으로, 여기서도 반사회적 삶의 방식과 신체 개조의 밀접한 관계를 엿볼 수 있다. 덧붙여 국내외를 불문하고, 여성의 타투는 매춘부(일본에서는 게이샤 등)에게서 널리 볼 수 있었던 역사가 있다.

비행소년들에게서도 신체 개조는 널리 찾아볼 수 있는 행동이다. 필자가 조사를 위해 방문한 소년감별소(소년분류심사원)나 소년원에서 만난 청소년들 중에는 팔뚝에 연인이나 친구의 이름 첫글자(이니셜)를 새긴 이들이 적지 않다. 양육자와의 희박한 관계를 보충하기라도 하듯 연인이나 친구와의 관계에 깊이 빠져들어, 그러한 관계를 신뢰하고 있음을 스스로에게 각인시키는 것처럼 보이기도 한다. 그런 만큼 그들은 연인이나 친구의 사소한 배신행위에도 과민하며, 배신한 연인이나 친구에 대한 분노가 격렬하다. 그러한 비행소년들의 하위문화는 1980년대 후반의 인기 만화 『핫 로드』(쓰무기, 1987)에서도 다뤄지고 있다(〈그림 1〉).

〈그림 1〉 이니셜 새기기(쓰무기 다쿠, 『핫 로드』, 슈에이샤, 1987)

'이니셜 새기기'에 관해서는 흥미로운 연구가 있다. 로스와 맥케이(Ross & Mckay, 1979)는 캐나다의 여자 소년원을 조사했는데, 피수용자의 86%가 자기 피부에 뭔가를 새긴 적이 있으며, 그 평균 횟수는 소녀 1인당 8.9회에 달하고, 게다가 그 에피소드의 71%가 동성 친구의 이니셜을 새긴 것이라는 사실을 밝혀냈다. 이러한 행위는 친구에 대한 애정의 증표로서, 친구에 대한 분노나 질투의 표현으로서, 혹은 친구의 관심을 자기에게 돌리기 위한 방법으로서 행해지고 있었으며, 아무것도 새겨 본 적이 없는 소녀들보다도 단 한 번이라도 새긴 적이 있는 소녀들이 심리적으로 건강하다는 특징이 많이 보였다고 한다. 이러한 사실로부터 로스와 맥케이는 다음과 같이 결론짓고 있다. "새기는 행위는 소녀들의 독립, 개인의 자유를 표현하는 수단이었다. 그것은 청년기에 독립을 쟁취하고 자신들의 자유를 침해하는 성인들에 저항하는 방법이며, 나아가 주위 환경을 조작하는 데 매우 유효한 방법이기도 했다.… 새기는 행위는, 소녀들에게 자기 자신의 인생과 환경을 제어하고 있다는 감각을 가져다주는 것이었다."

이니셜 새기기와 비슷한 종류로, 80년대 일본 비행소년들 사이에서 유행한 '담배빵'(根性焼き, 곤조야키)이 있다. 이 행위는 보통 유기용제에 취해 통각이 둔해진 상태에서 행해졌다. '담배빵'은 그 행위 자체가 일종의 통과의례로서 비행집단 자체의 결속을 높이고, 그 화상 자국은 집단에 대한 귀속의 증거로서 기능했다.

그러나 '담배빵'을 하위문화의 문맥에서만 이해하는 것은 위험하다. 우리는 소년감별소 입소 청소년을 대상으로 '칼 등으로 상처를 내는 자해만 해 본 적이 있는 사람(자해군)'과 '담배빵만 해 본 적이 있는 사람(담배빵군)'을 비교해 본 일이 있다.(Matsumoto et al., 2005a) 그 결과, 우울 경향, 해리 경향, 불법약물 사용, 피학대력, 자살 경향 등의 모든 면에 있어 자해군의 정신병리가 두드러짐을 알 수 있었다. 한편 담배빵군의 경우, 이들 항목에 관해서는 아무 행위도 한 적이 없는 사람(대조군)과 거의 차이가 없는 수준이었다. 그러나 자해와 담배빵을 모두 해 본 적이 있는 사람은 위의 항목에 관해서 자해군을 훨씬 능가하는 중증의 정신병리가 나타났을 뿐만 아니라, 찌르거나 벽을 치거나 벽에 머리를 부딪치거나 피부를 마구 긁어대는 등의 다양한 자해 양식을 보였으며, 동시에 타투나 신체 피어싱이 매우 높은 비율로 나타났다. 이것은 자해가 수반되는 경우에 한해서는 신체 개조도 폭넓은 자해의 일환일 가능성을 시사하고 있다.

6. 정신과 임상에서의 신체 개조

그렇다면 신체 개조는 정신의학이 치료 대상으로 삼아야 할 새로운 임상 증후군인 것일까? 물론 그렇지는 않다. 이 점에 대해서 월시(Walsh, 2005)는 다음과 같이 서술하고 있다. "내 경우, 이러한 사람들은 신체 예술(Body Art)이나 신체 개조라는 미개척 영역에서 색다른 모험을 하고 있는 것이라고 생각하려 한다. 어떤 의미에서는 우리가 그들로부터 배워야 할 점도 적지 않다고 생각한다. 그들은 신체를 그 한계에까지 몰아넣고 예로부터 있었던 심신이원론(心身二元論)의 딜레마에 도전함으로써 몇 명밖에 도달하지 못한 깊은 통찰을 손에 넣고 있는지도 모른다. 어쨌든 신체 개조의 한계에 도전하는 사람들이 심리학적 치료의 장에 등장하는 것은 매우 드문 일이다. 그들은 자기들이 안고 있는 문제가 상담실을 찾는 것으로 해결되리라고는 생각하지 않으며, 따라서 심리치료사에게 관심을 가지는 일도 없고, 도전해 오는 일도 없다."

그렇다고는 해도 이것은 어디까지나 원칙론이다. 신체 개조 외에도 자기 파괴적인 어떤 행동이 수반되는 경우에는 오히려 적극적으로 개입을 검토할 필요가 있다. 그러한 자기파괴적 행동에는 자해 행위, 섭식 장애, 물질 남용 등이 있으며, 경우에 따라서는 자포자기적인 폭력이나 성비행(性非行)과 같은 위험행동(risk-taking behabior)이 포함된다. 이러한 사람들은 전문가에게 의뢰하지 않고 자기 손으로 신체 개조를 행하며, 당연히 감염에 대해 신경 쓰지 않는 경우가 많다. 이들의 특징은 신체 개조의 결과물로 몸에 생기는 모양보다도 그것이 가져다 주는 신체적 동통에 관심이 있다. 습관성 자해자들은 자해 직후 뇌내에 내인성 오피오이드(Opioid; 뇌내 모르핀성 물질)인 엔케팔렌(Enkephalin)의 분비가 촉진된다는 지적이 있는 것을 보면(Coid, 1983), 자해에 의한 '신체의 고통'이 '마음의 고통'에 대한 진통 효과가 있다고 생각되는데, 이와 같은 효과를 얻기 위해 타투나 피어싱을 하는 것일 가능성이 있다. 그런 의미에서 자해의 임상에서는 끊임없이 환자의 신체 개조에 일정한 주의를 기울일 필요가 있다. 일반적으로 신체 개조를 수반하는 자해 환자는 자해 방법이 다양하고 게다가 해리 증상이나 불법 약물 사용을 하는 환자도 많아 자살 위험군으로 고려해야 한다(Matsumoto et al., 2005a; 2005b).

특히 치료 상황에 과잉 적응하기 쉬운 환자(비교적 빠른 단계에 손쉽게 자해를 중단하는 환자 등)일수록 경과 중에 신체 개조가 이루어지기 쉽다는 인상을 받는다. 자해에는 분노·수치·고립감과 같은 불쾌 감정에 대처해 해리 상태로부터 회복을 가능하게 하는 기능이 있는데, 자해를 중단하는 것만으로 그러한 불쾌 감정이나 해리 증상이 없어질 리 없다. 그런 상황에서 과잉 적응적인 환자는 리스트컷을 하지 않겠다는 오기에서 자칫하면 눈에 잘 띄지 않는 다른 자해(벽이나 물건에 부딪히거나, 때로는 자기자신을 때린다거나 손톱으로 손바닥에 상처를 낸다거나)를 통해 몰래 불쾌 감정에 대처하는 일이 있는데, 같은 문맥에서, 일견 문화 허용적 양식인 신체 개조가 이용되는 경우가 있다. 그런 의미에서 치료자는 귀걸이를 포함한 환자의 신체 개조를 신중히 관찰해야만 표적 행동과 정신 상태의 연관을 알기 위한 '실마리'를 놓치지 않을 수 있다.

물론 '타투(혹은 신체 피어싱)를 새겼더니 자해가 멈췄다'고 하는 환자가 없는 것은 아니다. 오히려 단기적으로는 자해가 중단되는 경우가 많다. 그러나 대개는 조금 지나면 자해가 재발해 버린다. 일반적으로 '자해적'인 뉘앙스를 풍기는 치환(置換) 기술은 일시적으로는 유효하더라도 장기적으로는 자해 촉진적·유발적인 자극이 되어 버리는 경우가 많은 듯하다. 단, 예외는 있다. 필자의 임상 경험에서는 타투라고 하는, 부모 세대가 인상을 찌푸릴 법한 영구적 각인을 새김으로써, 과보호적이고 지배적인 양육자로부터 심리적 자립을 실현하고 장기적 안정 상태를 유지하게 된 환자가 있었다.

7. '고통' 기벽(嗜癖)의 끝에 있는 것

자해의 '마음의 고통'에 대한 '진통 효과'는 마약처럼 내성이 생기기 쉬운 성질을 가지고 있어서, 반복하는 과정에서 점차 상승되는 경향이 있다. 그러나 결국은 임시방편적인 대처에 불과하다. 비록 자해를 통해 어려운 한때를 간신히 버텼다고 해도 현실적인 어려움은 변함없이 그대로 존재하는 것이다. 사실 10대에 있어 치명적이지 않은 자해 경험은 10년 후 자살 사망의 위험성을 수백 배 높인다는 보고가 있다(Owens et al., 2002).

한 여성 환자의 사례를 소개한다. 그녀는 필자에게 이렇게 말했다. "아빠는 일벌레라 집에 거의 없었고, 엄마는 신흥종교에 빠져 살았어요. 그래서 학교에서 왕따 당한 일도 말할 수 없었어요. 그래서 초등학교 5학년 때 그만 죽자고 생각해서 처음으로 손목을 그었어요. 물론 죽지는 않았지만, 기분이 아주 편해졌어요. 아무도 날 구해주지 않지만 '이것'만 있으면 살아갈 수 있겠다는 생각이 들었어요." 요컨대, 사람은 배신해도 자해는 절대로 배신하지 않는다는 것이었다. 그러나 당초 왼쪽 팔뚝과 상완(팔꿈치-어깨)에만 국한되어 있던 그녀의 리스트컷은 점차 오른쪽 상반신(上肢)와 대퇴부, 복부, 양쪽 다리로 퍼져나갔다. 같은 왼쪽 팔뚝만 계속 베면 '신선한 신체의 고통'을 느낄 수 없어 '마음의 고통'에 대한 진통 효과를 얻을 수 없게 되어버렸기 때문이다. 나아가 '벤다'는 자극만으로는 부족해졌는지 더욱 강력한 '진통 효과'를 찾아 '피부를 컴퍼스나 스테이플러로 찍는' 등의 자해에 이를 때도 있었다. 피어싱도 대단했다. 피어싱은 귓바퀴의 연골부에서 시작해 입술, 혀, 유두, 성기 등에 이르기까지 시술되어 있었다. 그녀는 확실히 '고통' 기벽 양상을 보이며 끊임없이 신선한 고통을 찾아 자기 몸을 방황하고 있었던 것이다.

그러던 어느 날, 그녀는 욕실에서 사망한 채로 발견됐다. 자살인지 사고인지는 명확하지 않았지만, 약물 과다 복용 상태로 익사한 것이었다. 소식을 듣고 달려온 본가의 모친은 경찰서 시체 안치실에서 전라의 딸의 시신을 대면했을 때의 충격을 필자에게 이렇게 전했다. "이상한 얘기겠지만, 온통 상처투성이인 딸아이의 몸은 마치 귀신을 쫓기 위해 온몸 구석구석 반야심경을 써넣었다는 괴담의 주인공처럼 보였어요. 그 아이는 그런 식으로 고통스러운 하루하루를 가까스로 견딜 수 있었던 걸까요…."

8. 맺으며: 자해의 상흔이 의미하는 것

마지막으로, 자해 환자의 치료 과정에서 종종 마주치게 되는 문제를 언급해 두고자 한다. 일정 기간 자해를 중단한 환자가 "팔의 흉터를 지우고 싶은데 좋은 성형외과 의사 좀 소개해 주실 수 없나요?" 하고 물어오는 경우가 있다. 이것 자체는 나쁜 징조가 아니다. 왜냐하면 이것은, 기본적인 신뢰감의 훼손으로 인해 '자해만 있으면 누구의 도움도 필요 없어', '다른 누구도 아닌 내 몸이니까 상관없어' 하는 생각에 빠져 타인에 대한 직접적인 감정 표현을 포기하고 있던 환자가 그러한 자해 긍정적 가치관을 버린 것을 의미하는 발언이기 때문이다.

그러나 이러한 경우, 필자는 흉터를 지우는 것을 완곡하게 반대하는 경우가 많다. 왜냐하면 흉터를 지우려고 노력하기 시작한 환자는 어떤 연유에선지 그 후 얼마 지나지 않아서 자해가 재발하는 경우가 많기 때문이다. 재발의 이유는, 자신의 과거를 잊고 성급하게 사회 복귀(반소매 유니폼을 입는 직종에 종사하는 일이 많다)를 시도하던 중에 대인 갈등에 휘말리거나, 혹은 '어차피 또 그을 텐데 수술 못한다'는 인정머리 없는 의사의 말에 상처를 입거나 한 경우도 있었지만, 사실은 이유가 명확하지 않은 경우가 훨씬 많았다.

그러한 경험으로부터 필자 역시도 파바자와 마찬가지로, 자해의 상흔에는 '반흔 조직의 형성이 심리적인 치유를 상징하는' 기능이 있는 것이 아닐까 생각하게 되었다. 즉 자해에는 '마음의 고통'을 진정시키는 기능이 있지만, 그 결과인 흉터에도 역시 스케리피케이션의 반흔 모양과 같은 치유적 효과가 있는 것으로 여겨지는 것이다. 신기한 일이지만 "흉터를 보면 안심이 된다. 하지만 상처가 아물어 없어지면 또 베고 싶어진다"고 말하는 자해 환자가 적지 않다. 상흔에는 기도나 주술과 같이 치유와 재생을 상징하는 '부적'의 역할이 있는지도 모른다.

자해자의 불안정한 대인관계나 갈등 처리의 모습을 요약한 표현으로, 'cut away(잘라내 버리다)'라는 말이 있다(Conterio & Lader, 1998). 자해의 치료는 문제 행동의 소실이 아니라 새로운 삶의 방식의 확립(기벽 임상 경험에 바탕해서 이것을 회복(recovery)이라 바꿔 말해도 좋을 것 같다)을 목표로 해야 하지만, 그렇기 때문에 더더욱 자해 환자는 괴로웠던 질풍노도의 과거를 부정하고 '잘라내 버리는' 것이 아니라, 과거를 통합하면서 시간을 들여 타인과 친밀한 관계를 쌓아가는 것을 배울 필요가 있다. 그런 의미에서도 자해의 상흔은 '질풍노도를 버텨 온 전사의 증표'로서 보전되어야만 하는 것이다.

〈번역_ 정유리〉

제 **3** 부

동아시아의 죽음 이해와
임종방식 논란

뇌사 · 장기이식 논의로 보는 일본인과 서양인의 사생관

/ 와타나베 가즈코

1. 들어가며: 장기이식에 관한 정보와 사생관

서양에 비해 일본에서는 뇌사자의 장기이식이 그다지 활발하지 않은데, 그것은 일본인의 사생관 때문일까. 만약 그렇다면 그것은 대다수 일본인에게 공통되는 사생관이라고 할 수 있을까. 그런 사생관은 강력하게 장기이식 추진 캠페인 등을 벌이면 바뀔 수 있는 것일까, 아니면 사생관은 전통 문화와 종교에서 유래하므로 간단히 바뀔 수는 없는 것일까. 대규모 조사를 할 때마다, 예컨대 일본인의 몇 퍼센트가 뇌사를 죽음으로 인정하는지, 장기기증 의사가 있는지 등에 대한 답이 나온다. 그러나 장기이식뿐만 아니라 20세기 이후에 도입된 새로운 의료기술의 경우는 어떤 정보가 어떤 의도에서 사람들에게 주어지는가에 따라 찬반의 비율이 달라진다고 판단된다. 동시에 장기이식 추진자들의 사생관에 대해서도 고찰할 필요가 있다. 그 또한 어떤 영향을 받아 형성되었을 것이기 때문이다.

사후에 혹은 뇌사 후에 어느 장기를 제공할지에 대한 의사 표시는 자신의 사후에 희망사항을 지시하는 유서를 쓰는 행위와 비슷하다. 인간은 언제 죽을지 모르니 일찍부터 사생관을 정리하여 유서를 작성해 두도록 장려해야 하는지도 모르겠다. 하지만 이토록 널리 본인 또는 가족의 '사후'에 대한 의사를 묻고 입장을 표명하도록 하는 일은 아마도 장기이식이 필요치 않다면 일어나지 않았으리라.

한편 위독한 환자에 대해 장기이식밖에 살 길이 없다는 정보를 제공하는 것은 의료진이다. 이식 희망자 수에 비해 제공자 수는 대단히 적으므로 그 정보는 죽음 선고나 거의 다를 바 없다. 환자 측에서 장기만 제공되면 더 살 수 있다고 생각하는 것은 어쩔 수 없다. 그런 상황에 있는 환자의 사생관은 그렇지 않은 경우의 사생관과는 다르지 않겠는가.

일본에서는 뇌사와 장기이식에 대해 오랜 기간 광범위하게 논의해 왔고, 거기서 다양한 담론이 제기되었다. 이 글에서는 '일본인'을 '서양인'과 대비시켜 논하는 경우를 포함하여 몇몇 논의들을 살펴보면서, 장기이식에 대한 신중파·추진파 담론의 일단과 그 배후에 있는 문제를 생각해 보고자 한다.

2. 와다 이식과 그 후

일본에는 이른바 '와다 이식(和田移植)'이라는 '부(負)의 유산'이 있다.[1] 1968년 8월 8일, 삿포로 의대 병원의 와다 주로(和田寿郎, 1922-2011)는 일본 최초의 심장이식 수술을 집도했다. 남아프리카공화국에서 이루어진 세계 최초의 심장이식으로부터 불과 9개월 후였다. 세계에서 30번째가 되는 수술로, 당초에는 매스컴도 쾌거라고 절찬을 아끼지 않았다. 그런데 이식 받은 청년이 수술 후 83일째 되는 날 거부반응으로 사망하자, 여러 의혹들이 제기되었다. 청년의 상태는 이식을 필요로 할 만큼 심각했는가, 21세였던 심장 공여자는 정말로 뇌사 상태에 빠져 있었는가와 같은 가장 중요한 사항들이 검증 불가능한 것으로 밝혀졌다. 와다는 살인죄로 기소되었지만, 삿포로 지검에 의한 1년 2개월의 수사 결과에도 불구하고 불기소되었다. 이 밀실에서 이루어진 '와다 이식'에 대한 깊은 불신이 뿌리 깊게 남아, 그 후로 31년간 일본에서 장기이식은 사실상 동결되었다고 보는 것이 통설이다.[2]

실제로 완전히 동결된 것은 아니었으나, 1980년부터 1993년에 걸쳐 시행된 뇌사자 장기이식 중 8건이 반대파에 의해 고소를 당하면서 그 이상의 장기이식이 곤란해진 것으로 보인다. 물론 이는 모두 뇌사 장기이식법 제정 후에 불기소되었다.[3]

3. 다케우치 기준에서 (구)장기이식법 성립까지

1980년대부터 장기이식 추진을 위한 제도 정비가 진행되었다. 1983년에는 후생과학성 지원 연구비에 의한 뇌사판정 기준 작성 팀 '다케우치반'이 발족하여,[4] 1985년 '다케우치 기준'으로 일컬어지는 뇌사 판정 기준을 발표했다.[5] 또한 1988년에는 일본의사회 생명윤리간담회가 심장사 외에 뇌사도 죽음으로 인정한다는 견해를 내놓았다.[6] 이에 대해 오사카대학 병원의 의사였던 마쓰다는 말한다. "서양에서는 그 나라 의사협회의 발표가 의학계의 합의라고 할 수 있는데, 우리나라에서는 사회와 행정을 좌우할 정도의 영향력은 없었다."[7] 이렇게 서양과 일본을 대비시키는 논의 방식은 매우 편리하기 때문에, 의학계뿐만 아니라 다른 분야에서도 종종 보인다. 이 문맥은 후술하듯이 '진보한 서양'과 '뒤떨어진 일본'의 대비로 분류될 것이다. 그러나 서양에서는 '의사협회의 발표가 의학계의 합의로 사회와 행정을 좌우한다'고 해도 거기에도 다분히 문제는 있을 수 있다. 왜 그렇게 되었는가를 물어야 한다.

1990년에는 이른바 뇌사임조(腦死臨調, 뇌사 및 장기이식 임시 조사회)가 국무총리 자문기관으로 설치되어 2년간 13회의 모임 외에도 해외시찰, 공청회 등을 행했다. 1992년 1월에 공표된 뇌사임조의 최종 답신에 의하면, 뇌사는 다수의견으로는 죽음이고, 소수의견으로는 죽음이 아니라고 했다.[8] 이 답신의 내용은 의견 불일치가 기재되었다는 점에 큰 의미가 있었다. 어느 쪽 입장에 대해서도 비판은 있을 수 있으나, 매스컴을 포함한 일반인들 사이에서 논란을 불러일으켜 대량의 관련 서적들이 출판되기에 이르렀다.

1994년 중의원의 모리이 주료(森井忠良)를 중심으로 한 15명의 의원들은 뇌사를 죽음으로 인정하고 장기이식을 행할 수 있도록 하는 장기이식법안을 제출했다. 공여자의 의사에 대해 확인할 수 없는 경우는 가족이 대신 승낙할 수 있다는 것이 원안이었다. 그러나 중의원에서 논의가 진척되지 않았고, 1996년 국회 해산과 함께 법안이 폐기되었다. 1996년 12월에 국회가 재개되자, 장기 기증은 서면에 의한 본인의 의사 표명이 필요하다는 장기이식법안이 '나카야마안(中山案)'이라는 이름으로 다시 제안되었다.[9] 1997년 4월 이 법안은 중의원을 통과했으나, 참의원에서 크게 문제가 되었다. 결국 뇌사는 장기이식이 실시될 때에만 죽음이라고 인정하기로 하고, 본인의 의사가 명확할 때에만 장기 기증을 인정하며 뇌사 판정에 대해서도 생전의 동의가 필요한 것으로 대폭 수정했다. 이 수정안이 참의원을 통과하고 다시 중의원을 거쳐 장기이식법이 성립했다.[10]

이 성립에 대해서도 마쓰다는 다음과 같이 말한다. "의학협회나 의료에 대한 불신이 없었다면, 사회가 의학계를 완전히 신뢰했다면, 이러한 절충안은 필요하지 않았을 것이다."[11] 이 말은 언뜻 사회에서 신뢰받지 못한 자신들에게 잘못이 있고, 신뢰 회복을 위해 노력해야 한다는 자기반성으로 보인다. 그러나 실제로는 아마추어에 의해 논의의 방향성이 정해진 것은 곧 의학에 대한 모독이자 침해라는 분노를 표한 것이다.

현시점에서 돌아봐도 1997년의 (구)장기이식법 성립까지 이루어졌던 논의는 상당히 중요하다. 아마 세계적으로도 흔치 않은 상황이었을 것이다. 의료관계자뿐만 아니라 인문학자, 언론인, 논픽션 작가들도 의견을 말하고 책을 저술했다. NHK에서 1990-1997년에 방영한 일련의 장기이식 관련 프로그램도 중요한 역할을 했다.[12] 또한 의료문제를 주제로 하는 문예작품도 많이 팔렸다.

4. (구)장기이식법 성립 이후

1997년 10월에 시행된 장기이식법은 공여자 본인의 의사를 중시했기 때문에, 15세 미만 아동의 장기는 제공할 수 없었다. 또한 장기 기증에는 가족의 동의를 필요로 했기 때문에 사실상 '장기이식 금지법'으로 여겨지기도 했다.[13] 법안 성립과 동시에, NHK는 공영방송으로서 장기이식에 의문을 제기하는 분위기의 프로그램 방영을 '자숙'한 것으로 보인다. 그리하여 1999년 2

월에 법안 제정 이후 첫 장기이식 수술이 고치적십자병원(高知赤十字病院)에서 이루어졌는데, 이번에는 그것을 과잉 보도 했다 하여 NHK를 비롯한 보도기관들이 비판을 받았다.

이 고치적십자병원에서의 장기이식 실태에 대해서도 많은 비판이 있었다. 고마쓰는 법안 제정 후였음에도 불구하고, 공여자에 대한 치료가 불충분했던 점, 뇌사 판정이 엉터리였던 점 등을 들어 '와다 이식'과 비슷하다고 논한다.[14] 한편 고치적십자병원 공여자의 이식 중 심장 이식은 오사카대학병원에서 이루어졌다. 그 후 두 번째 이식(1999년 5월), 세 번째 이식(1999년 6월)이 각각 다른 병원에서 행해졌고, 2000년에 실시된 3건 중 2건은 다시 오사카대학병원에서 행해졌다. 마쓰다에 의하면, 이러한 장기이식이 매스컴에 보도됨에 따라 의사표시카드(공여자 카드)의 보급도 3%에서 8%로 늘었다는 보도도 있었다고 한다.[15] 그러나 법안 제정 후 4건의 이식 보도를 검증한 아사노는 "응급 의료와 미디어의 현황을 제대로 알고 나서 공여자 카드에 서명할지 말지 생각하라"고 말한다.[16]

5. 와다 이식에 대한 비판과 와다의 변명

장기이식 논란 및 법안 성립 후의 장기이식 개시에 따라 '와다 이식'의 재검토가 활발히 이루어졌다.[17] 그리고 와다 자신도 변명의 목소리를 높였다. 그는 2000년에 『둘의 죽음에서 하나의 생명을』을 저술하여 "나는 올바른 수술을 했다"고 주장했다. 주요 논거는 수술 시점에서 환자의 생존 기간이 세계에서 두 번째였다는 점이다.[18] 이해하기 어려운 논거이지만, 와다 이식

이전의 29건의 수술 후 생존 기간은 다음과 같았다고 한다.

> 1일 이하 6건
>
> 1일~1개월 12건
>
> 1개월~100일 2건
>
> 100일 이상 9건

이중 100일 이상의 9건은 593일을 필두로 532일, 266일, 204일의 예가 있고 나머지는 100일대이다. 그리고 이 9건의 환자는 와다가 수술할 시점에는 모두 생존 중이었다고 한다. 와다는 29건 중 100일 이상을 기록한 9건, 즉 3분의 1은 성공으로 간주하고,[19] 자신의 환자가 83일 생존한 것은 거의 100일에 가까우므로 성공이었고 따라서 옳았다고 말하는 것이다.

와다는 뇌사 판정에 대해 다음과 같이 말한다. "'뇌사'란 장기(심장)이식이 전 세계적으로 이루어지면서 도입된 새로운 개념이다. '죽음의 판정 기준'으로서 뇌사라는 개념은 당시에는 없었다. 신뢰도가 높은 뇌파 측정기도 없었다. 따라서 보통의 죽음 판정에 뇌파를 측정하는 일 등이 있을 리 없었다. Y씨(공여자)의 심장은 인공 심폐를 통해 가족의 이해와 동의를 얻을 때까지 박동을 계속했다. '뇌사'는 일반적으로 심장사에 이어 전신의 장기·조직이 죽는 것의 일부이다. 다른 장기의 죽음과 다른 점은 뇌사에 의해 의식·무의식, 전신을 통제하는 뇌 기능이 손실되어, 인격이 불가역적(不可逆的)으로 상실된다는 것이다. 다른 장기·조직은 '살아 있는' 상태라 해도, 이 상태는 개인으로서의 죽음 그 자체이다. 뇌사가 죽음이라는 것은 지금은 세계 공통의 의학적 인식이다."[20]

와다 자신은 올바른 수술을 했는데도 고소를 당해 심하게 취조를 받았고 의료 불신을 초래했다고 비난받았던 사실을 한탄한다. 그러면서 그 현상을 '하얀 거탑'과[21] '의료 불신'에 대한 희생양으로 비난이 집중되었던 것이라고 분석한다. 또한 그것을 '일본의 풍토' 탓이라고 설명하는 사람들에게 동의하고 있는 듯하다.[22] 그러나 와다의 논거는 수술 후의 생존 기간이 비교적 길면 성공으로 간주하는 의학계의 '상식'에 기반을 두고 있으며, 그런 의미에서 와다는 여전히 '하얀 거탑' 안에 계속 살았던 셈이다.

6. 일본인과 서양인의 비교 및 그 논거

2008년에 장기 매매와 이식 관광을 예방할 목적으로 '이스탄불 선언'이 발표되자, 일본에서는 이전 같은 광범위한 논의도 없이 2009년에 장기이식법이 개정되었다. 개정 법안에서는 뇌사를 죽음으로 인정하고, 또한 가족의 의사에 의해 아동의 장기 공여도 가능해졌다.[23] 그러나 아동의 장기 공여는 여전히 적다.

가가와는 이렇게 말한다. "뇌사임조가 설치되었을 무렵이 일본에서 뇌사 장기이식을 둘러싼 논의가 가장 격렬했던 시기였다. 당시 일본은 외국에 비해 인식이 뒤떨어져 있다고 지적하는 사람들이 많았다. 예를 들면 어느 저명한 심리학자는 뇌사를 인간의 죽음으로 인정하지 못하는 것은 일본인이 서양인과는 달리 죽음 문제를 과학적으로 생각하지 못하는 후진성을 지녔기 때문이라고 공언했다. 또한 뇌사 장기이식이 진척되지 않는 것은 일본인에게 기독교의 자선 정신이나 이웃 사랑 정신이 결여되어 있기 때문이라는 지적도 있었다.”[24] 일본인은 비과학적이고 후진적이라는 의견과 일본인은 기독교적 이웃 사랑 정신이 부족하다는 의견은 본디 다른 성질의 것이나, 장기이식 추진파는 그것을 종종 결부시키곤 했다.

1992년에 방송된 장기이식 관련 TV 프로그램에서 어느 의사는 프로그램 진행자였던 소설가 히사마 주기(久間十義)의 질문에 다음과 답했다. “사체는 물건입니다. 영혼은 부르심을 받아 천국으로 가고 없죠. 사체를 인류가 지닌 하나의 재산으로 볼 것인가, 개인 가족의 소유물로 볼 것인가, 일본인은 아무래도 우리 집안 것으로 생각하죠. 심정적으로는 이해합니다. 미국인도 유럽인도 죽은 사람을 위해 기일도 지키고 묘에 가서 참배도 하지만, 사체라는 물건에 대한 생각이 다릅니다. 신이 만들어준 인간이라는 몸을 병자를 위해 사용한다면 그것은 신의 사랑이라고 생각하지, 특별히 자기가 주는 게 아닙니다. 생이 있는 한 살고 시간이 지나면 죽는다는 이치에서, (사체를) 인류 공동의 재산이라고 생각한다면 빌리고 빌려주는 문제는 없어집니다. 그것으로 다 같이 산다는 생각을 갖는다면 말이죠.”[25] 여기서는 아마도 기독교적 이웃 사랑보다 기독교적(?) 영육이원론과 창조론에 근거하여 장기를 주고받는 것에 대해 말하는 것 같다. 후술하듯이 장기이식을 뒷받침하는 담론은 종종 ‘신화’의 양상을 나타낸다.[26]

가가와의 지적대로, “죽음 문제가 과학적으로만 결정 가능하다는 주장은 (중략) 과학적이라고 할 수 없다.”[27] 이식 추진파 의사들은 종종 그들 자신이 갖고 있는 이미지로 기독교, 서양인, 그리고 기독교적 서양인에 대해 말한다. 그러나 다른 문화에 대해 제멋대로 이미지를 그리는 것은 드문 현상은 아니다. 가가와는 몇 번이나 일본에 가 본 적이 있는 미국인이 일본에서 이식이 진척되지 않는 이유는 간단하다면서, “일본은 아직 기독교 사회가 아

니기 때문이다"라고 했다는 일화를 전한다.[28]

7. 추진파의 성선설

기성 종교와의 관계는 불분명하지만, 일본의 이식 추진파 중에는 일종의 '성선설(性善說)'을 소리 높여 주장하는 사람이 있다. '뇌사임조'에서 논의가 한창이던 무렵, 그 멤버이기도 했던 형법학자 히라노 류이치(平野龍一, 1920-2004)는 1992년 2월에 방송된 TV프로그램 인터뷰에서 다음과 같이 말했다. "다수 의견으로는 뇌사는 죽은 것이니까 친족들이 시신을 어떻게 할지 정할 권한은 어느 정도 있지 않을까요.… 뭐 대체로 사람이란 좋은 일을 하고 싶은 것은 당연하죠. 장기기증은 아주 좋은 일이니까요. 특별히 당사자가 싫다고 하지 않는 한 좋은 일은 당사자도 하고 싶어 할 것이라고 생각할 수 있습니다.… (공여자의 의사 확인은) 사전이 아니더라도 사후라도 좋습니다. 나중에 확인하는 것이라면 당연히 의사도 신중하게 할 테니까요.… 경우에 따라서는 때를 놓칠 수도 있습니다만, 나중에 (공여자의 의사는) 그렇지 않았다고 의사를 비난하게 되는 것입니다."[29]

고마쓰에 의하면, 훗날 장기이식법 개정 논의에서 '마치노안(町野案)'을 제출한 역시 형법학자인 마치노 사쿠(町野朔)는 다음과 같은 '기막힌 논리'를 2000년에 전개했다. "무릇 사람은 본 적도 없는 모르는 타인에 대해서도 선의를 보이는 자질을 지닌 존재임을 전제로 한다면, (중략) 설령 사후에 장기를 기증하겠다는 의사를 실제로 표명하지 않았더라도, 우리는 그렇게 행동하는 본성을 지녔다. 물론 반대 의사를 표함으로써 그렇게 생각하지 않는다고 할 때에는 그 의사를 존중하지 않으면 안 된다. 그러나 그런 반대 의사를 표명하지 않은 이상, 장기를 적출하는 것은 본인의 자기결정에 따르는 것이다. 바꿔 말하면 우리는 사후 장기기증의 방향으로 자기 결정을 하는 존재인 것이다."[30] 이것은 마치노의 스승이기도 한 히라노의 이론을 답습한 것이라고 할 수 있다.

8. 의료의 비판적 검토 가능성

일본의 장기이식 사정에 대해 중요한 의료인류학적 고찰을 행한 캐나다의 연구자 마가렛 로크는 다음과 같이 말한다. "나는 뇌사에 대한 일본인의 반응에 대해 북미 전역에서 이야기했는데, 그 결과 알게 된 것은 많은 사람들이 그러한 반응을 종교나 전통문화의 영향에 의한 시대착오적인 것으로 생각한다는 점이었다. 그 편견을 없애는 것은 좀처럼 불가능했다. 그리고 중요한 문제가 부각되었다. 왜 일본에서는 최근까지 뇌사가 인간의 죽음으로 인정되지 않았던 것일까. 일단은 죽음이라고 인정한 이후에도 문제가 최종적으로 해결된 것은 아니다. 또한 장기이식은 왜 **명백한 선**(善)이라고는 여겨지지 않는 것일까. 거기에는 예로부터 전해온 일본의 가치관이 관련되어 있음은 분명하나, 그것만으로 다 설명할 수는 없다. 그 외에도 복잡한 요인이 얽혀 있기 때문이다. 한편 일본인의 뇌사에 대한 인식을 조사하다 보면 또 다른 중대한 문제가 나온다. 왜 구미에서는 의학에 의한 죽음의 재정의가 널리 논의되는 일 없이 받아들여진 것일까. 구미에서 지금은 당연하게 사용하고 있는 '생명의 선물'이라는 매혹적인 말은 지금까지 장기기증을 촉진시키는 데 일조해 왔다. 그러나 우리는 이 말을 사용함으로써 장기를 어디서 얻을 수 있는가의 문제에는 관심을 두려하지 않았다. 그리고 구미에서는 전문가들을 제외하면, 이 새로운 죽음에 대한 논의를 지금까지 전혀 하지 않았던 것이다."[31] '구미'에서 왕성한 장기이식을 사생관과 종교적 배경만을 가지고 논하는 입장은 시야가 협소하다는 비난을 면하기 어렵다. '구미'에서 장기이식이 활발한 이유는 반드시 기독교(그것으로 포괄되는 여러 종파) 신앙에 있는 것이 아니라, 시민 차원에서 자유로운 토론이 이루어질 기회가 주어지지 않았고 의료 및 그 제도에 대해 외부에서 다각적으로 검토하는 전통이 성장하지 못했다는 역사적 경위에 있는 것 같다. 장기이식에만 해당되는 것은 아니나, '구미'는 충분히 반면교사가 될 수 있다. 또한 자세히 설명하지는 않겠지만, 여기서 '구미(歐美)'라 해도 당연히 '유럽(歐)'과 '아메리카(美)'를 나누어 논해야 할 것이다.[32]

일본에서 의료 비판의 여지를 만드는 데 어느 정도 영향을 끼친 것으로, 야마사키 도요코의 장편소설 『하얀 거탑』(1963-1965)과 『속편 하얀 거탑』(1967-1968)이 대히트했던 사실을 들 수 있다.[33] 이 작품은 그 후에도 계속해서 영화나 드라마로 만들어지고 있다. 이 작품이 널리 읽힌 시기와 거의 같은 무렵에 도쿄대학 의학부 투쟁(1960년대 후반)이 일어났다. 그리고 일본에서는 새로운 의료 기술에 관한 논의를 알고자 하는 사람들이 늘어났다. 1968년에 '와다 이식'의 비판적 검토가 이루어지고 장기이식에 대해 매우 신중해졌으며, 뇌사임조(1990-1992년) 시기가 되면 '격렬한' 뇌사·장기이식 논의가 가능해진 것이다.

9. 벨기에의 현황과 종교·과학·윤리

구리타의 보고에 의하면, 유럽에서도 장기이식이 활발한 벨기에에서는 공중보건성 의료윤리담당관이 이제 장기기증은 사회적 책임이라고 발언했다고 한다. 그 배후에는 가령 인공투석보다 신장이식이 의료비 감소로 이어진다는 계산도 있다. 게다가 NPO 단체 등도 나서 마치 헌혈을 호소하는 것처럼 작기이식에 관한 상호부조 계몽 캠페인을 벌이고 있다고 한다. 벨기에에서는 공여 거부 등록을 할 수도 있으나, 그런 경우는 약 2%로 '종교상의 이유'가 대부분이라고 한다.[34] '종교상의 이유'에 대해서는 아무런 주석도 없지만, 아마도 '여호와의 증인' 신자인 경우 등이리라. 그 외의 사람들이 정통 기독교의 열렬한 신자라는 것은 아니지만, 특별히 거부 등록이 없는 한 동의로 간주한다는 '추정 동의'의 원칙이 적용되는 것이다.

애당초 유럽에서 이해되는 자기 결정, 추정 동의, (의료비 절감을 위한)상호부조 등이 전통 유산으로서의 기독교 및 시민 차원에서의 관심이나 비판적 검증의 여지와 과연 얼마나 관련이 있는지는 향후 검토가 더 필요하다. 유럽에서도 장기이식이 가장 활발한 오스트리아에서는 장기기증 거부 카드를 휴대하지 않는 한 외국인이나 유아의 경우에도 장기를 적출한다. 그러나 장기 적출 사실을 나중에 알게 된 유족들이 분개하는 사실만 보더라도 충분한 주지나 합의가 아직 이루어진 것은 아님을 알 수 있다.[35]

필자는 이전 논문에서 장기이식은 ① 인간의 장기는 부품처럼 교환 가능하다, ② 사체의 재활용은 선행(善行)이다, 라는 두 가지 전제에 의해 이루어진다고 썼다.[36] ①은 의료기술과 면역억제제의 진보라는 과학적 측면, ②는 시신을 물건으로 보고 그 일부분을 낭비하는 일 없이 살고 싶어 하는 사람에게 건네주는 사랑과 상호부조라는 도덕적 · 윤리적 측면에 대응시킬 수 있다. 장기이식에 소극적인 일본인은 따라서 비과학적이고 비윤리적이라는 담론도 앞서 말했듯이 의료진 쪽에서는 다수 있었다. 필자는 장기이식에는 명분과 실제 사이에 크나큰 괴리가 있다는 점도 지적했다. 뇌사자로부터 장기를 적출할 수 있다고 법에 정해져 있다 해도 장기를 받는 당사자는 '사체의 일부'를 받았다고는 생각하지 않는다. 장기를 이식받은 사람은 장기를 제공해 준 사람의 몫까지 살고 싶다고 말하며, 아동의 장기 공여에 동의한 부모는 누군가의 몸 안에서 자기 아이가 살아가고 있다고 생각한다. 그중에는 자식을 양자로 보낸 것이라고 생각하는 부모도 있다.[37] 지면관계상 자세히 논하지는 않겠지만, 자식의 장기 공여에 동의하고 나서 수년이 지난 뒤에 깊이 후회하는 부모도 있다.

10. 나오며: 선행인가 우행인가

장기이식에 대해서는 추진파(신중파, 공여자) 수혜자 각각의 입장에서 만들어 내는 '신화'가 있다. 삶과 죽음은 현세를 초월하는 사안인데, 신화적 이야기는 현세의 인간이 그것을 어떻게든 이해하고자 할 때 일어나는 현상이기도 하다. 그러나 용기 있는 의료 관계자가 고발하듯이, 공여자의 뇌사를 죽음으로 보는 문제에 그치지 않고, 수혜자의 면역 기능을 억제하여 신경을 연결시키지 않는 이식 수술이 완전한 치료법일 리 없다.[38] 생물학자인 이케다 기요히코는 장기 공여는 "우행(愚行)의 경우도 많다"고 지적한다.[39] 장기 공여와 이식을 '선행'으로 보급하는 데에는 일종의 수사학(rhetoric)이 사용된다. 이식법 개정 후 현재 일본에서는 '서양화'가 더욱 촉진되는 경향이 있다. 모두가 '선행'을 하고 싶다고 바란다는 주장이 장기이식을 주도하는 이상, 장기를 기증하지 않는 사람은 악한 인간이 되어 버린다. 앞의 벨기에의 경우로 말하자면 '사회적 책임'을 다하지 못한 사람이 된다.

최근에는 일본에서도 장기이식 및 공여의 의사 표시가 증가하고 있다.[40] 사단법인 일본장기이식네트워크에 의한 초·중학생 대상 캠페인 '생명을 잇는 장기이식'은 2012년으로 11년째를 맞이했다고 한다. 또한 10월을 보급 추진의 달로 정하여, 2012년 10월에는 전국 약 16,000개 학교(초등학교: 11,000곳, 중학교: 5,000곳)에 '산케이 컬러백과 〈생명을 잇는 캠페인〉'을 게시판에 게시함으로써 500만 명의 학생들에게 장기이식의 의의와 생명의 소중함을 전했다고 한다.[41] 그러나 그것이 초·중학생들에게 일방적으로 정보를 제공하여 결과적으로 의료 기술에 대해 의심하지 않는 태도를 육성한다면 위험하다.

장기이식뿐만 아니라 새로운 의료 기술의 도입은 모든 인간의 문제가 될 수 있음에도 불구하고, 많은 논자들이 저마다의 입장에서 자신의 이해관계에 영향을 받으면서 일면적으로 논하는 경우가 많다. 일본 국내에서도 의견 차가 크며, '구미'에서도 국가나 지역에 따라 또 사람에 따라 의견이 다르다. 더구나 각각의 종교, 문화, 교육 등의 관계를 고려하면 매우 복잡해진다. 그러나 이러한 사정은 모든 역사, 문화, 종교 연구에서 지극히 당연한 일이다. 각각의 담론의 배경을 검토하고 그 결과를 세계에 발신하며 토론할 수 있는 환경을 만들었으면 한다. '삶과 죽음, 그리고 죽음 이후'에 관한 문제는 그 어떤 것이라도 다양한 측면에서 지속적으로 생각해야만 하는 것이다.

〈번역_ 배관문〉

한국에서의 연명 의료 논란
- 김 할머니 사건 대법원 판결을 중심으로

/ 최경석

1. 머리말

김 할머니 사건에 대한 대법원 판결은 비교적 짧은 한국의 생명 윤리 역사에서 매우 중요한 이정표적인 사건이다. 그러나 이 판결의 논거를 해석함에 있어 대법원이 표면적으로 내세운 자기결정권에 호소하는 논거에만 주목하여 정작 대법원이 어떤 논거에 근거하여 판단하고 있는지 정확하게 분석되지 못한 측면이 있다. 2009년 대법원 판결 직후 언론은 이 사건을 환자의 자기결정권에 근거한 연명 치료의 중단이나 유보를 허용하는 판결로 보도했었다. 예를 들어, 경향신문은 "'존엄사'를 인정한 대법원의 확정 판결은 치료가 불가능한 환자에게 자기결정권에 근거해 품위 있게 죽을 권리가 있다는 점을 인정한 것으로 평가된다"고 보도하며, 기사의 제목마저 "치료 불능 환자에 '죽음을 선택할 권리'인정"이라고까지 했다.[1] 하지만 이런 보도는 대법원 판결의 내용을 분석해 볼 때, 100% 정확하게 보도한 내용이 아니다.

대법원 판결에 대한 논문들 역시 환자의 자기결정권을 존중한 것으로 평가하는 견해들이 적지 않다. 그러나 이후 논의를 통해 살펴보겠지만, 대법원은 매우 원칙론적인 차원에서 자기결정권을 언급했을 뿐이며, 연명 의료[2] 중단과 관련하여 특히 김 할머니와 같이 의사를 추정해야 하는 상황과 관련해서는 결코 자기결정권의 존중이란 원칙에만 입각하여 판단하고 있지 않다.

아울러 '존엄사'라는 용어를 사용하는 것도 적절하지 않다. '존엄사'라는 용어는 맥락에 따라 다르게 사용되어 혼란을 야기하기 쉬운 비학술적 개념이다.[3] 예를 들어, 미국에서는 오리건주의 의사 조력 자살을 허용하는 법률을 흔히 '존엄사법'(Death with Dignity Act)이라고 부르지만, 한국에서는 안락사와 구별하면서 환자의 자발적인 무의미한 연명의료의 중단이나 유보를 존중함으로써 죽음의 시기를 연장하지 않고 죽음을 맞이하게 하는 것을 '존엄사'라고 부르곤 했다.[4] 필자의 견해로는 자연사법이라고 부르는 것이 더 합당함에도 불구하고 '존엄사'라는 용어를 사용하고 있다. 그래서 연명 의료 중단에 대한 신상진 의원과 김세연 의원의 법안 역시 모두 '존엄사법'이라 불리기도 했다.[5]

자연사 개념에 입각한 접근은 연명 의료 중단이나 유보의 문제를 안락사와 구별하는 데 있어 중요한 역할을 하고 있다. 대법원도 연명 의료 중단의 문제를 다루면서 바로 이 개념을 수용하고 있다. 하지만 필자는 자연사 개념에 입각한 대법원의 시각이 과연 자기결정권 존중이란 원칙과 얼마나 잘 조화될 수 있는지 검토해 보고자 한다. 아울러 김 할머니 사건과 같이 명시적인 의사가 없는 경우에 대한 대법원 판결의 논거를 분석해 보고자 한다. 대법원은 이론적으로는 '최선의 이익'이란 원칙과 '자기결정권 존중'이란 원칙(또는 자율성 존중의 원칙)에 모두 호소하는 듯이 보여 학술적인 논란을 불러일으키고 있다. 분명, 한국 대법원의 판결 논거는 카렌 퀸란이나 낸시 크루잔 사건에 대한 미국 법원의 판결 논거와 비교할 때, 명백한 차이를 드러내고 있다. 이런 점에서 대법원 판결의 논거를 분석하며, 판결의 의의와 한계를 밝히는 것은 향후 한국 사회의 연명 의료 관련 쟁점들을 다루는 데 도움이 될 것으로 기대한다.

2. 김 할머니 사건, 환자의 자기결정권 존중에 입각한 판결인가?

1) 자기결정권 존중에 대한 원칙론적 천명

언론이나 학계에서 김 할머니 사건에 대한 대법원 판결을 연명 의료 중단이나 유보와 관련하여 자기결정권을 존중한 첫 판결이라고 보도하거나 평가하는 것은 100% 충실한 보도나 분석이 아니다. 적어도 김 할머니의 경우에는 자기결정권이 강조되었다고 보기 어렵기 때문이다. 대법원 판결이 일반적인 의료 행위의 맥락에서 자기결정권을 존중해야 한다는 견해를 피력한 것은 사실이다. 그러나 생명과 관련된 문제에서 자기결정권이 존중되는 것은 극히 제한적인 상황에서라고 다음과 같이 판시하고 있다.

환자의 신체 침해를 수반하는 구체적인 진료 행위가 환자의 동의를 받아 제공될 수 있는 것과 마찬가지로, 그 진료 행위를 계속할 것인지 여부에 관한 환자의 결정권 역시 존중되어야 하며, 환자가 그 진료 행위의 중단을 요구할 경우에 원칙적으로 의료인은 이를 받아들이고 다른 적절한 진료 방법이 있는지를 강구하여야 할 것이다.

그러나 인간의 생명은 고귀하고 생명권은 헌법에 규정된 모든 기본권의 전제로서 기능하는 기본권 중의 기본권이라 할 것이므로, 환자의 생명과 직결되는 진료 행위를 중단할 것인지 여부는 극히 제한적으로 신중하게 판단하여야 한다.[6]

위 판결은 원칙론적인 견해 표명으로서 일반적인 의료 행위에 있어 환자의 자기결정권이 존중되어야 한다는 것을 천명한 것에 불과하다. 물론 부언한 것처럼 '생명과 직결되는 진료 행위를 중단할 것인지 여부'도 원칙적으로 자기결정권을 부정하지는 않지만, 이는 "극히 제한적으로 신중하게 판단하여야 한다"고 명시하고 있다. 「환자 자기결정법」(Patient Self-determination Act)이 제정되어 있는 미국과 달리, 한국은 환자의 자기결정권이 존중되어야 함을 명시한 법률이 아직 없다.[7] 이런 점에서 환자의 자기결정권을 존중한다는 위 판시 내용은 이 원칙의 현실 적용에 있어서도 미국과 상당한 차이를 보일 것으로 예상된다. 왜냐하면 과연 생명과 직결되는 진료 행위를 중단 또는 유보[8]하겠다고 할 경우 어떤 경우가 '극히 제한적으로 신중하게 판단'된 경우여서 이러한 중단이나 유보가 존중되어야 하는지 명확하지 않기 때문이다.

2) 대상 환자 요건으로서 회복 불가능한 사망 단계

대법원 판결은 위에서 인용한 문장들에 이어 곧바로 '회복 불가능한 사망 단계에 진입한 환자에 대한 진료 중단의 허용 요건'이란 표제어 항목으로 이동하고 있다. 따라서 문맥상 극히 제한적으로 신중하게 판단하여 생명과 직결되는 진료 행위를 중단하거나 유보할 수 있는 경우란 환자가 회복 불가능한 사망 단계에 진입한 환자의 경우를 최소한 포함하고 있음을 추론할 수 있다. 다시 말해, 생명과 직결된 진료의 중단이나 유보가 적용되기 위한 대상 환자의 요건으로서 회복 불가능한 사망 단계의 진입이란 요건을 제시하고 있다고 분석할 수 있다.

그러나 '회복 불가능한 사망 단계'라는 개념은 의학적으로도 매우 모호한 개념이다. 의학에서는 '말기 환자'라거나 '임종기 환자'라는 말을 사용하지만 말기와 임종기의 명확한 의학적 구분 역시 통일된 상태가 아니다. 그러나 대법원은 회복 불가능한 사망 단계를 다음과 같이 정의하고 있다.

> 의학적으로 환자가 의식의 회복 가능성이 없고 생명과 관련된 중요한 생체 기능의 상실을 회복할 수 없으며 환자의 신체 상태에 비추어 짧은 시간 내에 사망에 이를 수 있음이 명백한 경우(이하 '회복불가능한 사망의 단계'라 한다)[9]

대법원은 '의학적으로 환자가 의식의 회복 가능성이 없고'라는 부분이 회복 불가능한 사망 단계의 요건 중 하나라고 보고 있지만, 이것은 잘못된 판단이다. 의식의 회복 불가능성은 사실상 회복 불가능한 사망 단계 여부를 판단하는데 필수적인 요소가 될 수 없기 때문이다.

물론 우리가 주목해야 하는 것은 '짧은 시간 내에 사망에 이를 수 있음이 명백한 경우'라는 요건이다. 그러나 이 경우 역시 의학적으로 명확하게 판단할 수 있는 것이 아니다. 김 할머니는 대법원 판결 이후 인공호흡기를 제거하고도 약 6개월 이후 사망했다.[10] 말기 환자가 아니라 사망 단계에 진입한 환자라고 할 때, 과연 이 기간을 대법원이 언급한 것과 같이 짧은 기간으로 볼 수 있는지 여부는 명확하지 않다. 참고로 미국 오리건주의 의사조력자살을 허용하는 「존엄사법」(The Oregon Death with Dignity Act)에서는 말기 질환을 정의하면서 '6개월 이내에 사망하게 할 질환'으로 정의하였다.[11] 따라서 사망 단계라는 기간은 말기보다는 더 짧은 기간일 것이라고 할 때, 김 할머니가 6개월 이후 사망했다는 것은 인공호흡기 제거를 명령한 대법원의 판단이 옳았느냐는 것도 문제이지만, '짧은 시간 내에 사망에 이를 수 있음'이란 대법원의 기준이 의학적으로도 얼마나 모호한 개념인지 잘 보여준다고 할 수 있다.

그러나 여기서 환자의 회복 불가능한 사망 단계 진입을 연명 의료 중단 및 유보의 하나의 요건으로 제시했던 대법원의 근거가 무엇이었고, 이 문제에 대해 대법원이 어떤 시각에서 접근하고 있는지 확인하는 것이 더욱 중요하다. 왜냐하면 대법원은 연명의료 중단이나 유보를 안락사와 혼동하는 잘못된 견해와 달리 적어도 개념적으로는 자연사 개념에 입각하여 접근하고 있기 때문이다. 대법원이 자연사 개념에 따라 이 사안을 보고 있다는 근거는 다음 판결 내용에서 확인된다.

환자가 회복 불가능한 사망의 단계에 진입한 경우, 환자는 전적으로 기계적인 장치에 의존하여 연명하게 되고, 전혀 회복 가능성이 없는 상태에서 결국 신체의 다른 기능까지 상실되어 기계적인 장치에 의하여서도 연명할 수 없는 상태에 이르기를 기다리고 있을 뿐이므로, 의학적인 의미에서는 치료의 목적을 상실한 신체 침해 행위가 계속적으로 이루어지는 것이라 할 수 있으며,

이는 죽음의 과정이 시작되는 것을 막는 것이 아니라 자연적으로는 이미 시작된 죽음의 과정에서의 종기를 인위적으로 연장시키는 것으로 볼 수 있다.[12]

위 판결문에서 우리는 사망 단계에 진입한 환자의 연명 의료를 '자연적으로는 이미 시작된 죽음의 과정에서의 종기를 인위적으로 연장시키는 것'으로 대법원이 보고 있음에 주목해야 한다.[13] 따라서 이러한 환자에게 연명 의료를 시행하는 것은 자연적인 죽음의 발생을 인위적으로 연장하는 것으로 합당하지 않은 의료 행위로 보고 있다. 이것은 연명 의료의 중단이나 유보가 안락사와는 개념적으로 어떻게 구분되는지 명확히 했다는 점에서 의의가 있다. 아울러 자연사 개념에 입각하여 대법원이 연명 의료 중단이나 유보의 문제에 접근하고 있어 주목할 만한 중요성이 있다.

3) 자연사 개념에 입각한 접근 방법과 자기결정권 요건 사이의 부조화

대법원이 자연사 개념에 입각하여 생명과 직결되는 진료 행위의 중단 문제에 접근함에도 불구하고, 대법원은 중단의 허용 요건으로 자기결정권을 언급한다. 우선 자기결정권에 대한 다음과 같은 대법원 판결문을 보자.

생명권이 가장 중요한 기본권이라고 하더라도 인간의 생명 역시 인간으로서의 존엄성이라는 인간 존재의 근원적인 가치에 부합하는 방식으로 보호되어야 할 것이다. 따라서, 이미 의식의 회복 가능성을 상실하여 더 이상 인격체로서의 활동을 기대할 수 없고 자연적으로는 이미 죽음의 과정이 시작되었다고 볼 수 있는 회복 불가능한 사망의 단계에 이른 후에는, 의학적으로 무의미한 신체 침해 행위에 해당하는 연명 치료를 환자에게 강요하는 것이 오히려 인간의 존엄과 가치를 해하게 되므로, 이와 같은 예외적인 상황에서 죽음을 맞이하려는 환자의 의사 결정을 존중하여 환자의 인간으로서의 존엄과 가치 및 행복추구권을 보호하는 것이 사회 상규에 부합되고 헌법정신에도 어긋나지 아니한다고 할 것이다.[14]

우선, 위 판결문에서 생명권 역시 '인간으로서의 존엄성이란 인간 존재의 근원적 가치'에 부합하는 방식으로 보호되어야 한다는 입장을 드러내고 있어, 비록 추상적인 수준이긴 하지만 생명권의 절대성을 표명하고 있지 않다는 점에 주목할 필요가 있다.[15] 하지만 이보다 더 주목해야 할 문제는 이러한 자기결정권이 생명과 직결된 진료 행위의 중단이나 유보가 허용되는 요건 중 하나로 이해되고 있는지 여부이다.

우리는 위 판결문에서 '이와 같은 예외적인 상황에서 죽음을 맞이하려는 환자의 의사 결정을 존중하여 환자의 인간으로서의 존엄과 가치 및 행복추구권을 보호하는 것이 사회 상규에 부합되고 헌법 정신에도 어긋나지 아니한다'고 말하는 부분에 주목할 필요가 있다. 다시 말해, 환자의 인간으로서의 존엄과 가치의 보호가 환자의 의사 결정과 어떤 관련을 맺고 있는지 생각해 볼 필요가 있다. '환자의 의사 결정을 존중하여'라는 것은 자기결정권을 염두에 둔 것으로 볼 수 있다. 따라서 환자의 자기결정권을 존중하는 것이 환자의 인간으로서의 존엄과 가치에 기여한다는 것인지, 환자가 인간으로서의 존엄과 가치에 부합한다고 본인이 생각하는 내용을 스스로 결정하고 있으므로 이를 존중해야 한다는 것인지 생각해 볼 필요가 있다.

이 문제와 관련하여 대법원은 위에서 인용한 문단에 바로 이어서 다음과 같이 서술하고 있다.

그러므로, 회복 불가능한 사망의 단계에 이른 후에 환자가 인간으로서의 존엄과 가치 및 행복추구권에 기초하여 자기결정권을 행사하는 것으로 인정되는 경우에는 특별한 사정이 없는 한 연명 치료의 중단이 허용될 수 있다.[16]

위 판결문을 통해 우리는 자기결정권의 행사가 인간으로서의 존엄과 가치 및 행복추구권에 기초하는 경우에 한해 연명 의료의 중단이나 유보가 허용될 수 있다는 견해를 대법원이 피력한 것으로 이해할 수 있다. 이는 자기결정의 내용이 무조건적으로 존중되어야 하는 것은 아닐 것이기 때문에 타당한 것으로 판단된다. 아울러 환자의 연명의료 중단이나 유보의 결정은 환자가 인간으로서의 존엄과 가치를 지키기 위한 것으로 이해되기 때문에 이를 존중할 필요가 있다는 점을 밝힌 것으로 해석할 수 있다.

이상의 논의를 통해 생명과 직결되는 진료 행위의 중단 또는 유보가 허용되는 요건으로서 두 가지 요건, 즉 환자가 회복 불가능한 사망 단계에 진입한 상태여야 한다는 것과 진료 행위의 중단이나 유보는 자기결정권의 행사여야 한다는 요건을 제시하고 있다고 분석할 수 있다.

그러나 자기결정권이 하나의 요건으로 제시되는 것은 자연사 개념에 입각한 연명 의료 중단이나 유보의 문제에 대한 대법원의 접근 방법을 고려할 때, 쉽지 않은 학술적 문제점을 야기한다.[17] 간단히 말해, 학술적 관점에서 정합성의 문제가 제기된다는 것이다. 왜냐하면 자연사의 관점에서 죽음의 시기를 인위적으로 연장하지 않아야 하는 문제는 어떤 측면에서는 당연한 의학적 결정이며, 사실상 자기결정권에 근거하여 정당화할 필요조차 없는 사안이기 때문이다. 의학적 전문지식을 가진 의사의 판단 하에 해당 진료가 죽음의 시기만을 연장하는 것이라면 이러한 진료를 중단하거나 유보하는 것에 대해 그 어느 누구도 이의를 제기하지 않을 것이다.

서구가 연명 의료 중단이나 유보의 문제와 관련하여 자기결정론을 강조하고 있는 것은 죽음과 직결되는 진료 행위의 중단이나 유보의 문제인지 여부와 관련 없이 의료에서 보편적으로 환자의 자기결정권을 존중하는 문화를 정착시켜 왔기 때문이다. 이런 점에서 서구에서 특히 미국에서의 자기결정권의 강조와 이를 바탕으로 한 삶의 말기 관련 생명 의료 윤리의 문제를 자기결정권의 존중에 근거하여 해결하는 것은 당연한 귀결이다. 아울러 의학적 불확실성이 존재하는 상황에서 죽음에 이를 수도 있는 결정은 결국 환자가 일정 부분 떠넘겨 받아야 하는 문제라고 인식하는 측면도 있다.

그러나 대법원은 위와 같이 자기결정권이 존중되는 문화적 맥락이나 의학적 불확실성이란 맥락에 대한 고려나 언급이 없다. 대법원의 판단은 단순히 자연사 개념에 의존하고 있으며, 그러면서 동시에 환자의 자기결정권 존중에 의존하고 있다. 논리적인 측면에서 대법원은 자연사 개념과 자기결정권 존중을 동시에 따름으로써, 자연사 개념에 입각한 접근 방법의 논리적 일관성을 충분히 전개하지 못하고 있으며, 자기결정권 존중의 논리적 함축 또한 충분히 파악하지 못하고 있다. 이러한 불충분성은, 김 할머니 사건 자체에 대한 대법원 판결의 논거 분석에서 드러나듯이, 결국 자기결정권 존중의 원칙이 적용되는 범위를 제한하는 결과를 낳고 있다.

3. 판결의 논리 구조의 문제점과 자기결정권 행사의 제한

1) '자기결정권 존중'과 '최선의 이익' 원칙 충돌 문제

대법원이 다루는 김 할머니 사건은 사전 의료 지시조차 없는 경우이다. 이 경우, 환자의 의사가 무엇이었는지 어떻게 알아낼 것인가가 문제이다. 이 문제에 대해 대법원은 다음과 같이 판시하였다.

> 환자의 사전 의료 지시가 없는 상태에서 회복 불가능한 사망의 단계에 진입한 경우에는 환자에게 의식의 회복 가능성이 없으므로 더 이상 환자 자신이 자기결정권을 행사하여 진료 행위의 내용 변경이나 중단을 요구하는 의사를 표시할 것을 기대할 수 없다. 그러나 환자의 평소 가치관이나 신념 등에 비추어 연명 치료를 중단하는 것이 객관적으로 환자의 최선의 이익에 부합한다고 인정되어 환자에게 자기결정권을 행사할 수 있는 기회가 주어지더라도 연명치료의 중단을 선택하였을 것이라고 볼 수 있는 경우에는 그 연명 치료 중단에 관한 환자의 의사를 추정할 수 있다고 인정하는 것이 합리적이고 사회상규에 부합된다.[18]

위 판결문에서 주목해야 하는 부분은 '객관적으로 환자의 최선의 이익에 부합한다고 인정되어'라는 부분과 '자기결정권을 행사할 수 있는 기회가 주어지더라도'라는 부분이다. 매우 당혹스러운 것은 '최선의 이익'이라는 원칙과 '자기결정권의 존중', 즉 '자율성 존중'의 원칙이 모두 동시에 언급되어 있다는 점이다.

위와 같이 '최선의 이익'이라는 원칙과 '자기결정권의 존중'이라는 원칙이 혼용되어 사용되는 문제점은 대법원이 '의사 추정은 객관적으로 이루어져야 한다'고 언급하면서 기술하는 아래 판결문 내용에서도 확인할 수 있다.

> 이러한 환자의 의사 추정은 객관적으로 이루어져야 한다. 따라서 환자의 의사를 확인할 수 있는 객관적인 자료가 있는 경우에는 반드시 이를 참고하여야 하고, 환자가 평소 일상생활을 통하여 가족, 친구 등에 대하여 한 의사 표현, 타인에 대한 치료를 보고 환자가 보인 반응, 환자의 종교, 평소의 생활 태도 등을 환자의 나이, 치료의 부작용, 환자가 고통을 겪을 가능성, 회복 불가능한 사망의 단계에 이르기까지의 치료 과정, 질병의 정도, 현재의 환자 상태 등 객관적인 사정과 종합하여 환자가 현재의 신체 상태에서 의학적으로 충분한 정보를 제공받는 경우 연명 치료 중단을 선택하였을 것이라고 인정되는 경우라야 그 의사를 추정할 수 있을 것이다.[19]

위 판결문에서 확인할 수 있듯이, '환자가 평소 일상생활을 통하여 가족, 친구 등에 대하여 한 의사 표현, 타인에 대한 치료를 보고 환자가 보인 반응, 환자의 종교, 평소의 생활 태도 등'은 의사를 추정을 위한 객관적인 자료이지만 '환자의 나이, 치료의 부작용, 환자가 고통을 겪을 가능성, 회복 불가능한 사망의 단계에 이르기까지의 치료 과정, 질병의 정도, 현재의 환자 상태 등'은 환자의 최선의 이익을 판단하기 위한 객관적인 자료이다.[20] 따라서 우리 대법원은 매우 혼란스럽게 두 원칙에 의존하는 판결을 내리고 있음을 확인할 수 있다.[21]

위와 같은 판결문의 이론적인 문제점은 다음과 같다. 첫째, '최선의 이익'

이란 원칙에 대한 대법원의 이해가 정확하지 않다. 왜냐하면 일반적으로 환자의 최선의 이익이란 환자의 직접적인 이익이나 삶의 질과 같은 환자의 이익을 언급하는 것이기 때문이다. 따라서 이 원칙은 환자의 의사를 알 수 없는, 의사 결정 능력이 없는 환자를 위한 대리결정시 적용되는 원리이다.[22]

이런 점에서 최선의 이익이란 상당히 의학적인 견지에서 객관적으로 파악되는 이익에 주목한다. 따라서 심지어 환자의 사전 지시가 있었더라도 환자의 현 상태를 고려할 때 사전 지시의 내용에 따르지 않고 결정하는 것이 환자의 최선의 이익에 부합하는 경우 최선의 이익이란 원칙은 이러한 거역을 정당화하기도 한다. 보샹과 칠드러스는 알츠하이머병 환자인 마고 (Margo)라는 치매 환자의 예를 드는데, 마고는 폐렴 치료에 대한 항생제 사용을 거부하는 사전 지시를 남겼지만 현재 전반적으로 행복한 상태에 있어, 환자를 위한 최선의 이익에 호소하여 사전지시를 무시하고 항생제를 사용하는 것이 정당화된다는 견해를 피력하고 있다.[23] 따라서 대법원이 '연명 치료를 중단하는 것이 객관적으로 환자의 최선의 이익에 부합한다고 인정'하기 위해 '환자의 평소 가치관이나 신념 등에 비추어'보는 것은 객관적인 환자의 최선의 이익을 판단하는 방식과 거리가 있다.[24]

둘째, 자기결정권 존중이란 원칙의 의미에 대한 대법원의 이해 역시 빈약하다. 자기결정권의 존중 또는 자율성의 존중이란 원칙은 의사 결정능력을 지닌 환자가 내린 자기결정의 내용을 존중할 때 사용하는 원칙이며, 비록 의사 결정 능력을 상실한 경우라도, 그것을 지녔을 당시 환자의 객관적인 의사에 따라 결정하고자 할 때 호소하는 원칙이다.[25] 따라서 자기결정권의 존중은 객관적으로 파악된 환자의 최선의 이익과 일치하지 않을 수 있다.

그렇다면 객관적으로 파악된 환자의 최선의 이익이 아님에도 불구하고 환자의 결정을 존중하는 이유는 무엇인가? 물론 그것은 그 결정이 환자가 주관적으로 이해하는 환자의 최선의 이익에 부합한다고 생각하기 때문이다. 그러나 앞서 언급했듯이 '환자의 최선의 이익'이란 개념은 이런 방식으로 이해되지 않는다. 만약 '환자의 최선의 이익'이란 개념을 이런 방식으로 이해한다면, 최선의 이익이란 원칙은 자기결정권 존중의 원칙을 포함하는 원칙이 되고 만다. 왜냐하면 자기결정권을 존중하는 것 역시 결국은 환자의 최선의 이익을 위한 것이기 때문이다.

이런 점에서 자기결정권을 존중하기 위해서는 결정의 내용이 환자에게 최선의 이익이 되느냐의 문제를 따지는 것이 관건이 아니라, 어떤 객관적인 근거에 기초하여 그런 판단을 하는지 확인하는 것이 관건이다. 그래서 김 할머니와 마찬가지로 명시적인 문서를 남기지 않았던 낸시 크루잔 사건[26]에 대해 미국 법원은 환자의 자기결정권에 따라 급식관 중단이 용인될 수 있다고 보았으나, 가족의 진술에 의존하지 않고 좀 더 객관적인 증거, 즉 명백하고 확신을 가지기에 충분한 증거(clear and convincing evidence)가 있어야 함을 명시했다. 그래서 이후 지인들의 증언과 같은 명백하게 확신하기에 충분한 증거를 제출함으로써 이것에 근거하여 환자의 의사를 확인하였고, 해당 의료 행위, 즉 급식관을 통한 인공영양 공급을 중단하라고 판결했다.[27]

따라서 김 할머니의 사건의 경우에도 진정으로 자기결정권을 존중하고자 했던 미국 법원의 논리 구조를 따라가는 판결이었다면, 객관적인 자료에 근거하여 환자의 의사를 확인하면 되는 것이었다. 그래서 가족의 증언을 뒷받침할 만한 충분한 근거가 있는지 여부가 심리의 대상이 되는 문제이지, '환자의 평소 가치관이나 신념 등에 비추어 연명 치료를 중단하는 것이 객관적으로 환자의 최선의 이익'에 부합하는지 여부를 따질 필요는 없었다.

그러나 이미 살펴보았듯이, 대법원은 환자의 의사가 무엇인지 추정하는 데 있어 환자의 최선의 이익에 부합하는지 여부를 근거로 언급하였다. 이런 점에서 대법원의 판결은 단순히 자기결정권 존중이라는 원칙에 충실한 판결이라고 평가하기 어렵다.

결론적으로 대법원은 최선의 이익이란 용어의 사용이나 이 원칙의 개념을 정확하게 사용하지 않았으며, 자기결정권 존중의 원칙이 적용되기 위한 조건들에 대해서도 정확하게 살피지 않았다. 그럼에도 불구하고 대법원 판결 논리를 우호적으로 해석하자면, 대법원은 최지윤·김현철이 지적했듯이, 대리의사결정(surrogate decision making)에서 사용되는 대리 판단(substituted judgment)이란 표준에 부합하는 논리 구조를 제시하고 있다.[28]

2) 대리의사결정에서의 대리 판단 표준

대리 판단은 이미 한번 자율적이었던 환자들에 대한 대리의사 결정을 위한 표준으로서, 현재 환자가 의사 결정 능력은 상실하였지만 만약 의사 결정능력이 있었더라면 어떻게 했을지 가정하고 내리는 판단이다. 대법원은 '자기결정권을 행사할 수 있는 기회가 주어지더라도 연명 치료의 중단을 선택하였을 것이라고 볼 수 있는 경우에는'이라는 표현에서 이런 표준을 따랐음을 시사하였다고 판단할 수 있다.

이런 대리 판단의 표준을 따른다면 대법원이 언급한 것과 같은 것들, 즉 '환자가 평소 일상생활을 통하여 가족, 친구 등에 대하여 한 의사표현, 타인에 대한 치료를 보고 환자가 보인 반응, 환자의 종교, 평소의 생활 태도 등'을 고려하고, '환자의 나이, 치료의 부작용, 환자가 고통을 겪을 가능성, 회복불가능한 사망의 단계에 이르기까지의 치료 과정, 질병의 정도, 현재의 환자 상태 등 객관적인 사정'도 고려하여, '환자가 현재의 신체 상태에서 의학적으로 충분한 정보를 제공받는 경우 연명 치료 중단을 선택하였을 것이라고 인정되는 경우' 환자를 대리하여 연명 치료를 중단하는 판단을 할 수 있을 것이다. 이와 같이 대리 판단의 표준을 따른다면, 대리 판단 내용의 합리성이 판결의 논거가 되는 것이지, 대법원이 언급한 것처럼 그렇게 함으로써 '그 의사를 추정할 수 있을 것이다'로까지 나아가는 것은 적절하지 않다. 이러한 대리 판단의 표준이 자율성의 약한 표준이라고 언급되기는 한다.[29] 그러나 보샹과 칠드러스는 이런 판단이 허구에 근거하고 있음을 경계하고 있다.[30] 따라서 보샹과 칠드러스는 대리 판단 표준은 순수 자율성 표준(pure autonomy standard), 즉 대리 판단에 반영된 미심쩍은 자율성 개념을 제거하고 명시적인 지시에 기초하여 판단하는 표준으로 흡수되어야 한다고 주장한다.[31]

결론적으로, 대법원은 연명 의료 중단의 문제를 다룸에 있어 자연사 개념에 입각하여 환자의 객관적인 최선의 이익이란 원칙에 따라 결정하고 김 할머니와 같이 대리의사 결정이 필요한 경우에는 위 개념과 함께 대리 판단의 표준에 따라 연명 의료 중단을 결정한 것이면서도 이론적인 측면에서 볼 때 다음과 같이 엄밀하지 않은 표현들을 사용했다.

첫째, 대법원은 자연사 개념에 입각한 최선의 이익이란 원칙에 따르면서도 판결의 논리가 마치 자기결정권을 존중하는 것처럼 이러저러한 사정들을 종합적으로 고려하여 '그 의사를 추정할 수 있을 것이다'라고 하면서 의사 추정에 집착하는 표현을 하고 있다. 둘째, 대법원은 사실은 환자의 객관적인 최선의 이익에 호소하면서도 연명 치료 중단이 '환자의 평소 가치관이나 신념 등에 비추어' 최선이 이익에 부합하는지 살펴보아야 하는 것처럼 표현하여, 최선의 이익조차도 환자의 주관적인 가치관을 반영하여 판단해야 하는 것처럼 잘못 표현하고 있다.

3) 자기결정권의 행사 방식의 제한

대법원 판결에서 자기결정권이 하나의 요건으로 언급되고 있는 것은 사실이다. 하지만 자기결정권 행사가 인정되는 방식이 대단히 제한적이라는 점에 주목할 필요가 있다. 대법원 판결은 언제 사전 의료 지시가 자기결정권을 행사하는 것으로 존중될 수 있는지 다음과 같이 서술하였다.

> 환자가 회복 불가능한 사망의 단계에 이르렀을 경우에 대비하여 미리 의료인에게 자신의 연명 치료 거부 내지 중단에 관한 의사를 밝힌 경우(이하 '사전의료지시라 한다)에는 비록 진료 중단 시점에서 자기결정권을 행사한 것은 아니지만 사전의료지시를 한 후 환자의 의사가 바뀌었다고 볼 만한 특별한 사정이 없는 한 사전 의료 지시에 의하여 자기결정권을 행사한 것으로 인정할 수 있다.[32]

위 판결문에서 우리는 자기결정권의 행사는 진료 중단 시점에 행사하는 것이 원칙이라고 보고 있음을 확인할 수 있다. 자기결정권이란 의사 결정 능력을 지닌 환자가 행사하는 능력이라고 이해하는 것이 원칙이다. 하지만 '회복불가능한 사망의 단계에 이르렀을 경우에 대비하여'를 언급함으로써, 통상 환자가 이 단계에 이르렀을 경우에 의사 결정 능력을 상실하기 때문에 환자 자신이 그러한 경우를 대비하여 의료인에게 미리 자신의 의사를 밝힌 경우에는 이것 역시 '진료 중단 시점에서 자기결정권을 행사한 것은 아니지만' 그 의사를 밝힌 사전 의료 지시에 의해 자기결정권을 행사할 수 있는 것으로 인정하겠다는 입장을 밝히고 있다. 아울러 사전 의료 지시를 한 후 환자의 의사가 바뀌었다고 볼 만한 특별한 사정이 없어야 함도 강조한다.

그런데 여기서 주목해야 하는 것은 이러한 사전 의료 지시가 의료인에게 의사를 밝힌 경우여야 자기결정권의 행사로 인정한다는 점이다. 이런 입장은 다음의 대법원 판결문에서도 확인된다.

> 다만, 이러한 사전 의료 지시는 진정한 자기결정권 행사로 볼 수 있을 정도의 요건을 갖추어야 한다. 따라서, 의사 결정 능력이 있는 환자가 의료인으로부터 직접 충분한 의학적 정보를 제공받은 후 그 의학적 정보를 바탕으로 자신의 고유한 가치관에 따라 진지하게 구체적인 진료 행위에 관한 의사를 결정하여야 하며, 이와 같은 의사 결정 과정이 환자 자신이 직접 의료인을 상대방으로 하여 작성한 서면이나 의료인이 환자를 진료하는 과정에서 위와 같은 의사 결정 내용을 기재한 진료 기록 등에 의하여 진료 중단 시점에서 명확하게 입증될 수 있어야 비로소 사전 의료 지시로서의 효력을 인정할 수 있다. 환자 본인의 의사에 따라 작성된 문서라는 점이 인정된다고 하더라도, 의료인을 직접 상대방으로 하여 작성하거나 의료인이 참여한 가운데 작성된 것이 아니라면, 환자의 의사 결정 능력, 충분한 의학적 정보의 제공, 진지한 의사에 따른 의사 표시 등의 요건을 갖추어 작성된 서면이라는 점이 문서 자체에 의하여 객관적으로 확인되지 않으므로 위 사전 의료 지시와 같은 구속력을 인정할 수 없고, 아래에서 보는 바와 같이 환자의 의사를 추정할 수 있는 객관적인 자료의 하나로 취급할 수 있을 뿐이다.[33]

위 판결문에서 주목해야 할 것은 사전 의료 지시가 자기결정권의 행사로 인정되는 요건에 대한 것으로, 의료인으로부터 직접 충분한 의학적 정보를 제공받을 것, 자신의 고유한 가치관에 따라 진지하게 결정할 것, 환자 자신이 직접 의료인을 상대방으로 하여 서면으로 작성하거나 진료 기록에 기재할 것 등이다. '환자가 의료인으로부터 직접 충분한 의학적 정보를 제공받은 후' 작성한 것이어야 하며 이런 과정이 없었다면 그것은 단지 '환자의 의사를 추정할 수 있는 객관적인 자료' 중 하나에 불과하다.

위와 같은 대법원의 판결 내용은 미국의 사전 지시(advance directives)와 비교할 때 다음과 같은 점에서 주의하여 이해해야 한다. 우선 용어에 있어 대법원 판결문의 사전 의료 지시는 흔히 사전 의료 지시로 번역되는 미국의 '사전 지시'와 다음과 같은 점에서 차이가 있다. 첫째, 미국은 위임장(durable power of attorney) 작성을 통한 대리인 지정을 사전 지시의 한 형식으로 포함하고 있다. 따라서 사전 지시는 위임장 작성이나 생전 유언(living will) 방식을 지칭하며 양자는 병행 가능하다.[34] 둘째, 미국의 사전 지시는 반드시 의사가 개입되어 작성될 필요가 없다.

대법원은 자기결정권의 행사는 해당 사안에 대한 충분한 정보를 바탕으로 해야 한다는 입장을 드러내고 있으며, 이론적으로 타당하다. 그러나 자기결정권을 행사하기 위해 충분한 정보를 반드시 의료인으로부터 들어야 하는지는 의문이다. 왜냐하면 사전 지시는 평소에도 작성할 수 있는 것이기 때문이다. 이런 점에서 대법원이 언급한 자기결정권의 행사로서의 사전 의료 지시는 그만큼 그 내용의 실현에 있어 상당한 법적 구속력을 지닌 것으로 해석될 수 있다. 반면 미국에서의 생전 유언은 이런 정도의 법적 구속력을 지니고 있지는 않다. 미국의 사전 지시가 「환자 자기결정법」에 따른 것이긴 하지만 그렇다고 하여 생전 유언의 내용을 의사가 기계적으로 수용해야 하는 것은 아니다.[35] 위임장을 통한 대리인 지정이 아닌 생전 유언의 경우, 해당 내용의 해석 문제가 항상 존재하기 때문이다. 이런 점 때문에 미국은 사전지시 중 대리인 지정을 선호해 왔으나, 대리인 지정의 이론적 문제점, 즉 포괄적 위임의 문제, 이해 상충의 문제, 대리인의 의사가 개입되는 문제 등으로 인해, 최근에는 POLST(Physician Orders for Life-Sustaining Treatment)라는 제도를 도입하여 시행하고 있다. POLST는 환자와 함께 의료인이 작성하는 연명 의료에 대한 의학적 지시(medical order)이다. 이런 점에서 POLST는 대법원이 언급한 엄밀한 요건의 사전 의료 지시와 유사하다. 그러나 그렇다고 하여 POLST가 사전 지시를 대체할 수 있는 것은 아니다. POLST와 사전 지시는 상보적인 관계로 이해될 필요가 있다.[36]

이상의 논의로부터 우리는 대법원이 자기결정권의 행사로 인정하는, 의사와 함께 작성한 사전 의료 지시가 사실상 POLST와 같은 것임을 알 수 있다. 그리고 대법원이 자기결정권의 행사로 인정할 만한 것은 아니지만 환자의 의사를 추정하는 객관적인 자료로 기능할 뿐이라는 사전 의료 지시는 미국의 사전 지시 중 생전 유언에 가깝다고 볼 수 있다. 그러나 한국에서 민간단체를 중심으로 운영되었던 '사전의료의향서'라 불리는 사전 의료 지시는, 미국의 생전 유언과 달리, 중단이나 유보의 대상이 되는 의료 행위를 선택하게 하는 부분도 포함되어 있다. 하지만 이것 역시 근본적으로는 본인의 의사를 표명한 진술서와 다르지 않다. 사전의료의향서와 미국의 생전 유언의 또 다른 차이점은 미국의 생전 유언에는 증인의 서명이 있어 작성자의 진정한 의사임을 확인하는 절차가 있으나 그동안 한국에서 작성된 사전의료의향서는 본인의 서명만 있는 문서라는 점이다. 따라서 공증이 없는 한 사전의료의향서가 객관적인 자료로서 법적인 효력을 지닐지 여부가 불투명하다. 하지만 앞서 언급했듯이, 미국의 경우도 생전 유언은 본인의 의사를 확인하는 객관적인 자료로서 기능하고 있어 대법원이 의사 추정의 객관적인 자료로 인정한 사전 의료 지시와 근본적으로는 차이가 없다고 하겠다.[37]

하지만 미국의 생전 유언이 작동하는 맥락에는 상당한 차이가 있다. 미국과 같이 자기결정권의 존중, 즉 자율성 존중이 하나의 윤리적 원칙으로 자리매김하고 있는 상황에서는 특별히 의심할 만한 상황이 아니라면 생전 유언은 환자가 자기결정권을 행사할 수 있는 중요한 자료로 사용될 것이다. 그러나 한국처럼 환자의 자기결정권 존중이란 문화가 정착되지 않은 상황에서는 환자의 의사가 무엇인지 파악하는 자료에 불과하고, 그 내용이 실질적으로 실현되지 못하게 하는 다른 변수들이 작동할 가능성이 높다. 그래서 앞서 김 할머니 사건에 대한 판결의 논리를 분석하면서 이미 지적한 것처럼, 미국의 판례에서처럼 환자의 의사를 객관적으로 파악하게 하는 자료에 근거하여 자기결정권을 존중하려고 노력하기보다는 환자의 의학적 상태 등과 같은 객관적인 사정을 고려하고자 함으로써, 자기결정권 존중의 원칙보다는 최선의 이익이란 원칙에 따른 결정으로 나아갈 가능성이 높다.

4. 맺음말: 판결의 의의와 한계

끝으로 대법원 판결의 의의 및 한계와 관련하여, 이 판결이 삶의 말기 문제와 관련된 한국 사회의 생명 의료 윤리 담론에서 어떤 위치를 점하고 있으며 어떤 기여를 하고 있는지 생각해 볼 필요가 있다. 우선 김 할머니 사건에 대한 대법원 판결은 연명 의료 중단 및 유보의 문제에 대한 최초의 대법원 판례라는 의의가 있다.[38] 우리 사회에서는 이미 연명 의료 중단 및 유보의 문제뿐만 아니라 안락사에 대한 많은 논란들이 혼란스럽게 전개된 단점이 있었으며, 이러한 혼란이 지속적으로 존재해 왔다. 그러나 대법원 판결은 대법원이 연명 의료 중단 및 유보의 문제를 어떻게 접근하는지 그리고 어떤 입장을 지니고 있는지 밝혀 준 사례라는 점에 중요한 의의가 있다. 적어도 대법원 판결은 자연사라는 개념에 입각하여 이 문제에 접근한다. 하지만 자연사 개념에 입각함으로써 치료 거부를 통해 죽음의 시기를 앞당기고자 하는 경우에 대해서는 여전히 직접적인 해답을 제시하고 있지 않다.

또한 대법원 판결은 삶의 말기 문제와 관련된 많은 문제 중 극히 일부의 문제만을 다루고 있다는 한계가 있다. 연명 의료 중단 및 유보라는 문제만을 놓고 보더라도 김 할머니 사건에 대한 대법원 판결은 미국의 첫 번째 판례인 카렌 퀸란의 사건과 같이 인공호흡기 제거에 대한 논의에만 국한되어 있다. 따라서 우리 법원은 급식관 제거에 대한 논의를 본격적으로 시작하지 못한 상황이며, 한국 사회는 그리고 우리 법원은 낸시 크루잔의 사건이 제기하고 있는 것과 같은 급식관 제거 문제와 언젠가는 씨름할 수밖에 없을 것이다.

아울러 대법원 판결은 자기결정권의 존중, 즉 자율성의 존중이라는 원칙을 존중하지만 매우 제한적으로 신중하게 존중되어야 한다는 입장을 취하고 있으며, 김 할머니와 같이 명백한 사전 의료 지시가 없어 환자의 의사를 별도로 파악해야 하는 경우에는 자기결정권 존중의 원칙을 충실히 따라가며 객관적인 자료에 입각하여 판단하려하기보다 환자의 최선의 이익이란 원칙에 호소하는 경향을 보이고 있다고 평가할 수 있다. 미국의 카렌 퀸란 사건이나 낸시 크루잔 사건이 비록 의사 결정 능력을 상실한 환자임에도 불구하고 당사자들의 의사를 객관적인 자료에 근거하여 추정할 수 있다면 그들의 자율성을 존중하고자 한 것과는 대조적이다. 결국 한국 대법원의 판결은 자기결정권의 존중이란 원칙을 천명하기는 했지만, 연명 의료 중단이나 유보와 관련해서는 자연사 개념에 부합하는 환자의 최선의 이익이란 원칙을 우선적으로 적용하였다고 볼 수 있다.

이런 점에서 김 할머니 사건에 대한 대법원 판례는 한국 사회에서 논의되는 삶의 말기 문제에 대한 생명 윤리 윤리 담론을 드디어 법원이 다루기 시작한 첫 단추에 불과하다. 앞으로 법원은 낸시 크루잔의 사건에서와 같이 급식관의 제거를 요청하는 사건들에 대해 어떻게 접근할지의 문제뿐만 아니라, 사망 단계에 진입하지 않은 환자들이 생명과 직결되는 진료 행위의 거부 문제에 대해 어떻게 접근할 것이며 어떤 결론을 내릴지 과제로 남아 있다. 예를 들어, 신장투석을 받는 어떤 입원 환자가 죽음이 임박한 경우도 아니고 6개월이나 1년 이내에 임종기가 예견되는 말기 상태도 아니지만 어느 날 긴 숙고 끝에 신장투석을 거부하겠다고 결심한다면 과연 이러한 치료 거부는 수용될 것인가? 우리 법원은 어떤 판단을 내릴 것인가? 아울러 환자의 의사를 추정함에 있어 어떤 객관적인 자료에 근거해야 할지 논란이 있거나 객관적인 자료들이 서로 충돌하는 경우, 법원은 이러한 문제들을 어떻게 해결할지 과제로 남아 있다.

일본에서의 죽음 이해와 end-of-life care

/ 시미즈 데쓰로

이 글에서는 첫째로 일본 문화에서 이해하는 죽음에 대해, 일본인이 죽음을 말하는 방식에 초점을 맞추어 논하고자 한다. 둘째로 거기서 도출된 생과 사 양쪽에 공통되는 이중의 시점에 주목하여, 그것이 임상사생학에 관한 우리들의 제언에 어떻게 전개되는가를 제시하고자 한다.

1. 일본 문화의 죽음 이해

먼저 일본 문화의 죽음 이해를 살펴보기 위해, 일본인이 죽음을 어떤 식으로 말하는가에 주목해 보자.

1) 일본어에서 죽음에 대해 말하는 법

죽음을 말할 때 일본어에서 일상적으로 가장 자주 쓰는 말은 '죽다(死ぬ)'

인데, 이것이 사태를 간단명료하게 말해 준다.

단, 구체적으로 사람의 죽음에 대해서는 (친한 사람에 대해서는 특히) "그 사람은 죽었다"라고 말하는 것에 다소 저항을 느낀다. 예를 들어 장례식에서 일반적으로 쓰이는 말은 '서거했다' 등이다. 우리는 일상회화에서 '돌아가셨다'라고는 하지만, '죽었다'라고는 되도록 말하지 않으려고 한다(문법적으로 틀리지 않았는데도). 왜 우리는 '죽다'의 사용에 위화감을 갖는 것일까.

이를 이해하기 위해 일본어 '죽다'에는 두 가지 용법이 있음을 확인하는 데서 시작하기로 한다. 가령 일본어에서는 사람뿐만 아니라 죽은 동물에 대해서도 벌레에 대해서도 눈앞에 있는 것을 가리켜 "이것은 이미 죽어 있다"라고 말할 수 있다. 이 경우 'x는 죽어 있다'는 무언가(x)를 가리켜 '죽음이라는 상태에 있다'고 말하는 것이다. 반면 사람에 대해 말할 때는 "아버지는 이미 돌아가셨다(이제 안 계신다)"라고 한다. 현재 이곳에 없다는 것이므로 눈앞에 있는 것을 가리켜 '죽어 있다'고 말할 수는 없다. '없다'라는 것은 단지 눈앞에 또는 가까이에 없다는 뜻이 아니라, 혹은 일본에는 없다는 뜻도 아니며, '이 세상에는 없다'는 뜻이다. '사라져 버렸다….' 그렇다면 어딘가로 갔다(逝·行)는 것일까.

이상의 '죽다'에 대한 두 가지 용법에 대해 좀 더 깊이 들어가 생각해보자.

몸의 죽음을 말하다

'죽다(死ぬ)'는 원래 몸에 일어나는 눈에 보이는 변화를 말할 때 쓰는 말이라고 여겨진다. 이 경우 신체적 변화는 다음과 같이 정리할 수 있다.

○그때까지 움직이던 생명체의 움직임이 멈춘다.

○ 다시 움직일 가능성은 없다(즉 불가역적으로 움직이지 못하게 된다).

○ 이 불가역성은 신체가 변질되기 시작함으로써 분명해진다(썩기 시작한다 등).

이러한 신체적 변화는 사람도 동물도 다르지 않다.

'죽다'란 말은 삶에서 죽음으로의 이행을 판별하는 장면에서 사용되며, 호흡이나 맥박이 멈춘다는 식으로 '생명이 사라진다'는 것을 언급한다. 그런 맥락에서 살아 있었던 것에 대해 '살아 있다'인지 '죽어 있다'인지를 판별하는 용법으로 쓰인다. 또한 '눈이 죽어 있다'와 같은 표현에서 생생한 기력·활기가 없어진 상태를 나타내는 용법으로도 쓰인다.

이처럼 '죽다'는 생명이 있다고 생각되는 물체를 주어로 하여 그것에 대해 기술하는 말이다. 변화를 말할 때는 '죽다', 그리고 그 변화의 결과로 있는 상태에 대해서는 '죽어 있다'라고 말한다. 이와 같이 '죽다'는 본래 몸에 정위(定位)한 말이다.

몸에 대해 '죽어 있다'라는 기술은 '살아 있다'와 대칭을 이룬다. 'X는 죽어 있다', 'X는 살아 있다'라고 말할 때, X는 이 문장이 말해지는 현재 어딘가에 있는 존재이다. 그것을 가리켜 이렇게 생사를 기술하는 것이다. X는 살아 있는 시점에서 죽어 버린 시점까지 지속적으로 존재하며, 단지 그 상태가 '살아 있다'에서 '죽어 있다'로 변화한다.

2인칭의 죽음을 말하다

'죽다'의 또 하나의 용법에서는 'X는 죽었다'라고는 말할 수 있어도 '죽어 있다'라고는 말할 수 없다는 특징이 있다. 즉 이 문장의 발화 시점에서 X가 지칭하는 것은 이미 '없기' 때문에 현재의 X를 지칭할 수 없는 것이라고 풀

이된다. "아버지는 10년 전에 돌아가셨다"라고 할 때의 '아버지'는 10년 전까지는 (이 세상에) 존재했던 과거의 아버지를 가리키며, 그 아버지에게 10년 전 '죽다'라는 사건이 일어났다고 말하는 것이다. 그때부터 아버지는 더 이상 '없다'는 것이다.

일반적으로 주어는 살아 있을 때의 주체를 가리킨다. 그 주체에 과거 어느 시점에 '죽다'라는 사건이 일어남으로써 이후 주체는 부재 상황이 되어버렸기 때문에, 주어는 현재 존재하는 것을 지칭할 수 없다. 이리하여 이 용법은 '없어지다(돌아가시다)'와 마찬가지로 현세 내 부재화(=이 세상에서는 사라져버렸다)를 말한다. 즉 타계 이주(=저 세상으로 가버렸다)의 뜻까지는 포함하지 않더라도 몸에 대해 무언가를 말하는 것이 아니라, 여태껏 인생을 살아온 '그 사람'에 대해 말하는 것이다.

'죽다'에 수반되는 '없다'(=현세적 부재)라는 말은 지금 살아 있는 우리와의 교류가 단절되었음을 뜻한다. 즉 현세 내 부재화를 우리는 다음과 같이 이해한다.

○고인(故人)과는 더 이상 교류할 수 없는 것, 즉 '이별'이다.
○교류는 재개되지 않는 것(불가역적), 즉 '영원한'이별이다.

이 현세 내 부재화는 2인칭의 관계에서 일어난다. '이제 당신과는 이야기할 수 없다'라는 생각, 상대를 잃었다는 생각이 사람의 죽음에는 뒤따르게 된다.

앞에서 사람에 대해 '죽다'라는 말을 쓰기를 피하는 경향이 있다고 했다. 이는 '죽다'에 신체 변화로서의 죽음과 상대가 없어진다는 의미에서의 이별을 말하는 죽음의 두 가지 용법이 있는 까닭에, '아버지는 죽었다'고 아버지의 부재를 말하려고 할 때 몸의 끔찍한 변화를 연상하는 용법이 떠오르는 것을 꺼리기 때문이 아닐까. 혹은 고대 일본에서는 신분에 따라 죽음을 표현하는 동사를 구별했다는 점으로 미루어볼 때, 동물에도 사용하는 '죽다'를 사람에 대해 사용하기가 곤란했는지도 모른다. 즉 친했던 사람을 주어로 죽음을 말하는 경우에 일본인은 상대를 존중하는 태도에서 높임말을 쓰려는 경향이 있는데, '죽다'는 그런 태도에 맞지 않는 동사인 것이다.

그런데 사람을 주어로 '죽다'라고 할 때, 그 결과로 주어가 지칭하는 존재가 현세 내 부재화 상태임을 말한다고 했다. 그러나 '없다'고 할 때 그것은 '어디에도 없다'는 것일까. '죽어서 더 이상 없다'라는 부재에 대해, 우리는 우리가 있는 현세라는 영역을 상정하고 그 범위에서는 '어디에도 없다'고 이해한다. 따라서 '죽다'가 아닌 다른 적당한 말을 사용하면, 어딘가에 현재 있다고 상정되는 아버지를 가리켜 현재형으로 말하는 것도 가능하리라. 일본어에는 '죽다' 외에 '돌아가시다(亡くなる)'를 비롯하여 죽음에 대한 다양한 말이 있는데, 타계로 이주한다는 사상을 표현하는 말이 압도적으로 많다. 예컨대 '서거하다(逝く·逝去)', '떠나다(旅立つ)' 등이다. 이러한 말들은 확실히 우리가 생활하는 이 영역에서의 부재화를 뜻한다. 동시에 다른 영역(타계) 쪽에서 보면 거기서는 부재가 아니라 현재하는 것이다(죽음에 의해 그곳으로 간 것이므로). '이별'이라는 인식도 상대가 어딘가 멀리 가 버렸다는 의미에서의 이별을 상정한 것이다.

이렇게 볼 때 '죽다'는 원래 몸의 상태 변화를 말하는 것이지만, 사람의 현세 내 부재화를 말하는 용법도 파생하여 양쪽에 걸친 의미의 폭이 있다. 그때문에 몸과 사람의 이중 경험으로서의 죽음을 말하는 데에 적합한 말이 되었다고 할 수 있다.

사람의 죽음에 대해 다르게 말하는 방식

"My father has been dead for ten years." 대학입시를 준비하는 일본의 고등학생이라면 이 영문에 대해 반드시 다음과 같이 배운다. 이것은 현재완료 용법으로 현재에 이르기까지 계속됨을 나타낸다. 일본어로 옮길 때는 '아버지는 10년간 죽어 있다'가 아니라 '아버지는 10년 전에 죽었다'라고 해야 한다.

앞에서도 말했듯이 일본어 '죽다'의 용법에서는 '아버지는 죽어 있다'라고는 말할 수 없지만, 영어에서는 "My father is dead."라고 할 수 있다. 그것은 'die'와 'dead', '죽다'와 '죽어 있다'의 차이를 보여주는 것 같다. 달리 말하면 "My father has been dead for ten years."에서는 이 세상(이승)과 저 세상을 포괄하는 전체가 화제(話題) 영역이 된다고 풀이하는 편이 적절할지도 모른다.

'to be dead(죽어 있다)'는 '이승과는 다른 곳에 존재한다'는 것인지, 아니면 사람의 죽음에 대한 현세 내 부재, 즉 타계 이주와는 다른 이해를 한다는 것인지 두 가지 가능성이 있다(뒤의 부활 사상에서 후술한다).

'X는 죽었다'에서 X는 지난날의 X를 가리킨다. 'X는 그곳으로 갔다', 'X는 그곳에서 누군가와 함께 살고 있다'라고 타계 이주를 노골적으로 말할 때 화제 영역은 양쪽 세계 전체가 된다. 일본어의 경우에도 '그곳에 있다', '그곳에서 살고 있다'라고 현재의 일로 말하는 경우에는 현재 어딘가에 존재하는 것을 가리켜 X라 부르는 것이리라.

요컨대 '죽다'에 대해 일본어는 화제 영역을 오로지 현실 세계에 한정하여 쓰는 것이다. 물론 다른 말이라면 화제 영역이 넓어지는 경우도 있다.

2) 생과 사의 두 가지 시점: 일치와 불일치

이자나기 신과 이자나미 신의 이별

몸에 일어나는 죽음과 전기적(傳記的) 생명의 주체인 사람의 죽음, 이 죽음 이해의 이중성을 잘 보여주는 예를 일본신화에서 찾을 수 있다. 『고사기(古事記)』에는 이자나기(イザナギ)·이자나미(イザナミ)라는 부부 신이 등장한다. 두 신이 차례로 국토를 낳고 신들을 낳는데, 도중에 아내인 이자나미가 죽어서 황천(黃泉) 세계로 가 버린다. 이에 이자나기는 황천으로 찾아가 이자나미에게 돌아와 달라고 청한다.

가장 먼저 등장하는 장면은 황천의 입구이다. 이곳에서 이자나기와 이자나미의 대화가 이루어진다.

> 이자나기: "돌아와 주지 않을래?"
>
> 이자나미: "황천국의 음식을 먹어 버려 돌아갈 수가 없어요.… 하지만 물어보고 올 테니 기다려주세요. 기다리는 동안 엿보면 안 돼요."

이 장면에는 황천으로 찾아가면 인격적 교류가 재개된다고 하는 이미지가 있다. 『고사기』의 이야기에서 흥미로운 것은 여기서 죽은 이자나미가 말을 하고 이자나기가 던지는 말에 이자나기가 응한다고 묘사되지만, 이자나미의 모습에 대해서는 일체의 묘사가 없다는 점이다. 청각만이 작용하고 시각은 작용하지 않는다. 둘 사이에는 언어적 교류만이 있을 뿐이다.

이 점은 사자를 둘러싼 일본 문화 안에서 읽으면 그리 이상할 것도 없다. 일본 각지에는 공수(口寄せ, 구치요세)나 무녀(イタコ, 이타코) 같은 부류가 있어 그

입을 빌려 사자가 생자의 물음에 답하는데, 그때도 드러나는 것은 역시 말뿐이다. 여기서 죽음은 사람의 죽음, 즉 사람과 사람 사이에 일어난 이별로 파악된다. 요컨대 교류가 영원히 끊어진 것으로 죽음을 이해하기 때문에, 황천까지 찾아가면 그 교류가 재개된다고 생각할 수 있는 것이다.

황천 방문과 공수가 서로 연동하는 점은 흥미롭게도 고대 그리스 문화와도 관련이 있다. 즉 그리스에는 저승으로 들어가는 입구로 간주되는 장소가 여러 군데에 있는데, 그곳이 바로 공수가 이루어지는 장소이기도 했다고 한다.[1] 현실에 있는 공수를 매개로 한 사자와의 교류야말로 사자의 나라를 방문하는 신화의 본질이 아닐까.

그런데 '보지 말라'고 하고는 이자나미가 안으로 들어간 뒤, 다음 장면에서 이자나기는 금단의 장소에 들어가고 만다. 거기서 이자나기가 본 것은 누워 있는 이자나미의 몸 여기저기에 온갖 종류의 번개가 깃든 모습이었다. 이것은 신체가 변질되어 부패하고 악취가 나는 상태를 염두에 둔 묘사이리라. 여기서는 몸의 죽음에 근거한 죽음의 이미지가 제시되어 있다. 여기서는 청각은 기능하지 않고 오직 시각만이 작용한다.

이자나기는 이자나미 몸의 끔직한 변화를 보고 두려운 마음에 도망쳐 나온다. 더 이상 이자나미를 부르려고도 하지 않는다. 한편 이자나미는 보지 말라고 했는데도 엿본 이자나기에게 격한 분노를 표현한다. 여기서 우리는 몸의 죽음에 수반되는 변화를 확인함으로써 사랑하는 사람과의 이별을 받아들일 수밖에 없게 된다는 이야기를 읽어낼 수도 있다. 이와 같은 맥락에서 볼 때 몸의 죽음을 확인하지 않으면 몹시 불안해하는 일본인의 모습도 역시 이 계보에 속하는 것인지 모른다.

신체와 인격의 중첩과 분리

이 이야기에는 '사람의 죽음=교류의 단절'과 '몸의 죽음=움직일 수 없고 변해버린 모습이 된다'는 두 가지 죽음의 이미지가 교대로 등장한다. 즉 사람의 죽음과 몸의 죽음이 중첩되어 이야기 속 죽음 이미지를 구성한다.

또한 몸의 변화는 실제로는 황천 세계에서 일어나는 것이 아니라 이승에서 일어나는 것이다. 그런데 이야기에서는 황천을 방문하여 일어난 일과 이승에서 일어난 일이 혼재한다. 이는 '사람은 죽어서 저 세상으로 갔다'와 '그 사람은 사체(신체)와 함께 있다'고 하는, 논리적으로는 양립하지 않는 사고가 병존함을 보여준다고도 해석할 수 있다.

실제로 일본 문화에서는 '사자는 죽어서 다른 세계로 갔다'는 사상을 배경으로 하는 말과 '조상을 만나러 무덤에 간다'와 같이 사자가 시신과 함께 있다는 식의 말이 병존한다.

한편 '혼(魂)·백(魄)'이라는 사고는 일본에도 들어왔으나, 지식인이라면 몰라도 일반 민중의 기본적 통념으로는 스며들지 않았다. 이자나미·이자나기의 황천 이야기는 혼백이라는 사고를 떠나 이해되는 것이라 여겨진다.

생과 사에 공통되는 두 가지 시점

이상에서 도출한 죽음에 대한 이중적 시선은 생명에 대한 시선에도 공통된다. 다음으로 이 점에 대해 살펴보자. 후반부의 주제에 해당하는데, 사생학의 영역에 속하는 이론이 의료 현장에 영향을 주는 요소 중에 다음과 같은 것이 있다. '인생(人生)'과 '생명(生命)'은 일본어로는 둘 다 '이노치(いのち)'라고 할 수 있다. 영어로 옮기면 모두 'life'로, 구분되지 않는다. 이 두 가지는 생에 대한 두 가지 시점으로 이해할 수 있다. 바로 '몸이 살아 있다'라고 할

때의 '(생물학적)생명'과 '사람과 사람 사이에서 사람들과 교류하며 사람으로 산다'고 할 때의 '(전기적)생명=인생'이라는 이중의 시선이다. 생명이 지속되고 있어야만 우리는 인생을 전개할 수 있다. 몸이 살아서 활동하지 않으면 전기적 생명도 전개될 수 없다.

이러한 '생명'에 대한 이중의 시선에 대응하여, 죽음에 대해서도 '신체 차원의 죽음'과 사람과 사람의 관계에서 일어나는 '사람의 죽음'이라는 이중의 시선이 있다고 할 수 있다. 이 또한 상호 독립되어 있는 것은 아니다. 생명을 토대로 인생의 전개가 가능한 것과 마찬가지로, 몸의 생명이 끝나 죽음에 이르렀을 때 인생도 끝나는 것이다.

게다가 우리는 몸의 죽음을 확인함으로써 비로소 전기적 생명을 살아 온 사람의 죽음을 현실로 받아들인다. 최근 TV 드라마에서는 병실에서 모니터 화면의 심전도가 평탄해지면 삐 하고 경보음이 울리는 것으로 사람의 죽음이 묘사된다. 내가 어렸을 적 드라마에서는 누워 있는 환자 주위에 친척들이 모여 있고 머리맡에 있던 의사가 환자의 숨이 멎었음을 확인하고서 "임종하셨습니다"라고 고하는 순서로 죽음이 묘사되었다. 어느 쪽이라 해도 몸의 죽음을 확인한 후에 이별을 인정하는 셈이다. 앞의 신화에서도 이자나미의 '변해 버린' 몸을 보고 나서 이자나기는 돌아오라고 이자나미를 부르지 않게 된다. 즉 체념하고 포기하는 것이다. 이 죽음 확인 과정의 중요성은 동일본 대지진 때에도 여기저기서 볼 수 있었다. 쓰나미로 육친을 잃은(그렇게 생각하는) 사람들이 그 시신(=신체)을 찾지 못하고 언제까지나 '실종자'로 분류되는 상황에서 생과 사의 결말이 나지 않은 답답한 심정을 호소하는 일이 많이 보도되었다.

우리가 사라져 버린 친한 사람과의 관계에서 '이별'을 확인하는 것은 몸의 죽음을 확인한다는 방법을 통해서이다. 신체로서 보았던 사람과 인간관계의 상대로 보았던 사람은 동일한 존재의 다른 측면이기 때문에, 한쪽에서 관찰한 사태를 근거로 다른 쪽에서 일어난 사태 파악을 할 수 있는 것이다.

'생명'은 '인생'의 토대, '인생'은 '생명' 가치의 근원

생명의 두 가지 측면에 대해 좀 더 음미해보자. 인간관계의 상대로서의 사람이 '산다'고 할 때, 거기서 우리가 보고 있는 생명이 바로 '인생'이라고 하겠다. 한편 몸으로서의 사람이 '살아 있다'고 할 때, 우리는 신체적 '생명'을 보고 있다. 그리고 인생은 생명을 토대로 그 위에 성립하는 것이다. 몸이 '생물학적 생명'을 갖고 움직이는 한 나는 인생 이야기를 엮어 가며 이 생명(='전기적 생명')을 살 수 있다. 다른 말로 하면, 몸의 '생명'에 가치가 있고 오래 살 수 있다면 그러는 편이 좋다고 일반적으로 말하는 이유는 '인생'이 오래 지속되는 편이 일반적으로 좋기 때문이라는 것이기도 하다.

예컨대 예로부터 "약석(藥石)의 보람도 없이(영면하셨습니다)"라는 표현을 쓰는데, 이는 인생을 위해 신체적 생명에 손을 쓰는 방법과 관련된다. 온갖 약과 석침(고대의 의료도구)을 신체에 가했으나 그 효과도 없이 허무하게 죽었다는 뜻이다. 이러한 문맥에서 우리는 약석이 작용하는 대상인 '살아 있는 몸'을 의식한다.

또 일본 속담에 "죽어서 꽃피고 열매 맺으랴", "목숨이 있어야 씨앗"이라 한다. 살아 있어야 좋은 일도 있다(꽃이 피고 열매를 맺는다)는 뜻이다. 이는 삶이 풍요롭게 전개된다는 이유로 계속 살아갈 것을 권장하는 말이다. 단 이들 속담에서 '죽어서'나 '목숨이 있어야'라는 표현이 반드시 몸의 생명에 관한 것은 아니다. 사람에게 '살아라'라고 지시하기 때문이다. 여기서의 '살아라'

는 이 순간 인생을 살 것을 택하라는 것으로, 심장에 대해 '움직여라'라고 호소하는 것은 아니다.

우리의 인생은 '전기적 생명'

우리는 각자 자신의 생명 이야기를 만들고 또 끊임없이 이야기하면서 살아간다. 또한 나의 이야기는 타자의 이야기와 교차한다. 우리는 '몸의 생명'이라는 점에서는 따로따로 독립되어 있지만, '전기적 생명'으로는 나의 생명과 친한 사람의 생명이 상호 침투한다. 그것이 사람들의 교류 내지 커뮤니케이션이기도 하다. 그러나 한편으로 나의 이야기는 나만의 이야기이고, 나의 이야기에서 주인공은 바로 나이다.

그렇기 때문에 사람의 죽음은 그 사람의 인생이 자신의 인생에 침투해 있는 만큼 자신의 인생(생명)에 상실을 초래한다. 즉 친한 사람의 죽음에 의해, 그 사람과 나의 인생 이야기가 겹쳐졌던 부분을 잃는 것이다.

그러나 이러한 결여(상실)는 절대로 회복되지 않는 것일까. 회복 불가능하다고는 생각하고 싶지 않은 인간은 몸이 사라진 뒤에도 인생이 계속 이어진다는 발상을 했던 것이리라. 인생은 몸을 토대로 전개되는 의미의 세계에 속한다. 그 세계에서 인생의 계속되는 이야기가 다시 이야기되기 시작한다.

3) 사자의 세계의 성립

타계 이주의 사상

죽음을 둘러싼 일본어 어휘와 용법을 볼 때, 사람의 죽음은 기본적으로 죽은 자와 살아남은 자 사이의 교류의 단절, 즉 '이별'로 이해된다. 그것은

사람들 앞에서 당사자가 '없어진다'='돌아가신다'(일본어 '無くなる' = '亡くなる'는 둘 다 '나쿠나루'로 발음이 같다)고 하는 현세 내 부재화로 이야기된다고 했다. 누군가의 죽음을 그 사람이 사라져 버린 것으로 파악하는 것은 남겨진 자들과 죽은 자의 관계의 상실로 파악하는 것이나 다름없다. 친한 사람들끼리는 인생 이야기의 많은 부분을 공유한다. 그러므로 상대의 죽음(부재화)은 그 공통 부분의 상실을 초래한다. 요컨대 그것은 단순히 죽은 자의 상실이 아니라 자신의 일부가 상실되는 것이기도 하다.

이러한 상실은 남겨진 자에게는 부조리한 일로, '왜?'라는 물음이 생길 수밖에 없다. 어째서 사라져 헤어지게 되었는가? 이에 대한 답으로 '다른 세계(저 세상, 타계)로 가 버렸다'(=타계 이주)라는 설명이 나온다. '서거하다'나 '떠나다' 등 죽음에 관한 많은 일본어 어휘들이 이 점을 말해준다. 이처럼 타계 이주는 친한 사람의 죽음이라는 경험에 직면하여 사람들이 묻는 '왜?'에 대해 고안해 낸 설명이다. '왜?'라는 물음은 본래 부조리한 일, 생기지 않았으면 하는 일이 생겼을 때 나오는 것이다. 따라서 그렇게 묻는 사람의 심정을 진정시키고 체념하도록 하는 데에 효과적인 반응이 대답이 되는 법이다. '그런가, 그렇다면 어쩔 수 없지'라든지 '그럼 뭐 괜찮겠지'라고 생각하게끔 만드는(말하자면 '일시적 위안'을 주는) 이야기가 일본 문화를 포함하여 여러 다른 문화에서 이야기되는 '타계 이주'이다.

사자의 열에 합류하다: 이쪽 원환에서 저쪽 원환으로

이와 같이 일본 문화에서는 마치 어딘가에 사자의 세계가 있어, 죽는 것은 그리 가는 것이라는 식으로 말을 하고 사자를 보내는 행동을 한다. 그렇다고 사자의 세계에 대해 반드시 확신하는 것은 아닐뿐더러, 그에 대한 세

세한 설명은 제각각이다. 각 종교는 이를테면 서방정토, 극락, 천국, 지옥 등 저마다 다양한 교리를 설한다. 동북지방의 농촌지역에서는 사자는 근처에 있는 산으로 간다고 한다. 사자의 영역이 현실 세계 안의 일정 공간으로 상정되어 있는 것이다.

타계에 대한 이야기의 요점은 그곳이 어떤 곳인가 하는 묘사가 아니라, 어쨌든 어딘가 그런 곳으로 갔다는 데에 서로 동의하는 것이다. 장례식 때 우리는 입을 모아 '서거'라든지 '명복을 빈다'는 등 저 세상에 대해 반복적으로 이야기한다. 그렇게 서로 말함으로써 그러한 세계를 언어에 의해 만들어내는 것이다. 요컨대 '죽어도 혼자가 아니다'라고 모두가 말함으로써 그렇게 간주하는 것, 아니 그러한 세계를 창출하는 것이 아닐까.

우리는 비유하자면 사람들이 손을 맞잡고 있는 원 안에서, 그 원의 구성원으로서 그 원을 구성하는 다른 사람들과 서로 의지하며 살아간다. 죽음은 그 원에서 홀로 떨어져 나오는 것이나 다름없다. 그렇다면 그것은 결국 고독해진다는 것이 아닐까. 사람은 누구나 고독을 두려워한다. 그래서 '아냐 그렇지 않아. 우리는 죽을 때 고독해지는 게 아니라 저편에 먼저 가 있는 사람들의 무리가 되는 거야'라는 설명이 이루어진다. '사자의 열에 합류한다'란 그런 뜻이다. 그리고 사자를 보내는 사람들도 머지않아 사자의 열에 합류하게 된다. 이리하여 죽음을 앞에 둔 우리는 '괜찮아'라고 서로 이야기하는 것이다.

죽음을 설명하는 다른 계보와 병존: 현세 내 비활성화

현세 내 부재화—타계 이주라는 설명은 일본뿐만 아니라 여러 문화에도 뿌리내리고 있지만, 이것이 유일한 설명은 아니다. 예를 들면 신약성서에 나오는 '부활' 사상의 배경이 되는 죽음 이해가 있다. 여기서 죽음에 의해 인격적 교류가 불가역적으로 단절된다는 경험은 현세 내 부재화라는 일본의 죽음 이해와 공통되는 부분이다. 하지만 그에 대한 설명은 '몸과 함께 인격도 계속 존재하나 그 활동이 불가역적으로 정지되어 있다'고 추정된다. 즉 현세 내 부재화—타계 이주가 아니라, 현세 내 비활성화(=여기에 계속 존재하나 활동이 정지되어 있다)인 것이다.

이 설명에 의하면 사자는 영원히 잠들어 있다는 식으로 죽음이 종종 '잠'에 비유된다. 마법에 걸려 사람이 돌이 되었다든지 미라가 깨어난다는 등의 이야기도 같은 계열의 죽음 이미지를 동반한 듯하다.

현세 내 비활성화로 죽음을 설명하는 것과 '부활'을 기대하는 사상은 연동한다. 사자들은 무덤 속에서 비활성된 상태로 지금도 계속 존재한다고 생각하고, 그래도 무언가 희망을 찾고 싶기에 '머지않아 부활한다'는 설명이 나오는 것이다.

두 가지 유형의 유래와 병존

타계 이주와 현세 내 비활성화라는 두 가지 유형은 죽음에 대해 인류가 발견한 대표적인 두 가지 설명 방식이라고 할 수 있다. 또한 여러 문화에서 이 두 가지 설명 방식은 병존하는 것 같다.

기독교는 죽음에 의한 현세 내 비활성화와 희망으로서의 부활을 이야기하지만, 동시에 죽음에 의해 신의 곁으로 간다는 타계 이주도 이야기한다. 예수의 말씀이라고 전해지는 부자와 나사로 이야기(루카복음 16:19-)에는 죽어서 낙원으로 간 나사로와 음부에 가서 불 속에서 고통 받는 부자가 대조적으로 그려진다.

현세 내 비활성화와 타계 이주가 병존한다는 신약성서의 여러 문헌에 보이는 불일치에 대해, 후세의 기독교 이론가들은 정합성을 갖는 일관된 이야기로 만들고자 노력했다. 하지만 후에 신약성서에 포함되는 초기 문헌을 비교해도, 이 논리적으로는 양립할 수 없는 두 가지 사고가 당연하게 그저 병존했던 것이 사실이다.

그러나 이러한 병존은 그다지 드문 일도 비난할 일도 아니라고 본다. 예컨대 일본 문화에서도 이 두 가지 이해가 병존함을 이미 지적했다. 즉 이자나기·이자나미 이야기에서도 그랬듯이, 몸(과 그 흔적)에 의지하여 사자에 대해 생각할 때 무덤 앞에 서서 그곳에 '잠들어 있는' 상대와 마주한다. 그러면서 사람들은 동시에 사람들과의 교류라는 차원에서 저 세상으로 가 버린 상대를 생각한다. 상호 모순된 사고가 병존하지만 그로 인해 전혀 곤란하지 않을 만큼 인간 정신의 수용력(capacity)은 넓은지도 모른다.

2. end-of-life care를 향해

지금까지 일본 문화에서 죽는다는 것과 죽음 이후를 어떻게 생각해왔는가를 알아보았다. 이상의 검토가 임상 현장에서 의료·간호 종사자들의 활동을 지원하고자 하는 일본의 임상사생학에 어떻게 영향을 주는지 살펴보자. 그것은 곧 '몸이 불가역적으로 움직일 수 없게 된다'와 '교류가 단절된다'는 죽음에 대한 이중의 이해가 '생명'과 '인생'이라는 생명에 대한 이중성에 대응한다는 점에 주목한 결과를 임상사생학 현장에 적용하는 것이다. 특히 인생의 마지막을 향해 가는 사람들에 대한 돌봄(end-of-life care), '임종기 돌봄'

현장에서 일어나는 여러 문제에 관해, 인생과 생명의 이중성의 이해가 유효하다는 점을 제시한다.

1) 생명 가치의 근원인 인생

의료는 '인생' 전개에 토대가 되는 '생명'을 조절한다. '인생'과 '생명'및 그에 대응하는 '인간관계 차원의 죽음'과 '몸의 죽음'에 대해서는 앞에서 설명했다. 거기서는 다음과 같은 관계가 성립한다(〈그림 1〉 참조).

생명은 인생의 토대이다 ― 인생은 생명 가치의 근원이다

〈그림 1〉 사람의 생명에 대한 이중의 시선

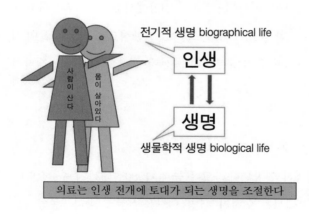

이것을 의료 현장에 입각하여 바꿔 말한다면 다음과 같다.

의료의 역할은 '인생' 전개를 위해 토대가 되는 생명을 조절하는 것이다.

이러한 생각에 기초하면, '어떤 치료 M을 행하여 생명이 연장될 가망이 있다면 치료 M을 실시해야 마땅하다'고 생각해 온 종래의 경향에 대해 이의 제기를 할 수 있다. 즉 다음과 같이 제언하는 바이다.

　　　어떤 치료 M을 행하면 생명이 연장될 가망이 있을 경우, 그것을 행한 결과 '인생'에는 어떤 가능성이 있는가, 풍요롭게 전개될 전망이 있는가를 생각하여 치료 M의 실시 여부를 정한다.

요컨대 치료 M이 생명에 작용한 결과, 그것을 토대를 전개되는 인생에 어떤 가능성이 열리는가를 '길이'와 '질(Quality of Life; QOL)'의 양쪽에서 생각한다. 생명의 길이는 늘어나고 질도 향상·유지된다면 좋겠지만, 수명은 늘어나는데 질은 저하될 경우에는 길이의 연장에서 오는 이익과 질적인 손해를 종합적으로 평가할 필요가 있다. 그리고 일반적으로 인생의 끝이 가까운 상황에서는 질(QOL)의 유지를 우선하는 선택이 더 적절하다고 생각하는 경향이 있다.

연명 우선인가 삶의 질 우선인가

지금 '인생이 연장된다'라고 했는데, 1980년대까지 주류였던 '연명 우선'이라는 사고에서는 오히려 '생명' 연장을 목표로 했다. '종말기(terminal stage)'도 의학적으로 판단되는 것으로, 거칠게 정의한다면 종말기란 '아무리 의학적으로 노력해도 가까운 장래에 죽음을 피할 수 없는 상태'였다. 즉 '생명'에 관해 말하는 것이었다. 이에 대해 삶의 질은 '생활의 질' 또는 '생명의 질'이라고 번역된다. 'life'를 인생과 생명의 어느 쪽으로 이해할지는 애매했으나,

이는 결국 '인생' 내지 그 일면인 '생명'이 어떠한가 하는 것이었다. 즉 인생을 뜻하는 life의 질의 문제였다.

그리하여 '무의미한 연명은 하지 않고 싶다'고 희망하는 일반 시민이 증가했고, 그 과정에서 '마지막 생을 어떻게 살 것인가'라는 인생에 가치를 둔 주장들이 나왔다. 요컨대 연명이 우선인가, 삶의 질이 우선인가의 대립은 생명에 주목하는가, 인생에 주목하는가의 대립이기도 했다.

물론 삶의 질과 남은 수명의 길이가 양쪽 다 개선된다면 그보다 좋은 것은 없다. 1990년대 초부터 완화 의료 전문가들은 대부분의 경우는 완화 의료를 함으로써 양쪽 다 개선된다고 했다. 그러나 몇몇 케이스에 불과할지 몰라도 어느 쪽인가를 선택해야만 하는 경우가 있다. 그 경우 '괴롭더라도 더 오래'인지 '짧더라도 편하게'인지를 택해야 했다. 전자의 사고에 대해서는 '무의미한 연명 의료'에 대한 비판이 많이 있었다. 하지만 후자에 대해서도 '결과적으로 죽음의 시기를 앞당기는(생명이 단축되는) 것 같은 돌봄을 선택해도 좋은가'라는 의문이 제기되었다.

또한 일본에서는 이 대립이 종종 '연명인가 죽음(의 선택)인가'라는 대립으로 오해를 받았다. 하지만 그것은 어디까지나 '연명 우선인가 삶의 질 우선인가'의 대립이다. 후자는 결코 '죽음을 택하겠다'는 입장이 아니라 '인생의 남은 날들을 의미 있게 보내겠다'는 입장이었다. 일부 '죽음을 선택'할 권리를 주장하는 사람들이 없었던 것은 아니지만, 완화 의료의 입장은 어디까지나 '잘 사는 것'을 목표로 했다.

일본에서는 1980년대 후반부터 암치료 - 완화 돌봄 현장에서 삶의 질을 우선하는 사고가 제기되기 시작하여 점차 확대되었고 이윽고 주류가 되었다. 그리고 2000년대(처음 10년의 후반기)부터 현재까지 고령자를 둘러싸고 삶의 질 우선의 사고방식이 받아들여지고 있다.

한편 인생의 마지막으로 향하는 시기의 문제로, 일본에서는 '안락사·존
엄사'라는 이름으로 거론되는 문제가 있다. 이에 대해 용어 문제를 중심으
로 살펴보고자 한다.

2) 안락사: 복수의 정의

완화를 의도한 선택이 수명 단축을 초래할 경우

연명 우선과 대치하여 삶의 질 우선의 입장에 설 경우, '삶의 질을 우선한
결과 죽음이 상대적으로 빨라지는 경우를 어떻게 생각할까'라는 문제가 있
다고 앞에서 말했다. 이 문제에 대해 생각해 보자.

먼저 죽음의 시기가 상대적으로 빨라지는 경우를 분류하는 데서 시작하
자. 어떤 의도에서 행동하는가 하는 관점에서 비롯되는 분류를 아래에 제시
한다(〈표 1〉 참조). 여기서 언급하는 여러 유형은 모두 인생의 끝을 향하는 사
람에 대해 그 고통을 완화하고자 대응하는 것이므로, 완화를 의도한다는 점
에서는 차이가 없다.

그러한 행동은 (1) 축명(=남은 수명이 줄거나 혹은 수명을 줄이는 것)을 의도(지향)한
경우(이 경우는 '죽음의 선택'이라고 할 수 있다)와, (2) 축명은 의도(지향)하지 않으나
결과적으로(말하자면 부작용으로) 남은 수명이 단축될 수도 있는 경우로 크게 나
눌 수 있다. 여기서 '축명(縮命)'이란 '연명(延命)'과 대비되는 표현인데, '남은
수명이 줄어든다'(자동사적)와 '남은 수명을 줄인다'(타동사적)의 양쪽으로 쓸 수
있는 용어로 필자가 만든 것이다.

다음으로 (1) 축명을 의도한 경우는 1.1 적극적으로 죽음을 초래하는 어

떤 개입을 하는 경우와 1.2 연명·생명유지 효과가 있는 개입을 하지 않음으로써 죽음을 앞당기는 경우로 나눌 수 있다. 전자는 다시 1.1.1 의사 내지 제삼자가 행위자인 경우와 1.1.2 본인이 실행하는 경우로 나눌 수 있다.

<표 1> 완화를 의도한 선택이 축명을 가져오는 경우

1	축명(또는 非연명)을 의도함: 죽음을 선택함	1.1	적극적으로 죽음을 초래하는 개입	1.1.1	제삼자(의사)가 실행 → 안락사①, 적극적 안락사②
				1.1.2	본인이 실행, 의사 조력 자살 (PAS)
		1.2	연명·생명유지 등의 보류·종료 → 소극적 안락사②, 존엄사(×)		
2	축명(또는 非연명)을 의도하지 않음: 남은 인생에 최선을 다함	2.1	삶의 질 향상·유지를 지향하는 적극적 개입(간접적 안락사③)		
		2.2	삶의 질 향상·유지를 지향하는 치료의 보류·종료		

1.1.1은 '안락사(euthanasia)'내지 '적극적 안락사(active euth.)'라 불리며, 1.1.2는 의사 조력 자살(physician assisted suicide; PAS)이 이에 해당한다.

1.2는 '소극적 안락사(passive euth.)'라고도 불린다. 일본에서는 현재 이를 '존엄사'라 부르는 경우가 많은데, 후술하는 바와 같이 그것은 부적절하다.

2. 축명을 의도하지 않은(=결과로서 축명이 되기도 하는) 경우, 무엇을 의도하는가 하면 삶의 질의 유지·향상을 의도하는 것이다. 이 또한 2.1 적극적으로 무언가를 하는 경우와 2.2 어떤 치료(그것을 하면 보통 연명효과가 기대되는 것)를 하지 않는 경우, 즉 비(非)개시·보류(withholding) 내지 종료·중지(withdrawal)의 경우로 나눌 수 있다.

2.1은 통증 조절을 위한 투약이 결과적으로 수명을 단축시키는 부작용이 있는 경우이다. 일부에서는 '간접적 안락사'라 부르기도 하는데, 후술하는 바와 같이 그것은 부적절하다.

2.2는 삶의 질을 위해 연명 효과가 예상되는 개입을 시작하지 않거나 종료하는 것이 결과적으로 수명을 단축시키는 경우이다. 단 보통은 연명 효과가 예상되는 개입도 생명의 종말이 가까워지면 더 이상 연명 효과를 볼 수 없는 경우가 종종 있다. 그러한 경우는 개시하지 않거나 종료하는 것이 축명을 가져오지 않으므로 위의 분류에 입각할 때는 이 항목에 해당하지 않는다.

한편 개시하지 않거나 종료하는 것이 결과적으로 축명을 수반하는지 아닌지가 연속적이라서 판단할 수 없는 경우도 있다. 그러나 그것은 문제되지 않는다. 현장에서는 삶의 질을 우선하므로 남은 수명의 길이가 단축되는지 아닌지의 판단은 불필요한 셈이다. WHO가 정의(1990, 2002)한 완화 돌봄도 "의도적으로는 수명을 늘리려고도 줄이려고도 하지 않는다"라고 되어 있다. 결과적으로 늘거나 줄거나 하는 것이 판단을 좌우하지 않음을 지지하는 것이다.

이상과 같이 분류해 두고 용어에 주목해 보자. 여기서는 '안락사'라는 말이 세 가지 의미로 쓰이고 있다. 일본에서 '안락사'는 엄밀하게 어떠한 의미인지 거의 의식하지 않은 채 쓰기 때문에 다른 의미가 뒤섞여 버려 매우 혼란스러운 것이다.

안락사의 세 가지 용법

안락사의 세 가지 의미와 용법을 아래에 제시한다(〈표 2〉 참조). 이 말은 서구의 의료 현장에서는 일차적으로 당사자를 견디기 힘든 고통으로부터 해방시키고자, 다른 방법이 없는 경우에 '의사의 투약에 의해 당사자를 죽게 한다'는 것을 가리키는 용어였다(나치 독일의 사용법은 별개). 이것이 '안락사①'이다. 현재 영어권에서 쓰는 'euthanasia'의 가장 기본적 용법에 해당한다.

〈표 2〉 안락사의 세 가지 정의

안락사①	완화 목적으로 축명을 의도하여 행한(제삼자, 특히 의료종사자에 의해) 개입이 초래한 죽음(축명)
안락사②	완화 목적으로 축명(또는 非연명)을 의도하여 행한 개입·非개입이 초래한 죽음(축명) → 하위분류로 적극적 안락사, 소극적 안락사가 있음.
안락사③	완화 목적으로 행한 어떤 개입·非개입이 축명을 수반함으로써 초래한 죽음 → 안락사③의 하위분류 중 안락사②가 아닌 것을 간접적 안락사라고 함.

이윽고 '안락사'는 '투약으로 죽게 한다'는 적극적 행위가 아니더라도, 어떤 의학적 개입을 하면 생명 연장이 가능한데 죽음으로써 고통에서 벗어나도록 의도적으로 그것을 하지 않는다는 소극적 대응에도 확대 사용되었다. '확대'라 함은 곧 용어의 정의가 변했다는 것이다. 이것이 '안락사②'이다. 이렇게 의미가 확장된 결과 서구에서는 오늘날에도 '안락사(euthanasia)'에 대한 두 계열의 정의가 있다.

게다가 완화를 목적으로 한 투약이 부작용으로 수명을 단축시키는 경우에도 확대 사용하여 '간접적 안락사'라고 부르게 되었다. 이 확장된 의미의 '안락사③'은 법조계를 중심으로 나온 말인데, 현재 임상 현장에서는 사용하지 않는다. 또한 여기까지 '안락사'의 의미를 확장하는 것은 흔히 그런 뜻으로 안락사를 이해하지 않는 사람들에게 쓸데없는 불안을 줄 뿐이므로 부적절하다. 가령 완화를 목적으로 진통제를 적절하게 투여했는데, 당사자가 심하게 쇠약해 있던 탓에 결과적으로 투여하지 않은 경우보다 죽음의 시기가 앞당겨졌다고 추정되는 사례가 있다. 이에 대해 담당 의사에게 '당신이 한 일은 간접적 안락사입니다'라고 지적했다고 하자. 그 의사는 평소 '안락사'를 '안락사①'의 의미로 이해하고 있기에(임상에서는 그런 경우가 압도적으로 많다고 여겨진다), 해서는 안 될 일을 했다고 비난 받는 것으로 생각할지도 모른다.

서구에서의 'euthanasia'

서구에서 'euthanasia'는 위에서 말한 '안락사①'과 '안락사②'의 두 가지 의미로 쓰이지만, 역사적으로 기본 용법인 전자가 좀 더 널리 쓰이고 있다. 서구의 경우 적어도 이 용어를 사용하는 쪽은 자신의 논의 전개에 두 가지 중어느 한쪽의 용법에 입각하여 일관되게 사용한다. 그러나 일본의 경우는 용법 내지 정의가 다르다는 의식 없이 혼용하는 일이 많고 말을 모호하게 하여 혼란을 불러일으키는 일도 많다. 일본의 연구자는 두 가지 용법을 구별하여 파악해야 하고, 또한 자신의 논을 전개할 때는 어느 쪽인가로 통일하여 써야 할 것이다. 그리고 두 가지 용법을 구별해서 쓸 경우에는 독자들이 알 수 있도록 명시해야 할 것이다.

예를 들어 WHO나 미국의 의료 현장, 네덜란드 등에서는 '안락사①'의 의미로 사용한다.[2] 즉 여기서는 '소극적 안락사'라는 범주는 존재하지 않는다. 이에 상응하는 선택에 대해서는 '(생명 유지의) 보류(withholding)와 종료 · 중지(withdrawal)'라 부른다. 단 후술하듯이 '소극적 안락사'와 '(생명 유지의)보류와 종료'의 외연(가리키는 사안의 범주)이 반드시 일치하는 것은 아니다. 따라서 '소극적 안락사'의 유형을 가리키는 다른 표현이 없다는 것은 이러한 유형을 하나의 유형으로 구별할 필요가 없다는 주장이 될 가능성이 있다.

이에 대해 '안락사②'의 용법은 안락사를 둘러싼 연구자들의 논의에서 종종 등장하는데, 임상 현장에 가까운 예로는 영국 보건행정의 중핵인 NHS가 이 의미로 사용하고 있다. NHS에 의한 정의를 보면 얼핏 '안락사①'과 구별이 안 될 수도 있다.[3] 그러나 '누군가의 생명을 의도적으로 끝내는 행위(the act of deliberately ending a person's life)'에는 적극적으로 무언가를 행하는 경우와 소극적으로 무언가를 하지 않는 경우가 함의되어 있음을 이 정의 뒤에 이어지는 설명으로 알 수 있다. 영국은 이른바 소극적 안락사를 용인하는 것에 대해 소극적인 듯하다. 이것이 '안락사'를 어떤 의미에서 사용할까 하는 선택의 배경에 있는 것 같다.

용어 문제: 일반용어인가 술어인가

일본에서 용어 사용법이 혼란스러운 이유는 첫째로 서구의 용어를 정확하게 일본어 문맥으로 바꾸는 작업이 안이하기 때문이다. 둘째로 '安樂死(안락사)'라는 한자를 읽으면 일본인은 대개 '安樂(안락)'과 '死(사)'라는 두 단어의 뜻을 잘 알기 때문에 그것을 합성한 뜻으로 이해해 버린다는 데에 원인이 있는 것 같다.

서구에서 'euthanasia'라는 말을 쓸 때, 확실히 그것은 그리스어로 'good death'의 뜻이라는 설명을 전제로 한다. 설명을 들은 사람들은 그 어원이 '좋은 죽음'이라고 이해하기는 해도, '이러이러한 죽음도 저러저러한 죽음도 좋은 죽음이니까 euthanasia가 아닌가'라는 등 각자 제멋대로 의미를 부여하지는 않는다. 일본어에서는 외래어는 보통의 히라가나(ひらがな)가 아닌 가타카나(カタカナ)로 표기하는데, 'euthanasia'는 서양인에게(그리스인은 별도로) 이를테면 그런 가타카나인 셈이다. 즉 뭔가 특별한 것을 나타내는 '술어(technical term)'로 받아들인다. 따라서 그 용어의 의미를 정의하여 제대로 쓰는 것이다.

반면 일본에서는 '안락한 죽음이면 다 맞지 않나'라는 식으로, '안락'과 '사'를 조합하여 멋대로 이미지를 부풀려 왔다. 연구자들조차 정의를 제대로 의식하고 쓴다고는 생각할 수 없는 경우도 있다.

3) 존엄한 죽음: 기본 용법

'안락사(euthanasia)'라는 용어의 문제와 마찬가지로, 이번에는 '존엄사(death/dying with dignity)'에 대해 살펴보자. 이 경우에는 서구에서도 원어민이라면 잘 아는 세 단어의 조합이기 때문에, 제멋대로 일정한 죽음 방식에 한정하여 쓰는 경향이 나타났다. 즉 당초에는 이른바 세 단어가 합쳐진 표현으로 보통명사와 같이 쓰였던 것이 어떤 특별한 죽음을 지칭하는 술어인 듯 사용되는 경향이 종종 보였다.

예컨대 식물인간(천연성 의식장애) 상태의 사람에 대해 생명 유지 장치(인공호흡기)를 계속 행하는 것은 그 사람의 존엄에 반하는 일로, 인공호흡기를 떼는 것이야말로 '존엄한 죽음'이라고 일컬어진 적이 있다. 이 문맥에서 '존엄한 죽음'이란 생명 유지 장치의 종료에 한정하는 것으로 여겨진다. 또한 최근 미국 오리건주에서는 죽음이 가까운 사람이 자신의 존엄을 잃기 전에 인생을 마칠 수 있도록 의사 조력 자살을 하는 존엄사법을 합법화했다. 이와 관련하여 존엄한 죽음이라고 하면 곧 의사 조력 자살을 뜻하는 용법이 생겼다. 이와 같은 경향에 대해 '존엄한 죽음'을 특정한 죽음방식에 한하여 쓰는 것에 항의하는 논의들이 되풀이되기도 했다.

일본에서도 마찬가지이다. 일본에서의 역사적 경위에 따라 현재 '존엄사'는 '무의미한 연명을 하지 않고 완화만으로 죽음에 이른다'는 방식에 한하여 쓰는 술어인 듯 이해된다. 또한 종종 '소극적 안락사'와 동일시되는데, 이는 부적절하다.

224 | 죽음을 두고 대화하다

'존엄사=연명의 보류 · 종료=소극적 안락사'라는 오해

'존엄사'가 곧 '소극적 안락사'라는 일본에서의 오해부터 짚고 넘어가자. 좀 더 널리 통용되는 표현으로 말하자면 '연명 의료의 보류와 종료'가 곧 '소극적 안락사'라는 오해이다.

앞서 말했듯이 일본에서는 '존엄사'를 '무의미한 연명을 하지 않고 완화만으로 죽음에 이른다'는 것을 한정적으로 가리키는 술어로 오해한다. 그렇다면 '존엄사'는 '생명 유지 내지 연명 효과가 있는 의료의 보류와 종료'라는 뜻이 된다. 또한 그렇다면 앞의 분류 가운데 1. 축명을 의도한 경우의 하위분류인 1.2 연명 · 생명유지 등의 보류 · 종료(=소극적 안락사)라고 해석하는 것이다.

이것이 어째서 오해인가 하면, '보류 · 종료'에는 무엇을 의도했는가와 결과적으로 수명의 길이에 영향을 주었는가에 따라 다음의 세 가지 경우가 있기 때문이다.

(1) 축명을 목적으로 생명 유지 등의 보류 · 종료를 실시하여, 축명을 초래했다. → 소극적 안락사②

(2) 삶의 질의 유지 · 향상을 목적으로 생명 유지 등의 보류 · 종료를 실시하여, 부작용(side effect)의 결과로 축명을 초래했다.

(3) 삶의 질의 유지 · 향상을 목적으로 생명 유지 등의 보류 · 종료를 실시하여, 축명이라는 결과를 초래하지 않았다.

예컨대 암 환자의 종말기에 연명 효과가 일반적으로 예상되는 개입(예컨대 수액)을 하지 않거나 중단하는 것은 '그러는 편이 당사자에게 신체적 부담이

적어 편안해진다'⑵는 이유로 이루어지는 경우나 '안 한다고 해서 수명이 단축되는 것은 아니다'⑶라는 경우가 많다.

이상에서 무의미한 연명 의료를 하지 않고 죽음에 이르는 것으로 한정하는 '존엄사'가 반드시 소극적 안락사는 아니라는 점을 알 수 있다. 아니 오히려 소극적 안락사가 아닌 경우가 더 많다고 하겠다. 일본에서 현재 '종말기에 무의미한 연명의료는 원하지 않는다'고 의사 표명을 하는 대부분의 사람들은 '빨리 죽기' 위함이 아니라 마지막 시간을 보내는 방법으로 그렇게 희망하는 것이다. 말기암의 경우에도 '일분일초라도 길게 사는 것'을 지향하는 연명 의료가 횡행하던 시대가 있었다. 당시 그러한 상태에서 벗어나고자 하여 등장한 표현이 '스파게티 증후군'이었다. 환자의 몸 여기저기에 튜브와 코드가 연결된 채 온갖 기계에 둘러싸여 임종을 맞이해야 하는 상황을 '스파게티'에 비유하여 야유한 것이었다. 어차피 가까운 시일 내에 죽음을 면치 못한다면 그런 상태로 지내기보다, 조용하게 쾌적하게 가족들과 지내고 싶다는 희망이 '무의미한 연명의료는 하지 않는다'는 의사 표시였다. 그렇다면 이러한 맥락에서의 연명의 보류·종료는 위의 분류 (1)이 아니라 (2)나 (3)에 해당한다. 즉 소극적 안락사와는 정의상으로 오히려 대조적이라 하겠다.

존엄사의 술어화

다음으로 '존엄사'가 특정한 죽음 방식에 한정하여 쓰이는 현상에 대해 살펴보자. 예컨대 일본에서는 종말기에 무의미한 연명의료는 하지 않고 고통완화 조치만 받으며 죽음에 이르는 모습을 가리키는 술어로 이해된다고 했다. 다른 한편으로 적어도 영어권 인터넷을 검색해 보면 현재 'death/dying with dignity'는 미국 오리건주의 존엄사법으로 대표되는 의사 조력 자살과 동일시된다.

그러나 어느 쪽도 부적절하다. 'death with dignity'는 단어 구성으로 볼 때 사람이 마지막까지 존엄을 유지하며 산다는, 모든 사람이 그리 되는 것이 바람직함을 의미하는 표현이다. 즉 종말기 돌봄(=end-of-life care; 이전에는 terminal care라고 함)의 목표를 나타내는 말이 된 것이다(NHS에 의한 end-of-life care의 정의 참조). 즉 '존엄을 유지하며 죽다'는 특정한 죽음의 방식이 아니라 모든 사람이 마지막까지 존엄을 유지하며 살 수 있도록 케어를 하자고 말하는 것이다.

그럼 보통명사로 쓰이는 '존엄을 유지하며 죽음에 이르다(마지막 생을 살다)'와 특정하게 술어화된 일본이나 미국의 용법 등은 어떤 의미에서 '존엄한 죽음'을 말하는 것일까. 이를 이해하기 위해 '존엄(dignity)'의 의미를 확인해 보자.

존엄의 세 가지 의미

영어사전을 찾으면 'dignity'에는 아래와 같은 세 가지 의미 내지 용법이 있다고 한다.[4]

(1) 위엄 있는 모습·행동

예컨대 극 중에 등장하는 황제나 교황 같은 권위 있는 이들의 외관이나 행동 방식을 형용하는 경우이다.

(2) 존중할 만한 성질

이 '존엄'은 가치 중에서도 '존귀한 것으로 소중히 여기다(그럴 만한 성질)'(cf.

소유물을 아끼다'라는 뜻이다. 따라서 'X에는 존엄이 있다'는 말은 주위 사람들에게 'X를 존중하여 소중히 대하라'고 지시하는 것이나 다름없다. 일본어로 바꿔 말하면 'X를 함부로 농락해서는 안 된다'는 것이다. 이러한 의미에서의 존엄은 결코 손상되는 일이 없다. 세계인권선언이 "모든 사람은 그 권리와 존엄에서 평등하다"고 할 때, 어떤 비참한 상황에 있는 사람도 동등하게 권리와 존엄을 갖고 있다고 선언하는 것이다.

단 '존엄에 반하는 행위'를 X에 대해 일부러 행하는 경우는 있다. 즉 X를 농락하는 행동은 '존엄에 반하는'것이며, '존엄을 손상시키는' 것으로 간주된다. 또한 '수정란에도 생명의 존엄이 있다'고 할 때는 보통 '그러므로 수정란을 실험에 사용하는 것은 생명을 농락하는 행위로 금해야 한다'는 주장으로 이어진다.

(3) 스스로 가치 있다고 느끼는 것('누군가의 존엄')

이 '존엄'은 주관적 자기평가(늑자존감)로, 자신의 생을 긍정할 수 있는 방식을 뜻한다고 해석할 수 있다. '자율을 잃었으므로 나의 존엄은 손상되었다'는 식의 주관적 평가이기 때문에, 이러한 의미에서의 존엄은 '손상되는 일도 있다'고 하겠다.

여기서 (2)와 (3) 사이는 느슨하게 연관된다고 할 수 있다. 다시 말해 보통 '존엄을 인정하여 존중하고 아껴주는 대우를 받은 사람'은 '자신의 존엄'을 지키는 방향으로 움직이고, 반대로 '존엄에 반하는 학대를 받은 사람'은 그 학대가 심할수록 스스로도 자신의 가치를 낮게 평가하여 '나의 존엄이 짓밟혔다·손상되었다'고 느끼는 것이다.

'존엄한 죽음을 어떻게 파악할까

'존엄'의 세 가지 의미 중 2.와 3.이 바로 '존엄한 죽음'이라는 표현에 사용된다. 구체적으로 어떻게 사용되는지 네 가지 정도의 예를 들어보자.

첫째, '존엄을 갖고 죽음에 이를 때까지 산다(dying with dignity)'는 말을 end-of-life care나 완화 케어에서 사용할 때, 그것은 케어의 목표를 제시한다. 이 경우 '존엄'은 일차적으로 의미 3 당사자의 주관적 자기평가를 뜻한다. 즉 당사자가 현재의 생을 긍정하면서 적극적으로 자기답게(=존엄을 유지하며) 살 수 있도록 하자고, 케어의 목적을 말하는 것이다.

또한 이차적으로는 의미(2) 존중할 만한 성질을 함의하는 문맥도 있다. 즉 케어 시 당사자에 대해 존중하는 자세로 대응하며, 절대로 상대를 농락하거나 해서는 안 된다는 것이다. 예컨대 '무리한 연명은 당사자의 생명을 농락하는 듯하며 학대나 다름없다'라는 말에는 의미(2)의 존엄이 담겨 있다. 즉 존엄을 유지·인정하여 연명을 하지 않는다·중단한다는 선택을 하자고 주장하는 것이다.

둘째, 식물인간 환자의 호흡기를 제거하는 것을 인정해 달라고 호소한 재판이 있었다(카렌 퀼란의 사례 등). 이 경우는 의미(2)에 기초하여 무리하게 살려 두는 것이 존엄에 반한다(농락하는 것)는 생각에서 '존엄한 죽음'이라는 표현이 되었다.

셋째, '무의미한 연명치료는 원하지 않는다'는 환자의 의향에 따르는 임종 방식이 '존엄사'라고 불리게 된 이유는 바로 위의 경우와 마찬가지로 의미(2)에 의한 것이지만, 의미 3도 더해진 듯하다. 왜냐하면 무의미한 연명을 하지 않고 가족이나 친구들과 조용히 시간을 보내는 편이 적극적으로 자기답게 사는 것이라 하면서 '나의 존엄'을 지키겠다는 경우가 많기 때문이다.

넷째, 오리건주의 의사 조력 자살이라든지 네덜란드 안락사의 여러 사례에서는 예컨대 자기가 자기에 대해 아무것도 할 수 없게 되면 존엄을 잃는 것이므로 그리 되기 전(직전)에 죽음을 택하겠다고 한다. 즉 마지막까지 존엄한 상태를 지킨다(지킬 수 없게 되면 죽음을 택한다)는 것이므로 의미 3의 존엄을 쓰고 있다.

이상과 같이 '존엄한 죽음'의 실제 사용법을 보면, 특정한 생의 마감방식(죽음의 방식)에 한정하여 '존엄사' 내지 '존엄한 죽음'을 술어처럼 쓰는 것은 부적절함을 알 수 있다. 그렇지 않고 '존엄한 죽음'을 '죽음에 이를 때까지 존엄을 계속 유지하면 사는 방식' 혹은 '존엄을 이유로 연명을 보류·종료하는 방식'으로 이해하고, 이러한 일반적 의미에 기초하여 개별 장면에 이 표현이 적용되어 쓰이는 것을 보면 전체를 통일적으로 파악할 수 있다.

3. 나오며

본론에서 제시한 것을 다시 한 번 요약하면 다음과 같다.

첫째, 일본 문화에는 몸에 일어나는 '생명의 죽음'과 인생에 일어나는 '인간관계의 단절로서의 죽음'이라는 이중의 의미가 있다. 이는 '생명이 살아 있다'와 '인생을 산다'라는 생의 이중성에 대응한다.

둘째, 인생의 죽음은 사후에 대한 이야기도 수반하지만, 사후에 대해서는 다양한 문화 안에서 일본 문화 특유의 모습도 자리매김할 수 있다.

셋째, '의료는 인생을 위해 생명을 조절한다'는 사고는 end-of-life care에서는 삶의 질 우선의 입장이 된다.

넷째, 삶의 질을 위해 남은 수명이 단축되는 것을 어떻게 생각할까에 대해서는 용어를 정리한 후에 논의할 필요가 있다.

일본 문화에 나타난 생사에 대한 이해와 사상을 바탕으로 현대의 종말기 의료와 돌봄에 대해 생각하는 작업은 인문사회 계열 연구가 의학이나 '헬스케어'의 일본적 실천에 기여할 가능성이 있다는 점에서 사회적 의의가 있다. 이를 지향하는 필자 및 동료들은 임상윤리학과 임상사생학을 교차시키는 실천적 연구를 앞으로도 계속 전개해 갈 것이다.

〈번역_ 배관문〉

참고문헌

문화적 차이라는 시점으로 사생학을 생각하다_ 이케자와 마사루

Wass, Hannelore & Robert A. Neimeyer, 1995, *Dying: Facing the Facts*, Taylor & Francis.

가네코 에리노(金子絵里乃), 2009, 『ささえあうグリーフケア: 小児がんで子どもを亡くした15人の母親のライフ・ストーリー』, ミネルヴァ書房.
가토 슈이치(加藤周一)・마이클 라이히(Michael Reich)・로버트 제이 리프턴(Robert Jay Lifton), 1977, 『日本人の死生観』, 矢島翠 訳, 岩波書店.
고러, 제프리, 1986, 『死と悲しみの社会学』, 宇都宮輝夫 訳, ヨルダン社(Gorer, Geoffrey, *Death, Grief, and Mourning in Contemporary Britain*, Cresset Press, 1965).
니마이어, 로버트(Robert A. Neimeyer) 편, 2007, 『喪失と悲嘆の心理療法: 構成主義から見た意味の探究』, 富田拓郎・菊池安希子 訳, 金剛出版.
다루카와 노리코(樽川典子), 2007, 「死別体験の受容と死者の存在」, 『喪失と生存の社会学: 大震災のライフ・ヒストリー』, 有信堂.
다케우치 세이이치(竹内整一), 1997, 『日本人は「やさしい」のか: 日本精神史入門』, ちくま親書, 筑摩書房.
_____, 2004, 『「おのずから」と「みずから」: 日本思想の基層』, 春秋社.
_____, 2007, 『「はかなさ」と日本人: 「無常」の日本精神史』, 平凡社親書, 平凡社.
_____, 2009, 『「かなしみ」の哲学』, NHKブックス, 日本放送出版協会.
_____, 2009, 『日本人はなぜ「さようなら」と別れるのか』, ちくま親書, 筑摩書房.
_____, 2011, 『花びらは散る 花は散らない: 無常の日本思想』, 角川選書, 角川書店.
리프턴, 로버트, 2009, 『ヒロシマを生き抜く: 精神史的考察』, 桝井迪夫 外 訳, 岩波書店(Robert Lifton, *Death in Life: the Survivors of Hiroshima*, 1967).
무슬린, 일리야(イーリャ・ムスリン), 2014, 『近年の北米心理学理論における死と宗教: 宗教学・死生学の立場から』, 2014年度 東京大学大学院 人文社会系研究科 学位論文.
베커, 칼(カール・ベッカー), 2008, 「アメリカにおける死生観教育: その歴史と意義」, シリーズ 『死生学』1, 東京大学出版会.
사가라 도루(相良亨), 1984, 『日本人の死生観』, ペリカン社.
시마조노 스스무(島薗進)・다케우치 세이이치(竹内整一) 편, 2008, 『死生学とは何か』,

　　東京大学出版会.

아리에스, 필립, 1990,『死を前にした人間』, 成瀬駒男 訳, みすず書房(Aries, Philippe, *L'homme devant la mort*, 1977).

퀴블러로스, 엘리자베스, 2001,『死ぬ瞬間: 死とその過程について』, 鈴木晶 訳, 中公文庫(Elisabeth Kübler-Ross, *On Death and Dying*, 1969).

페이펠, 헤르만, 1973,『死の意味するもの』, 大原健士郎・勝俣暎史・本間修 訳, 岩崎学術出版社(Herman Feifel ed., *The Meaning of Death*, McGraw-Hill, 1959).

한국에서의 생사학 연구 현황과 과제_ 배관문

국사편찬위원회 편, 2005,『상장례, 삶과 죽음의 방정식』, 두산동아.

김상우, 2005,『죽음의 사회학』, 부산대학교출판부.

김시덕, 2012,『한국의 상례문화』, 민속원.

김열규, 2001,『메멘토 모리, 죽음을 기억하라: 한국인의 죽음론』, 궁리.

김열규 외, 2001,『한국인의 죽음과 삶』, 철학과 현실사.

박태호, 2006,『장례의 역사』, 서해문집.

서울특별시 시사편찬위원회 편, 2012,『서울 사람들의 죽음, 그리고 삶』, 새한문화사.

양승이, 2010,『한국의 상례: 한국인의 생사관에 관한 인문학적 성찰』, 한길사.

이상목 외, 2005,『한국인의 죽음관과 생명윤리』, 동아대학교 석당학술총서 11, 세종출판사.

_____, 2005,『한국인의 생명관과 배아복제윤리』, 동아대학교 석당학술총서 12, 세종출판사.

이용범 편, 2013,『죽음의례, 죽음, 한국 사회』, 모시는사람들.

임철규, 2012,『죽음』, 한길사.

정진홍, 2003,『만남, 죽음과의 만남』, 궁리.

_____, 2010,『정직한 인식과 열린 상상력』, 청년사.

정효운, 2009,「한국 사생학의 현황과 과제: '호모후마니타스사생학' 구축을 위한 제언을 중심으로」,『동북아문화연구』21, 동북아시아문화학회.

조계화 외, 2006,『죽음학 서설』, 학지사.

천선영, 2012,『죽음을 살다: 우리 시대 죽음의 의미와 담론』, 나남.

한국종교학회 편, 2009,『죽음이란 무엇인가』, 창.

한국죽음학회 편, 2010,『한국인의 웰다잉 가이드라인』, 대화출판사.

한국죽음학회 웰다잉 가이드라인 제정위원회 편, 2013,『죽음맞이: 인간의 죽음, 그리고 죽어감』, 모시는사람들.

일본에서의 임상사생학과 임상윤리학의 교차_ 시미즈 데쓰로

Shimizu, Tetsuro, 2012, "Palliative Care," *Encyclopedia of Applied Ethics*, 2nd ed., vol. 3, Elsevier.

_____, 2013, "The Ethics of Unity and Difference: Interpretations of Japanese Behaviour Surrounding (2011.3.11.)," in Tetsuji Uehiro, ed., *Ethics for the Future of Life: Proceedings of the 2012 Uehiro-Carnegie-Oxford Ethics Conference*, The Oxford Uehiro Centre for Practical Ethics.

가토 도쓰도(加藤咄堂), 1904, 『死生観』, 井冽堂.
기하라 다다요시(紀平正美) 외, 1943, 『日本精神と生死観』, 有精堂.
시미즈 데쓰로(清水哲郎), 1993, 「共同行為論」, 吉澤伝三郎 編著, 『行為論の展開』, 南窓社.
_____, 1997, 『医療現場に臨む哲学』, 勁草書房.
_____, 2000, 『医療現場に臨む哲学 II 言葉に与る私たち』, 勁草書房.
_____, 2002, 「生物学的〈生命〉と物語られる〈生〉: 医療現場から」, 『哲学』 53号, 日本哲学会.
아이타 가오루코(会田薰子), 2011, 『延命医療と臨床現場: 人工呼吸器と胃ろうの医療倫理学』, 東京大学出版会.
일본의사회 생명윤리간담회(日本医師会生命倫理懇談会), 1990, 『説明と同意についての報告書』.

세월호 침몰과 죽음 표상의 전염학_ 이창익

김익한, 2014, 「'세월호 기억저장소'를 만들자」, 『역사비평』 107.
_____, 2014, 「고잔동 공동체와 기억저장소: 밑으로부터 세상 보기」, 서울대 인문학연구원 HK문명연구사업단 심포지엄 발표문(2014년 10월 17일).
윤승현, 2014, 「세월호 기억저장소 1호관」, 『建築』 58-12.

Agamben, Giorgio, 1999, *Remnants of Auschwitz: The Witness and the Archive*, trans. Daniel Heller-Roazen, Brooklyn: Zone Books.

_____, 2011, "K.," *Nudities*, trans. David Kishik & Stefan Pedatella, Stanford: Stanford University Press.

Bauman, Zygmunt, 1992, *Mortality, Immortality & Other Life Strategies*, Stanford: Stanford University Press.

Canetti, Elias, 1962, *Crowds and Power*, trans. Carol Stewart, New York: Continuum.

Goody, Jack, 1962, "The Day of Death: Mourning the Dead," *Death, Property and the Ancestors: A Study of the Mortuary Customs of the Lodagaa of West Africa*, Stanford: Stanford University Press.

Halbwachs, Maurice, 1980, *The Collective Memory*, trans. Francis J. Ditter, Jr & Vida Yazdi Ditter, New York: Harper & Row.

Lienhardt, Godfrey, 2004, "Burial Alive," in Antonius C. G. M. Robben, ed., *Death, Mourning, and Burial: A Cross-Cultural Reader*, Malden: Blackwell Publishing.

Rosaldo, Renato, 2004, "Grief and a Headhunter's Rage," in Antonius C. G. M. Robben, ed., *Death, Mourning, and Burial: A Cross-Cultural Reader*, Malden: Blackwell Publishing.

Smith, Jonathan Z., 1995, "Wisdom's Place," in John J. Collins & Michael Fishbane, eds., *Death, Ecstasy, and Other Worldly Journeys*, Albany: State University of New York.

자살자의 죽음 이해 분석_ 오진탁

니어링, 헬렌, 2009, 『아름다운 삶, 사랑, 그리고 마무리』, 이석태 옮김, 보리.

데켄, 알폰스, 2002, 『죽음을 어떻게 맞이할 것인가』, 오진탁 옮김, 궁리.

브로니쉬, 토마스, 2002, 『자살』, 이재원 옮김, 이끌리오.

박형민, 2010, 『자살, 차악의 선택』, 이학사.

서경식, 2006, 『시대의 증언자, 쁘리모 레비를 찾아서』, 창비.

오진탁, 2007, 『마지막 선물』, 세종서적.

_____, 2008, 『자살, 세상에서 가장 불행한 죽음』, 세종서적.

_____, 2013, 『자살예방 해법은 있다』, 교보문고.

한림대 생사학연구소, 2004, 『급증하는 자살, 어떻게 할 것인가』, 밝은 죽음을 준비하는 포럼 자료집, 2004년 10월 29일.

『중앙일보』, 2014년 1월 21일.

『조선일보』, 2011년 1월 1일.

『한겨레신문』, 2013년 2월 8일.

『아시아경제신문』, 2011년 5월 30일.

자살관련 행동과 문화_ 마쓰모토 도시히코

Carroll, L., Anderson, R., 2002, Body piercing, tattooing, self-esteem, and body investment in adolescent girls. *Adolescence*, 37: 627-637.

Coid J, Allolio B, Rees LH, 1983, Raised plasma metenkephalin in patients who habitually mutilate themselves. Lancet Sep 3; 2 (8349): 545-546.

Conterio, K., Lader, W., 1998, *Bodily Harm*. Hyperion, New York.

Drew, D.R., Allison, C.K., Probst, J.R., 2000, Behavioral and self-concept differences in tattooed and nontattooed college students. *Psychological Reports*, 86: 475-481.

Favazza, A.R., 1996, *Bodies Under Siege. Self-mutilation and Body Modification in Culture and Psychiatry*. Second Edition. The Johns Hopkins University Press, Baltimore, 1996(『自傷の文化精神医学』, 松本俊彦 訳, 金剛出版, 2009).

Matsumoto, T., Yamaguchi, A., Chiba, Y., et al., 2005a, Self-burning versus self-cutting: Patterns and implications of self-mutilation; A preliminary study of differences between self-cutting and -burning in a Japanese juvenile detention center. *Psychiatry and clinical neurosciences*, 59: 62-69.

Matsumoto, T., Yamaguchi, A., Asami, T., et al., 2005b, Characteristics of self-cutters among male inmates: Association with bulimia and dissociation. *Psychiatry and clinical neurosciences*, 59: 319-326.

Menninger, K.A., 1938, *Man against himself*. Harcourt Brace Jovanovich, New York.

Owens D, Horrocks J, House A, 2002, Fatal and non-fatal repetition of self-harm. Systematic review. Br J Psychiatry 181: 193-199.

Ross, R.R., McKay, H.B., 1979, *Self-mutilation*. Lexington Books, Lexington.

Walsh, B.W. & Rosen, P.M., 1988, *Self-mutilation*. Guilford Press, New York(『自傷行為: 実証的研究と治療指針』, 松本俊彦・山口亜希子 訳, 金剛出版, 2005).

Walsh, B.W., 2005, *Treating self-injury*. A practical guide. Guilford Press, New York(『自傷行為治療ガイド』, 松本俊彦 他 訳, 金剛出版, 2007).

가네하라 히토미(金原ひとみ), 2003, 『蛇にピアス』, 集英社.

가야마 리카(香山リカ), 2002, 『多重化するリアル: 心と社会の解離論』, 廣済堂出版.

쓰무기 다쿠(紡木たく), 1987, 『ホットロード』第1巻, 集英社.

야마구치 아키코(山口亜希子)・마쓰모토 도시히코(松本俊彦), 2005, 「女子高校生における自傷行為: 喫煙・飲酒, ピアス, 過食傾向との関係」, 『精神医学』47, 515-522쪽.

야마시타 유미(山下柚実), 2006, 「「後戻りできない身体」を求め: 女の子がタトゥーを入れる理由」, 『読売ウィークリー』, 2006年6月4日号, 81-83쪽.

와시다 기요카즈(鷲田清一), 1995, 『ちぐはぐな身体~ファッションって何?』, 筑摩書房.

뇌사・장기이식 논의로 보는 일본인과 서양인의 사생관_ 와타나베 가즈코

가가와 지아키(香川知晶), 2000, 『生命倫理の成立: 人体実験・臓器移植・治療停止』, 勁草書房.

_____, 2009, 『命は誰のものか』, ディスカヴァー・トゥエンティワン.

가타오카 기요시(片岡喜由), 2000, 『脳低温療法』, 岩波書店.

고마쓰 요시히코(小松美彦), 1996, 『死は共鳴する: 脳死・臓器移植の深みへ』, 勁草書房.

_____, 2004a, 『脳死・臓器移植の本当の話』, PHP研究所.

_____, 2004b, 『自己決定権は幻想である』, 洋泉社.

_____, 2012, 『生権力の歴史: 脳死・尊厳死・人間の尊厳をめぐって』, 青土社.

고마쓰 요시히코(小松美彦)・이치노카와 야스타카(市野川容孝)・다나카 도모히코(田中智彦) 편, 2010, 『いのちの選択: 今, 考えたい脳死・臓器移植』, 岩波書店.

고치신문 사회부 '뇌사이식'취재반(高知新聞社会部「脳死移植」取材班), 2000, 『脳死移植: いまこそ考えるべきこと』, 河出書房新社.

고토 다카아키(五島幸明) 편, 2000, 『持ってはいけない! ドナーカード』, 風媒社.

곤도 히토시(近藤均) 편, 2005, 『医療人間学のトリニティー: 哲学・史学・文学』, 太陽出版.

곤도 마코토(近藤誠) 외, 2000, 『私は臓器を提供しない』, 洋泉社.

교도통신사 사회부 이식취재반(共同通信社社会部移植取材班) 편, 1998, 『凍れる心臓』, 共同通信社.

구리타 미치코(栗田路子), 2012, 「ベルギー, 臓器移植大国の素顔 献血感覚の啓蒙でドナーは1歳~89歳」, http://webronza.asahi.com/global/2012062300001.html.

나카지마 미치(中島みち), 2000, 『脳死と臓器移植法』, 文藝春秋.

나카야마 겐이치(中山研一), 2001, 『臓器移植と脳死: 日本法の特色と背景』, 成文堂.

뇌사・장기이식을 생각하는 위원회(脳死・臓器移植を考える委員会) 편, 1999, 『増補改訂版 愛ですか? 臓器移植』, 社会評論社.

누데시마 지로(橳島次郎), 1991, 『脳死・臓器移植と日本社会: 死と死後を決める作法』, 弘文堂.

_____, 2001, 『先端医療のルール: 人体利用はどこまで許されるか』, 講談社.

다다 도미오(多田富雄), 1998, 『免疫・「自己」と「非自己」の科学』, 日本放送出版協会.

다케우치 가즈오(竹内一夫), 2004, 『改訂新版 脳死とは何か』, 講談社.

다치바나 다카시(立花隆), 1986, 『脳死』, 中央公論社.

_____, 1991, 『脳死再論』文庫版, 中央公論社(원저: 1988).

_____, 1994, 『脳死臨調批判』文庫版, 中央公論社(원저: 1992).

다치바나 다카시(立花隆)・NHK 취재반(NHK取材班), 1991, 『NHKスペシャル 脳死』, 日本放送出版協会.

데구치 아키라(出口顯), 2001, 『臓器は「商品」か: 移植される心』, 講談社.

도위, 마크, 1990, 『ドキュメント臓器移植』, 平沢正夫 訳, 平凡社(원저: Mark Dawie, *"We have a Donor" The Bold New World of Organ Transplanting*, 1988).

로크, 마가렛, 2004, 『脳死と臓器移植の医療人類学』, 坂川雅子 訳, みすず書房(원저: Margaret Lock, *Twice Dead: Organ Transplants and the Reinvention of Death*, 2001).

마쓰다 히카루(松田暉), 2001, 『命をつなぐ: 臓器移植』, 大阪大学出版会.

마치노 사쿠(町野朔)・아키바 에쓰코(秋葉悦子), 1999, 『資料・生命倫理と法I 脳死と臓器移植』 第三版, 信山社出版(初版, 1993).

모리오카 마사히로(森岡正博), 2001, 『生命学に何ができるか: 脳死・フェミニズム・優生思想』, 勁草書房.

무라타 미도리(村田翠), 2010, 『まだ, 間に合うのなら: 改正臓器移植法について考える』, 文芸社.

무카이 쇼코(向井承子), 2001, 『脳死移植はどこへ行く?』, 晶文社.

무카이 쇼코(向井承子) 편, 1995, 『脳死と臓器移植: 医療界の合意は成立したか』, 岩波書店.

미즈노 하지메(水野肇), 1991, 『脳死と臓器移植』, 紀伊國屋書店.

사사키 미치오(佐々木廸郎), 1999, 『日本人の死生観・医療と生命倫理』, 丸ノ内出版.

_____, 2004, 『日本人の脳死観: 臨調答申を読む』, 中央公論事業出版.

사와이 아이코(澤田愛子), 1999, 『今問い直す脳死と臓器移植』 第二版, 東信堂.

사와이 아쓰시(澤井敦), 2005, 『死と死別の社会学: 社会理論からの接近』, 青弓社.

스기모토 다케오(杉本健郎), 1986, 『着たかもしれない制服』, 波書房.

_____, 2003, 『子どもの脳死・移植』, クリエイツかもがわ.

스도 마사치카(須藤正親)・이케다 요시히코(池田良彦)・다카쓰키 요시테루(高月義照), 1999, 『なぜ日本では臓器移植がむずかしいのか: 経済・法律・倫理の側面から』, 東海大学出版会.

시노하라 무쓰하루(篠原睦治), 2001, 『脳死・臓器移植, 何が問題か:「死ぬ権利と生命の価値」論を軸に』, 現代書館.

아사노 겐이치(浅野健一), 2000, 『脳死移植報道の迷走』, 創出版.

야나기다 구니오(柳田邦男), 2002, 『脳治療革命の朝』 文庫版, 文藝春秋(원저: 2000).

야마구치 겐이치로(山口研一郎), 2004, 『脳受難の時代: 現代医学・技術により蹂躙される私たちの脳』, 御茶の水書房.

야마구치 겐이치로(山口研一郎) 편, 2010, 『生命(いのち): 人体リサイクル時代を迎え

て』,緑風出版.

야마구치 겐이치로(山口研一郎)・구와야마 유지(桑山雄次), 2000, 『脳死・臓器移植 拒否宣言: 臓器提供の美名のもとに捨てられる命』, 主婦の友社.

야마사키 도요코(山崎豊子), 1965, 『白い巨塔』, 新潮社(『サンデー毎日』 1963-1965년 연재).

_____, 1969, 『続・白い巨塔』, 新潮社(『サンデー毎日』 1967-1968년 연재).

NHK '뇌사'프로젝트(NHK「脳死」プロジェクト), 1992, 『NHKスペシャル 脳死移植』, 日本放送出版協会.

NHK 하야시 가쓰히코 & '인체' 프로젝트(NHK林勝彦&「人体」プロジェクト), 1997, 『これが脳低体温療法だ: 脳死を防ぐ新医療』, 日本放送出版協会.

NHK 프로그램(NHK番組), 1990, 「NHKスペシャル『脳死』 第1部 新しい死がもたらす もの」, NHK総合, 1990년 12월 15일 방송.

_____, 1992a, 「NHKスペシャル 脳死移植は始まるのか」, NHK総合, 1992년 2월 1일 방송.

_____, 1992b, 「プライム10 シリーズ・心の旅人 臓器移植 手術の後で」, NHK総合, 1992년 10월 26일 방송.

오사카대학병원 '뇌사'와 장기이식 문제를 생각하는 모임・오사카대학부속병원 간호사 노동조합(阪大病院「脳死」と臓器移植の問題を考える会・大阪大学附属病院看護 婦労働組合) 편, 1991, 『臓器摘出は正しかったか: 「脳死」と臓器移植をめぐっ て』, あずさ書房.

요시무라 아키라(吉村昭), 1984, 『神々の沈黙: 心臓移植を追って』文庫版, 文芸春秋 (원저: 朝日新聞社, 1969).

_____, 1986, 『消えた鼓動』新装版・文庫版, 筑摩書房(원저: 1971)

와다 주로(和田寿郎), 2000, 『ふたつの死からひとつの生命を』, 道出版.

와타나베 가즈코(渡辺和子), 2003, 「臓器移植と現代の神話」, 『現代宗教 2003 特集 "宗教・いのち・医療"』, 国際宗教研究所 編, 東京堂出版.

_____, 2009, 「総合学としての死生学の可能性」, 『死生学年報2009 死生学の可能性』, 東洋英和女学院大学死生学研究所 編, リトン.

_____, 2013, 「死生学と生命倫理: 脳死・臓器移植問題を例として」, 『福音と世界』 2013年 1月号(特集 "生命倫理: 生命はだれのものか"), 新教出版社.

와타나베 요시오(渡部良夫)・아베 도모코(阿部知子) 편, 1994, 『「脳死」からの臓器移 植はなぜ問題か: 臓器移植法案に反対する医師達からのメッセージ』, ゆるみ書房.

와타나베 준이치(渡辺淳一), 1976, 『白い宴』文庫版, 角川書店(원저: 「小説・心臓移 植」, 『オール読物』, 1969年 1月号, 文藝春秋).

_____, 1994,『いま脳死をどう考えるか』文庫版, 講談社(원저: 1994).

우메하라 다케시(梅原猛), 2000,『脳死は本当に人の死か』, PHP研究所.

우메하라 다케시(梅原猛) 편, 1992,『脳死は, 死でない』, 思文閣出版.

_____, 2000,『「脳死」と臓器移植』文庫版, 朝日新聞社(원저: 朝日新聞社, 1992).

이사카 세이시(伊坂青司), 2001,『市民のための生命倫理: 生命操作の現在』, 御茶の水書房.

이케다 기요히코(池田清彦), 2006,『臓器移植は正しいか』, 角川書店(원저:『臓器移植我, せず されず: 反・脳死臓器移植の思想』, 小学館, 2004).

일본장기이식네트워크(日本臓器移植ネットワーク),http://www.jotnw.or.jp/news/2012/detail5322.html.

장기이식법 개정을 생각하는 국회의원 연구회(臓器移植法改正を考える国会議員勉強会), 2005,『脳死論議ふたたび: 改正案が投げかけるもの』, 社会評論社.

후지오 히토시(藤尾均), 2011,「医系文学でたどる死生観の変貌: 昭和から平成へ」,『死生学年報2011 作品にみる生と死』, 東洋英和女学院大学死生学研究所 編, リトン.

후쿠시마 노리히데(福嶌教偉), 2011,「移植法改正後の臓器提供の現状」,『日本移植学会ファクトブック2011』, http://www.asas.or.jp/jst/pdf/factbook/factbook2011.pdf.

히라노 교코(平野恭子), 2000,『検証 脳死・臓器移植: 透明な医療をどう確保するか』, 岩波書店.

한국에서의 연명의료 논란_ 최경석

고명환, 2012,「연명치료중단에 대한 환자측 사전의료지시서의 법적효력에 대한 연구」,『연세 의료·과학기술과 법』, 제3권 제2호, 연세대학교 법학연구원.

김영철, 2011,「연명치료중단의 형법적 의의와 그 법적 성격: 대법원 2009. 5. 21. 선고, 2009다17417 판결을 중심으로」,『일감법학』, 제20호, 건국대학교 법학연구소.

김현철, 2008,「한국에서의 안락사 논의」,『안락사와 존엄사의 법적 문제』 심포지엄 자료집, 이화여자대학교 생명의료법연구소.

석희태, 2013,「말기의료에 관한 미국 법제의 연구: 말기의료결정 제도를 중심으로」,『의료법학』, 제14권 제1호, 대한의료법학회.

이동익, 2008,「무의미한 연명치료 행위의 중단에 관한 윤리적 고찰」,『안락사와 존엄사』 심포지엄 자료집, 이영애 의원실.

이석배, 2009,「연명치료중단의 기준과 절차: 대법원 2009. 5. 21. 선고 2009다17417 판결이 가지는 문제점을 중심으로」,『형사법연구』, 제21권 제2호, 한국형사법학회.

이은영, 2009, 「연명치료 중단의 입법화 방안에 관한 연구: 성년후견제도의 도입과
관련하여」, 『의료법학』, 제10권 제2호, 대한의료법학회.

최경석, 2009, 「자발적인 소극적 안락사와 소위 '존엄사'의 구분 가능성」, 『한국의료윤리
학회지』, 제12권 제1호, 한국의료윤리학회.

＿＿＿, 2009, 「사전지시(Advance Directives) 제도의 윤리적·사회적 함의」, 『홍익법학』,
제10권 제1호, 홍익대학교 법학연구소.

최지윤·권복규, 2009, 「안락사와 연명치료중단에 관한 우리나라의 최근 동향」, 『한국
의료윤리학회지』, 제12권 제2호, 한국의료윤리학회.

최지윤·김현철, 2009, 「무의미한 연명치료중단에 대한 환자의 자기결정권」, 『생명윤리
정책연구』, 제3권 제2호, 생명윤리정책연구센터.

허대석, 2013, 「연명의료계획서(POLST)」, 『무의미한 연명의료 결정 제도화 관련 공청
회』 자료집, 무의미한 연명치료 중단 제도화 논의를 위한 특별위원회.

대법원 2009.5.21, 「2009다17417 무의미한 연명치료장치제거 등」.

무의미한 연명치료 중단 제도화 논의를 위한 특별위원회, 2013, 「'연명의료' 관련 용어
정리」, 『무의미한 연명의료 결정 제도화 관련 공청회』 자료집, 무의미한 연명치료
중단 제도화 논의를 위한 특별위원회.

「'김 할머니 판결' 그후 3년… 연명치료 중단 논의 재개」, 2012년 2월 20일자, 『경향신문』.
(http://news.khan.co.kr/kh_news/khan_art_view.html?artid=201202202143415&co
de=940601).

「연명의료 중단 판결 후 유족에 진료비 청구 못해」, 2014년 3월 28일자, 『청년의사』.
(http://www.docdocdoc.co.kr/news/newsview.php?newscd=2014032800015).

「존엄사 김할머니 사망…존엄사법 향배 촉각」, 2010년 1월 10일자, 『데일리메디』.
(http://www.dailymedi.com/news/view.html?section=1&category=4&no=711768).

「치료불능 환자에 '죽음을 선택할 권리' 인정」, 2009년 5월 21일자, 『경향신문』.
(http://news.khan.co.kr/kh_news/khan_art_view.html?artid=200905211813125&co
de=940301).

Tom L. Beauchamp and James F. Childress, 2009, *Principles of Biomedical Ethics*, 6th
ed., Oxford University Press; 탐 칠드러스·제임스 보샹, 2014, 『생명의료윤리의
원칙들』, 6판, 박찬구 외 옮김, 이화여자대학교 생명의료법연구소.

Tom L. Beauchamp and James F. Childress, 2013, *Principles of Biomedical Ethics*, 7th
ed., Oxford University Press.

Ronald Munson, 2008, *Intervention and Reflection: Basic Issues in Medical Ethics*, 8th ed., Wadsworth.

「Cruzan v. Director, Missouri Department of Health 497 U.S. 261 (1990)」, in Janet L. Dolgin and Lois L. Shepherd, ed., 2009, *Bioethics and the Law*, Wolters Kluwer.

Death with Dignity Act
(http://public.health.oregon.gov/ProviderPartnerResources/EvaluationResearch/ DeathwithDignityAct/Pages/ors.aspx).

문화적 차이라는 시점으로 사생학을 생각하다_ 이케자와 마사루

1 Hannelore Wass & Robert A. Neimeyer, *Dying: Facing the Facts*, Taylor & Francis, 1995.

2 Philippe Aries, *L'homme devant la mort*, 1977 (『死を前にした人間』, 成瀬駒男 訳, みすず書房, 1990). 아리에스는 유럽에서의 죽음의 역사를 다섯 시기로 나눠서 각각에 독특한 표제를 붙였다. 첫째, 중세 전기에 해당하는 '길들여진 죽음', 둘째, 중세 후기의 '자신의 죽음', 셋째, 르네상스기의 '멀고도 가까운 죽음', 넷째, 근대의 '너의 죽음', 다섯째, 현대의 '역전된 죽음'이다. '길들여진 죽음'의 단계에서는 최후 심판의 때에 부활하는 것을 희망하여 사람들은 교회에 묻혔다. 죽음의 순간은 중요하지 않고 최후의 심판을 기다리며 잠들어 있는 것이 죽음이었다. '자신의 죽음'의 시대가 되면 사람들은 죽음의 순간에 신체로부터 영혼이 분리되어 스스로 천국인지 지옥인지를 선택하기 때문에, 지옥에 떨어질 경우에 대비하여 살아있는 동안 스스로를 구제하는 의례를 준비한다. '멀고도 가까운 죽음'의 단계에서는 종교개혁에 의해 묘지가 교회로부터 분리되어 사후보다도 생전의 삶의 태도가 강조되었기 때문에 죽음의 순간의 중요성은 저하됐다. 또 과학에 의해 죽음을 극복한다는 사고방식이 처음으로 나타난다. 근대의 '너의 죽음'에서는 전사자가 국민국가의 상징으로 다뤄지는 한편, 일반적인 죽음은 가족이라는 사적 영역의 사건이 되어 사랑하는 자의 죽음을 로맨틱하고 아름답게 그리게 되었다. '역전된 죽음'이 되면 그 반동으로 죽음의 추한 면이 은폐되고 죽어가는 자에 대한 고지가 행해지지 않으며 병원이 일종의 죽음의 은신처 같은 성격을 띠게 된다.

3 Geoffrey Gorer, *Death, Grief, and Mourning in Contemporary Britain*, Cresset Press, 1965 (『死と悲しみの社会学』, 宇都宮輝夫 訳, ヨルダン社, 1986). 고러의 연구는 근친자와 사별한 사람에 대한 인터뷰와 참여관찰에 의해 1960년대 영국에서 죽음에 관한 암묵적 규칙(사회적 코드)을 발견하려 한 것이다. 그는 전통적 관습이나 신앙을 유지하고 있는 소수를 제외할 때 예전부터 죽음에 관한 행동을 규정하고 있던 기독교적 관행은 설득력과 규제력을 잃었으며, 개개인이 자신이 궁리해 죽음을 다루기 위한 의례를 창출해야 하고, 그것에 성공하지 못할 경우 신체적·정신적인 부조화, 애도의 거절, 억압 또는 그 반대로 병적인 애도가 유발된다는 것을 발견했다. 죽음을 공적으로 표현할 수 있는 공유된 수단을 잃어버린 것이며, 이제 죽음은 인간의 '마음에 응어리를 생기게 하는'것으로 숨겨져야 하고, 반면에 대중에게 제공되는 공상 속에서만 많은 죽음이 그려지게 되었다. 고러가 이것을 '포르노그래피'라고 부른 것은 공적으

로는 기피되는 대상이면서도 공상 속에서는 충족된다는 구조가 예전의 성(性) 묘사의 구조와 비슷하기 때문이다.

4 칼 베커(カール・ベッカー),「アメリカにおける死生観教育: その歴史と意義」, シリーズ『死生学』1, 東京大学出版会, 2008; 일리야 무슬린(イーリャ・ムスリン),『近年の北米心理学理論における死と宗教: 宗教学・死生学の立場から』, 2014年度 東京大学大学院 人文社会系研究科 学位論文.

5 Herman Feifel ed., *The Meaning of Death*, McGraw-Hill, 1959 (『死の意味するもの』, 大原健士郎・勝俣暎史・本間修 訳, 岩崎学術出版社, 1973). 이 논문집은 1956년 미국 심리학회 심포지엄의 기록으로 다양한 내용을 담고 있는데, 페이펠 자신은 고령자나 말기환자의 죽음 불안과 공포의 전문가였다.

6 『ヒロシマを生き抜く: 精神史的考察』, 桝井迪夫 外 訳, 岩波書店, 2009.

7 죽음에 대한 두려움이 '공포(fear, terror)'인가 '불안(anxiety)'인가 하는 점 자체에서 의견이 갈린다. 전자에서는 죽어가는 과정의 고통이나 타자의 죽음에 대한 반응이 중요하지만, 후자에서는 존재 소멸의 두려움과 같은 추상적인 문제가 중요하다. 이로부터 죽음의 공포/불안이라는 것을 엄밀히 구분하여 논의하려는 시도가 타나톨로지에서 행해지고 있다. Wass & Neimeyer, p. 52; 무슬린, 32-39쪽.

8 Elisabeth Kübler-Ross, *On Death and Dying*, 1969 (『死ぬ瞬間: 死とその過程について』, 鈴木晶 訳, 中公文庫, 2001).

9 퀴블러로스가 부정→분노→타협→우울→수용이라는 다섯 단계를 제시한 것은 유명하나, 거기에서 '수용'은 침착하게 죽음을 받아들인다는 상태와는 다소 먼 것으로 그려져 있음에도 불구하고, 퀴블러로스의 주장은 수용이 모든 죽어가는 자에게 바람직한 결과라는 것을 주장하는 이론으로 이해되었다. Nelda Samarel, "The Dying Process," in Hannelore Wass & Robert A. Neimeyer, *Dying: Facing the Facts*, Taylor & Francis, 1995, pp. 93-95.

10 부언하자면 이러한 죽음의 두려움을 극복하여 수용하게 된다는 일직선적인 비탄 과정 모델이 현재에도 유지되고 있는 것은 아니다. 이 점에 관해서는 로버트 니마이어(Robert A. Neimeyer) 편, 『喪失と悲嘆の心理療法: 構成主義から見た意味の探究』, 富田拓郎・菊池安希子 訳, 金剛出版, 2007; 가네코 에리노(金子絵里乃), 『ささえあうグリーフケア: 小児がんで子どもを亡くした15人の母親のライフ・ストーリー』, ミネルヴァ書房, 2009; 다루카와 노리코(樽川典子),「死別体験の受容と死者の存在」,『喪失と生存の社会学: 大震災のライフ・ヒストリー』, 有信堂, 2007 참조.

11 아리에스에 의하면, 중세 단계에서 사람은 교회의 부지 내에 묻혔고, 교회는 세속적인 활동이 행해지는 장이기도 했기에 생자와 사자는 교회에서 공존하고 있었다. 많은 사람들이 둘러싸고 지켜보는 가운데 죽음이 일어나는 것은 통상적이며, 이미 서술했듯이 죽음이라는 것은 최후의 심판을 기다리고 있는 상태라고 생각했기 때문에, 삶과

죽음 사이에 절대적인 단절이 있던 것은 아니었다. 죽음과 싸운다, 죽음을 넘어선다는 사고방식이 탄생한 것은, 그가 말하는 '멀고도 가까운 죽음'의 단계, 즉 르네상스와 종교개혁의 시대이다. 그 시기에는 사체를 과학적인 연구 대상으로 하여 죽음의 비밀을 해명함으로써 죽음을 넘어서는 것을 희구했다.

12 사가라 도루(相良亨), 『日本人の死生観』, ペリカン社, 1984.

13 다케우치 세이이치(竹内整一), 『日本人は「やさしい」のか: 日本精神史入門』, ちくま親書, 1997; 『「おのずから」と「みずから」: 日本思想の基層』, 春秋社, 2004; 『「はかなさ」と日本人: 「無常」の日本精神史』, 平凡社親書, 2007; 『「かなしみ」の哲学』, NHKブックス, 2009; 『日本人はなぜ「さようなら」と別れるのか』, ちくま親書, 2009; 『花びらは散る 花は散らない: 無常の日本思想』, 角川選書, 2011.

14 가토 슈이치(加藤周一)・마이클 라이히(Michael Reich)・로버트 제이 리프턴(Robert Jay Lifton), 『日本人の死生観』, 矢島翠 訳, 岩波書店, 1977. 생물적이라 함은 개인이 죽어도 소속집단이 영속하는 것에서 영원성을 발견하는 타입, 신학적이란 것은 영혼의 불사, 내세 혹은 재생의 신앙, 창조적이라는 것은 개인이 죽어도 그 업적은 남는다는 생각, 자연적이라는 것은 개인의 죽음을 넘어서 자연이 존속하며 개인은 거기에 회귀한다는 감각, 경험적이라 함은 어떤 일에 집중하는 것으로 생사의 대립 자체를 상대화하는 것을 가리킨다.

15 시마조노 스스무(島薗進)・다케우치 세이이치(竹内整一) 편, 『死生学とは何か』, 東京大学出版会, 2008.

한국에서의 생사학 연구 현황과 과제_ 배관문

1 정효운, 「한국 사생학의 현황과 과제: '호모후마니타스사생학' 구축을 위한 제언을 중심으로」, 『동북아문화연구』 21, 동북아시아문화학회, 2009.

2 이상목 외, 『한국인의 죽음관과 생명윤리』, 동아대학교 석당학술총서 11, 세종출판사, 2005; 이상목 외, 『한국인의 생명관과 배아복제윤리』 동아대학교 석당학술총서 12, 세종출판사, 2005.

3 서울특별시 시사편찬위원회 편, 『서울 사람들의 죽음, 그리고 삶』, 새한문화사, 2012, 222-224쪽.

4 정진홍, 『만남, 죽음과의 만남』, 궁리, 2003; 정진홍, 『정직한 인식과 열린 상상력』, 청년사, 2010.

5 김열규, 『메멘토 모리, 죽음을 기억하라: 한국인의 죽음론』, 궁리, 2001; 김열규 외, 『한국인의 죽음과 삶』, 철학과 현실사, 2001.

6 김상우, 『죽음의 사회학』, 부산대학교출판부, 2005; 천선영, 『죽음을 살다: 우리 시대 죽음의 의미와 담론』, 나남, 2012.

7 임철규,『죽음』, 한길사, 2012.

8 황필호,「죽음에 대한 현대 서양철학의 네 가지 접근과 한국인의 접근」, 한국종교학회 편,『죽음이란 무엇인가』, 창, 2009(1990), 276-292쪽.

9 이용범 편,『죽음의례, 죽음, 한국 사회』, 모시는사람들, 2013.

10 국사편찬위원회 편,『상장례, 삶과 죽음의 방정식』, 두산동아, 2005; 박태호,『장례의 역사』, 서해문집, 2006; 양승이,『한국의 상례: 한국인의 생사관에 관한 인문학적 성찰』, 한길사, 2010; 김시덕,『한국의 상례문화』, 민속원, 2012.

11 천선영, 앞의 책, 317-331쪽.

12 건양대학교 예식산업학과, 명지대학교 사회교육대학원 가정의례학과의 경우는 현재 학위과정 폐지.

13 한국죽음학회 편,『한국인의 웰다잉 가이드라인』, 대화출판사, 2010; 한국죽음학회 웰다잉 가이드라인 제정위원회 편,『죽음맞이: 인간의 죽음, 그리고 죽어감』, 모시는 사람들, 2013.

14 조계화 외,『죽음학 서설』, 학지사, 2006.

일본에서의 임상사생학과 임상윤리학의 교차_ 시미즈 데쓰로

1 용어의 예로서 다음과 같은 문헌을 들 수 있다. 가토 도쓰도(加藤咄堂),『死生観』, 井冽堂, 1904; 기히라 다다요시(紀平正美) 외,『日本精神と生死観』, 有精堂, 1943.

2 이러한 일은 예를 들어 다음과 같은 경우에도 비슷하게 일어나고 있다. 뇌사에 의한 장기이식이라는 것이 일본에 처음 들어왔을 때, 그것을 받아들일 것인가 말 것인가에 대한 논쟁이 거듭되었고, 그때도 '일본 문화가 어쩌고저쩌고', '일신교 문화가 아니라 다신교 문화이기 때문에 어쩌고저쩌고'하는 등, 문화적 차이가 많이 거론되었다.

3 일본의사회 생명윤리간담회(日本医師会生命倫理懇談会),『説明と同意についての報告書』, 1990.

4 시미즈 데쓰로(清水哲郎),「共同行為論」, 吉澤伝三郎 編著,『行為論の展開』, 南窓社, 1993, 207-226쪽. 이 생각은 이후 다음의 저작에서도 전개된다.『医療現場に臨む哲学』, 勁草書房, 1997;『医療現場に臨む哲学Ⅱ 言葉に与る私たち』, 勁草書房, 2000.

5 시미즈 데쓰로(清水哲郎),「生物学的〈生命〉と物語られる〈生〉: 医療現場から」,『哲学』53号, 日本哲学会, 2002, 1-14쪽.

6 아이타 가오루코(会田薫子),『延命医療と臨床現場: 人工呼吸器と胃ろうの医療倫理学』, 東京大学出版会, 2011, 49-213쪽.

7 상세한 내용은 임상윤리 검토 시스템의 URL을 참조 바람.
http://www.l.u-tokyo.ac.jp/dls/cleth/index-j.html

8   World Health Organization. Definition of Palliative Care,
    http://www.who.int/cancer/palliative/definition/en/; World Health Organization.
    Cancer pain relief and palliativ'e care (WHO Technical Report Series No.804, 1990).
9   여기서 '모두 같이'라고 표현한 것은 '같음의 윤리'라고 부르는 것으로, 통상적인 인
    간관계에서는 '같음의 윤리'와 '다름의 윤리'가 조화롭게 뒤섞임으로써 현대의 윤리
    가 성립하고 있으며 '같음의 윤리'하나만으로는 마이너스적인 측면이 나오게 된다
    는 필자의 생각이 배경에 있다. 다음 논문을 참조. Shimizu T, "The Ethics of Unity
    and Difference: Interpretations of Japanese Behaviour Surrounding (2011.3.11.),"
    in Tetsuji Uehiro, ed., *Ethics for the Future of Life: Proceedings of the 2012 Uehiro-
    Carnegie-Oxford Ethics Conference*, The Oxford Uehiro Centre for Practical Ethics,
    2013, pp. 134-143.
10 이것은 벨몬트 보고서(BELMONT REPORT)가 제시한 임상연구의 윤리원칙과 궤를
    같이 하고 있다. 상세한 내용은 다음 URL을 참조 바람. http://ohsr.od.nih.gov/
    guidelines/belmont.html#gob
11 지속적인 진정에 관한 기본적인 주장에 대해서는 다음을 참조 바람. Shimizu T,
    "Palliative Care," *Encyclopedia of Applied Ethics*, 2nd ed., vol. 3, Elsevier, 2012, pp.
    328-337.

세월호 침몰과 죽음 표상의 전염학_ 이창익

1   Jonathan Z. Smith, "Wisdom's Place," in John J. Collins & Michael Fishbane, eds.,
    Death, Ecstasy, and Other Worldly Journeys, Albany: State University of New York,
    1995, p. 9. 길가메시 서사시에서 엔키두의 죽음 후에 길가메시는 자신의 필사성을 자
    각한다.
2   *Ibid.*, p. 3. 길가메시 서사시 가운데 『길가메시와 생자의 땅』에서는 길가메시가 우룩
    (Uruk)에서 인간의 필사성을 목격하고 영원한 불후의 명성을 성취하기 위해 영웅적
    인 모험을 떠난다.
3   윤승현, 「세월호 기억저장소 1호관」, 『建築』 58권 12호, 2014년 12월, 24-28쪽; 김익
    한, 「고잔동 공동체와 기억저장소: 밑으로부터 세상 보기」, 서울대 인문학연구원 HK
    문명연구사업단 심포지엄 발표문, 2014년 10월 17일. 세월호 기억저장소에 대해서는
    '4 · 16기억저장소' 홈페이지를 참조하라: http://archives.sa416.org
4   김익한, 「'세월호 기억저장소'를 만들자」, 『역사비평』 107, 2014년 여름, 12-13쪽.
5   Maurice Halbwachs, *The Collective Memory*, trans. Francis J. Ditter, Jr. & Vida Yazdi
    Ditter, New York: Harper & Row, 1980, p. 78.
6   *Ibid.*, p. 80.

7 *Ibid.*, p. 82.

8 Jonathan Z. Smith, *op. cit.*, p. 9. 길가메시의 이야기를 듣고 늙은 매춘부 시두리 (Siduri)가 이야기한다.

9 Godfrey Lienhardt, "Burial Alive," in Antonius C. G. M. Robben, ed., *Death, Mourning, and Burial: A Cross-Cultural Reader*, Malden: Blackwell Publishing, 2004, pp. 122-133.

10 Elias Canetti, *Crowds and Power*, trans. Carol Stewart, New York: Continuum, pp. 228-229.

11 Zygmunt Bauman, *Mortality, Immortality & Other Life Strategies*, Stanford: Stanford University Press, 1992, p. 35, note. 26.

12 *Ibid.*, p. 140.

13 Giorgio Agamben, *Remnants of Auschwitz: The Witness and the Archive*, trans. Daniel Heller-Roazen, Brooklyn: Zone Books, 1999, p. 24.

14 Giorgio Agamben, "K.," *Nudities*, trans. David Kishik & Stefan Pedatella, Stanford: Stanford University Press, 2011, pp. 20-36.

15 Jonathan Z. Smith, *op. cit.*, p. 12. 이 말은 후대에 길가메시 서사시에 첨부된 편집자의 말이다.

16 Jack Goody, "The Day of Death: Mourning the Dead," *Death, Property and the Ancestors: A Study of the Mortuary Customs of the Lodagaa of West Africa*, Stanford: Stanford University Press, 1962, pp. 87-88.

17 Renato Rosaldo, "Grief and a Headhunter's Rage," in Antonius C. G. M. Robben, ed., *op. cit.*, pp. 167-176.

일본의 자살예방 시스템_ 가와노 겐지, 다케시마 다다시, 야마우치 다카시, 고다카 마나미

1 http://www.e-rapport.jp/law/other/mental_hospital/05.html
2 『독립행정법인 국립정신·신경의료연구센터 정신보건연구소 자살예방종합대책센터 도도부현·정령지정도시에서의 자살 대책 및 자사유족 지원 대처상황에 관한 조사보고서(2011년도)』, 2012년 5월.
3 http://www.who.int/mental_health/prevention/suicide/background/en/index.html

자살자의 죽음 이해 분석_ 오진탁

1 『아시아경제신문』, 2011년 5월 30일.

2 『한겨레신문』, 2013년 2월 8일.

3 『조선일보』, 2011년 1월 1일.

4 "한국 사회는 정신적 폐허 속에 있다. 우리가 직면한 위기 상황의 심각성은 결코 가볍지 않다. 서양에서는 셰익스피어나 괴테를 읽어도 오늘을 사는 데 도움이 된다고 하지만, 한국에서 지금 심청전을 갖고 누가 효도를 말할 수 있겠는가. 마음속에 계속 돼야 하는 정신적 성찰이 누가 폭격하지 않아도 다 없어졌다는 점에서 우리도 정신적으로는 전후 독일과 같은 폐허 속에 있다. 지금 한국 사회가 역사상 그 어느 시기보다도 큰 외면적 번영을 누리고 있음에도 불구하고 우리 국민이 행복을 느끼지 못하는 것은 공동체의 붕괴로 인해 우리의 정신까지 붕괴되었기 때문이다. 한국 사회의 불행을 치유하기 위해서는 거대 대중화된 산업사회에 걸맞은 새로운 공동체 가치의 모색과 정립이 필요하다."(『중앙일보』, 2014년 1월 21일)

5 자살자 유서와 관련된 연구를 찾아보기 어려운 상황이었지만, 박형민 박사가 2010년에 『자살, 차악의 선택』을 출간했다. 자살자 유서는 연구자가 자주 접할 수 없지만, 박형민 박사는 한국형사정책연구원의 연구원이어서 경찰의 협조를 얻어 1,300여건의 자살사례와 400여건의 유서를 수집할 수 있었다. 그는 사회학 전공 연구자여서 사회과학적인 분류에 초점을 맞춰 연구를 진행했고, 필자같이 자살자 유서에 나타난 죽음 이해에 초점을 맞춰 연구를 진행하지는 않았다. 또 프랑스의 Jean Améry(1912-1978)는 *On Suicide : A Discourse on Voluntary Death*(1976)를 저술하고 2년 뒤 자살했는데, 이 저서에는 자살자의 죽음 이해가 잘 드러나 있다. 이 텍스트를 3 '자살찬양론의 죽음 이해 비판적 검토'에서 집중 분석한다.

6 박형민, 『자살, 차악의 선택』, 이학사, 2010, 116쪽.

7 오진탁, 『자살, 세상에서 가장 불행한 죽음』, 세종서적, 2008, 101-102쪽.
대현군은 자기를 좋아하는 여학생이 우연히도 불량청소년 서클의 짱이 찍은 여학생이었다. 그들은 수시로 대현군을 불러내 폭력을 행사했다. 대현군은 수치심과 모멸감으로 학교생활이 지옥과도 같이 변해버렸지만, 대현군은 죽음을 택함으로써 더 이상 폭력에 시달리지 않고, 여학생에게 순수한 자기 마음을 알리는 방법으로 자살을 선택했다. 대현군은 1995년 6월 8일 새벽 3시경 아파트 5층 자기 방 창문 밖으로 몸을 던졌다. 고등학교 1학년에 입학한 지 3개월 만의 일이었다. 대현 군 아버지는 아들의 죽음을 해외출장 중에 알았다. 그날 황급히 귀국해 집에 오니, 아내도 거의 죽기 직전이었다. 대현이의 무선 호출기에 남아있는 기록을 통해 대현이의 죽음이 계속된 폭력과 직접적인 연관이 있음을 알게 되었다.(오진탁, 『마지막 선물』, 세종서적, 2007, 192-194쪽)

8 친하게 지내던 친구의 자살을 막지 못한 한 학생의 가슴 아픈 사연은, 자살이 얼마나 지독하게 남은 자의 영혼을 황폐하게 만드는지를 여실히 보여주고 있다. 홍군은 고등학교 때 자율학습이라는 이름으로 학교에 나와 공부를 하게 했다. 운동 중 잠깐 쉬는

시간에 교실에 올라와 곁에 앉은 진용이와 홍군은 잡담을 하다 앞으로 불려나갔다. '보통 학생'이었던 홍군은 몽둥이로 엉덩이 몇 대만 맞고 말았지만, 운동부인 진용이는 몽둥이가 아닌 맨손으로 따귀를 맞기 시작했다. 선생님의 손길을 피하기 위해 진용이가 무의식적으로 손을 휘저으며 피했고, 선생님이 그 손에 밀려 넘어졌다. 선생님은 굉장히 흥분한 채로 심한 욕설들을 퍼부으며 다시 손찌검을 하기 시작했다. 선생님만큼이나 얼굴이 붉게 물든 친구는 같이 고함을 지르며 욕을 했고 흥분한 나머지 선생님을 바닥에 내동댕이쳤다. 선생님은 바닥에 던져진 채로 계속 악을 쓰고 있었고, 진용이는 갑자기 교실의 창을 향해 달려가기 시작했다. 친구는 창밖으로 몸을 던졌다. 그날 이후 홍군은 고등학교의 남은 기간 동안 항상 불면증에 시달렸다. 하다못해 버스를 타고 가면서 잠깐 조는 와중에도 비명을 지르며 일어나곤 했고, 정신과에서 처방받은 수면제도 홍군에게 편안한 휴식을 주지 못했다.(오진탁, 『마지막 선물』, 194-197쪽)

9 박형민, 앞의 책, 221쪽.

10 위의 책, 103-104쪽.

11 오진탁, 『자살, 세상에서 가장 불행한 죽음』, 26쪽.

12 28세 남성, 우울증으로 오래 고생, 숨만 쉬고 있을 뿐 오래 전 죽은 목숨으로 여겼다. 그는 자살을 여러 번 결심했지만, 죽는 것은 여전히 힘들고, 결국 더 망가지기 전에 마지막 남은 자존심 지켜주고 싶다고 했다. "가족들에게 뭐라고 할 말이 없어, 뭐라고 말을 해야 하는데. 가슴 속에 여러 말들로 가득 찼는데, 글로 적을 수가 없네…수업도 듣지 못하고 외우지도 못해. 사실, 나 오래 전부터 이런 상태였어. 매 순간이 끔찍해…. 몇 번이나 결심을 해도 역시 죽는 건 힘든가봐. 무서워, 너무 외롭구…나, 숨만 쉬고 있을 뿐, 정신은 오래 전에 죽은 것 같아. 아픈 지 10년이네…휴…너무 괴로운 시간이야…행복해지고 싶었는데…엄마가 보고 싶어. 이젠 돈도 없고…방도 너무 추워…누군가에게 의지하고 싶은데, 아무도 날 받아주지 않을 거야…힘들어, 너무 힘들어. 망가지는 날, 지키기가 힘들어. 망가지는 모습을 보고 있기 괴로워. 내게 남은 마지막 자존심을 지켜주고 싶어.(박형민, 앞의 책, 127쪽)

13 오진탁, 『자살, 세상에서 가장 불행한 죽음』, 134쪽.

14 위의 책, 120쪽.

15 위의 책, 139쪽.

16 토마스 브로니쉬, 『자살』, 이재원 옮김, 이끌리오, 2002, 123-124쪽.

17 위의 책, 117쪽.

18 위의 책, 121쪽.

19 2006년에 실시한 자살예방 전문과정을 수강했던 노인병원 간호사는 내게 자기 형부의 자살 사례를 들려준 바 있다. "1997년 말 IMF와 함께 경제적 고통 속에서 몸부림치다가 그람목손이란 농약을 마시고 가신 형부의 죽음이 뇌리에 사무쳐서 저는 인터넷

으로 동영상 수업을 듣다가 속으로 한없이 눈물을 흘릴 수밖에 없었다. 형부에게서 어느 날 무력감과 권태로움과 우울함을 발견했을 때는 이미 형부가 자살을 깊이 생각하고 있었던 때였다. 형부의 깊은 우울증 증세를 감지하고는 형부에게 병원에 입원할 것을 권유했다. 그러면서 형부에게 죽는다고 해서 모든 것이 해결되지는 않는다고 막연하게나마 설명을 했다. 다음날 병원으로 언니의 다급한 전화 한 통이 걸려왔다. '형부가 산속에서 기침소리가 났는데, 내려오질 않는다.' 119를 불러놓고 온 산을 수차례 오르락내리락 하면서 겨우 형부를 찾아냈는데 형부는 이미 의식이 없었다. 병원으로 후송하여 응급처치를 했지만 농약이 온몸에 퍼진 상태라 살려낼 수가 없었다. 중환자실에서 3일간의 입원기간 동안 형부는 '다시 살 수만 있다면 열심히 살아야지'라고 말했다. '너무나 고통스러워 견딜 수가 없다, 후회한다'는 말도 했고 '도와달라'고 말하기도 했다. 형부를 간호하면서 자살하는 사람이 후회와 회한의 눈물에 몸부림치는 모습을 남김없이 지켜보았다."(오진탁, 『자살, 세상에서 가장 불행한 죽음』, 40-41쪽)

20 자살시도자들의 경험담을 들어보면 예외 없이 자살 후 가사상태에서 무서운 고통을 겪은 것에 대해 말하고 있다. '현실보다도 더 무섭고 괴로운 경험'을 겪게 된다는 것이다. 이런 이야기는 『마지막 선물』에서 소개되었던 '최면치료기법'을 통해 이미 여러 차례 밝혀진 바 있다. 정신과 전문의 김영우 박사는 최면치료기법을 통해 자살한 사람이 어떤 상황에 처하는지를 자세히 보고하고 있다. 최면치료기법은 다른 치료방법으로는 좀처럼 낫지 않는 마음의 병을 앓는 환자들로 하여금 과거 삶에서의 기억과 감정들을 정리하고 이해하게 함으로써 환자를 괴롭히던 증상들을 크게 호전시키는 치료 방법이다. 최면요법은 역사는 짧지만 이미 수년 전부터 미국의 정신과 교과서에 수록되어 공인된 치료방법의 한 가지로 받아들여지고 있다.(오진탁, 『자살, 세상에서 가장 불행한 죽음』, 41-43쪽)

21 토마스 브로니쉬, 앞의 책, 118-126쪽.

22 서경식, 『시대의 증언자, 쁘리모 레비를 찾아서』, 창비, 2006, 173쪽.

23 토마스 브로니쉬, 앞의 책, 125쪽.

24 스코트 니어링, 그의 마지막 순간은 평온하고도 위엄을 갖춘 품격 높은 죽음의 한 전형이었다. 평소 "죽음의 방식은 내가 살아온 삶의 방식의 반영"이라고 말했던 그는 더 이상 자기 몫의 짐을 운반할 수 없고 자신을 돌볼 수 없게 되자 죽음준비를 시작했다. 스코트 니어링은 1963년에 〈주위 사람에게 드리는 말씀〉이라는 글을 처음 썼고 1982년 이 글을 다시 수정했다. "나는 죽음이 진행되는 과정을 하나하나 느끼고 싶다. 어떤 진통제, 마취제도 필요 없다.… 나는 최선을 다해 삶을 살아왔으므로, 기쁘게 또 희망찬 마음으로 죽음을 맞이하고자 한다. 죽음은 다른 세계로 옮겨가는 것 혹은 깨어남이다." 죽기 한 달 전, 또 100살 되기 한 달 전의 어느 날 그는 음식 섭취를 중단함으로써 서서히, 품위 있게, 그리고 평화롭게 육신의 옷을 벗고자 했다. 그는 이 무렵 "기쁘게 살았으니 기쁘게 죽으리라. 나는 내 의지로 나를 떠난다"라는 말을 즐겨했다.

생명이 기능을 다한 육체로부터 자연스럽게 떠나는 방식으로 그는 죽음을 준비했다. 동물들이 흔히 선택하는 죽음의 방식, 즉 아무도 볼 수 없는 곳으로 가서 음식을 섭취하지 않는 방식으로 동물들이 죽는다는 것을 아는 그의 아내 헬렌은 스코트의 뜻을 조용히 받아들였다. 1983년 8월 24일 아침, 헬렌은 스코트가 죽어가는 것을 지켜보았다. 천천히 그는 자기 육신에서 벗어나기 위해 점점 약하게 숨을 쉬더니, 마치 마른 잎이 나무에서 떨어지듯이 숨을 멈추었다. 그는 모든 것이 제대로 되어 있는지 시험하듯이 "좋-아"하면서 마지막 숨을 쉬고 떠나갔다. 헬렌은 스코트가 보이지 않는 세계로 옮겨갔음을 느꼈다. (헬렌 니어링, 『아름다운 삶, 사랑, 그리고 마무리』, 이석태 옮김, 보리, 2009, 224-229쪽)

25 토마스 브로니쉬, 앞의 책, 122, 125쪽.

26 W양은 직장에 사랑하는 애인이 있었다. 그런데 남자친구에게 또 다른 애인이 있었다는 사실을 알게 된 그녀는 두 번 다시 만나지 않으려 했지만, 결국 그녀는 어떤 식으로 죽을까, 오직 죽는 방법만 생각해 충동적으로 자살을 시도했다. 그녀가 병원 침대에서 눈을 뜬 것은 46시간 뒤였다. 가사상태에서 그녀는 살면서 한 번도 느껴보지 못했던 엄청난 고통을 당했다. 활활 타고 있는 불 속에 몸이 떠 있어서, 마치 전자레인지 속에서 타고 있는 느낌이었다. 그녀는 자살이 미수로 끝난 뒤 다음과 같이 말했다. "내 경우에는 사실 자살하지 않으면 안 될 만한 이유는 없었다. 다만 그에게 죽겠다고 한 말이 계기가 되어 그 뒤로는 오로지 죽을 생각만 하게 되었다. 지금은 자살이 미수로 끝난 것을 천만다행이라고 생각하고 있다. 의사의 목소리를 듣고 살아 있는 자신을 다시 보았을 때, '아! 다행이다'라는 생각이 들었다." 자살 시도해 일시적으로 겪은 사후세계의 무서움과 고통을 생각해보면, 살아있을 때의 고생 따위는 비교도 되지 않는다고 W양은 증언한다. 그녀는 자살 체험을 통해 죽는 것보다 제대로 사는 것이 훨씬 중요하다는 것을 절실하게 깨달았다고 한다. 자살해보았자 편할 게 전혀 없다고도 했다. (밝은 죽음을 준비하는 포럼 자료집, 『급증하는 자살, 어떻게 할 것인가』, 2004년 10월 29일, 47쪽)

27 토마스 브로니쉬, 앞의 책, 125쪽.

28 작은 섬유회사 사장 S씨는 회사가 갑자기 어려워졌고, 부인까지 경쟁회사의 전무와 함께 달아나버렸다. 그는 사업을 극도로 축소하고 집도 잡혔지만, 회사를 구해낼 수 없었다. 막다른 골목으로 몰린 그는 자살할 생각으로 온갖 방법을 궁리했다. 그는 죽음을 두려워하지 않았고 죽음으로 인해 좋은 일만 있으리라 착각을 하고 있었다. 자살함으로써 현실의 고통으로부터 도망칠 수 있고 보험금을 타서 빚도 꽤 갚을 수 있고, 자기는 사후의 세계에서 새로운 삶을 영위할 수 있으리라는 헛된 바람을 갖고 있었다. 그는 1984년 7월 3일 밧줄을 목에 건 채 힘껏 발판을 찼다. 얼마 뒤 그는 병원의 침대 위에서 "오, 정신이 드나?"하는 친구의 목소리를 듣고 간신히 눈을 떴다. 자살은 미수에 그쳤다. 그는 가사상태에서 약 7시간 동안 겪었던 무서운 사후세계를 평생 잊

을 수 없을 것 같았다. 그는 현실보다 더 무섭고 괴로운 사후세계에서 구출된 것을 너무나 기쁘게 생각했다. 가사상태에서 저렇듯 무서운 꼴을 당했으니까, 정말 죽었더라면···. 자살행위로 인해 커다란 고통을 겪은 그는 다시는 그런 생각을 하지 않기로 했다.(밝은 죽음을 준비하는 포럼 자료집, 『급증하는 자살, 어떻게 할 것인가』, 48쪽)

29 토마스 브로니쉬, 앞의 책, 126쪽.

30 위의 책, 120-121, 126쪽.

31 위의 책, 121-122, 126쪽.

32 자살하는 사람들이 남긴 유서를 보거나 자살 충동을 느끼는 사람들의 말을 들어보면, 대부분이 인간의 삶과 죽음에 대한 심각한 오해로 인해 자살을 선택한다. 가장 많은 오해는 다음과 같은 4가지이다. 첫 번째 오해, "왜 나만 고통을 당하는가"라는 이유로 자살하는 경우이다. 삶을 살아가는 동안 누구나 크고 작은 고통과 고난의 순간을 겪지 않는 사람은 없다. 아니, 삶의 고난이야말로 우리의 인격과 영혼을 성장시키는 선물인지도 모른다. 그것이 자살의 이유가 된다면 이 세상에 살아있는 사람은 아무도 없을 것이다. 두 번째 오해, "자살하면 현재의 고통에서 단숨에 벗어날 수 있다"고 착각하는 경우이다. 이 경우 역시 자살에 대한 무지몽매에서 기인한다는 점에서 앞의 경우와 다르지 않다. 이런 착각은 죽음 이후의 삶에 대해 전혀 고려해본 적이 없기 때문에 갖게 된 오해이다. 자살은 고통을 덜기는커녕 오히려 고통을 키우는 일임은 여러 자살자와 시도자들이 증언하고 있다. 세 번째 오해, "이 세상과 사회가 나를 자살하게 만든다"고 주장하는 경우이다. 이런 사람은 자신이 처한 어려운 상황들을 사회적 불평등이나 구조적 모순이 가져온 결과로 생각해 자신의 자살을 정당화하려고 한다. 우리가 사회적 존재인 한 사회구조적 문제의 피해자일 수 있다. 그러나 삶과 죽음의 문제는 궁극적으로는 자기 자신의 문제이다. 사회가 내 삶에 영향을 미칠 수는 있어도 사회가 대신 자신의 삶을 살아줄 수는 없고, 자기 죽음을 죽어줄 수는 없다. 네 번째 오해, "자살하면 세상과 완전히 결별할 수 있다"고 생각하는 경우이다. 삶의 고통 때문이든 실존적 이유 때문이든 지긋지긋한 이 세상과 작별하고 싶다는 욕구는 죽음을 삶과 완전히 단절된 것으로 보는 데서 생겨난다. 하지만 이런 착각 역시 죽음에 대한 잘못된 인식에서 출발한 것이다. 죽음은 삶과의 결별이 아니라 삶의 마무리, 삶의 또 다른 모습, 그리고 삶의 연장이기 때문이다.(오진탁, 『자살, 세상에서 가장 불행한 죽음』, 156-157쪽)

33 서경식, 앞의 책, 173쪽.

34 오진탁, 『자살예방 해법은 있다』, 교보문고, 2013, 65-92쪽.

35 박형민, 앞의 책, 124쪽.

36 위의 책, 222쪽.

37 위의 책, 134쪽.

38 위의 책, 481쪽.

39 "최악의 선택, 그것은 죽음…. 이제는 정말 삶도 죽음도 모든 것이 귀찮다."(위의 책, 118쪽)

40 위의 책, 457쪽.

41 "앞으로 제게 허락된 시간이 길지 않다는 것이 의료진들의 의견입니다. 여러분들이 저로 인해 슬퍼하시거나, 안타까워하지 않으셨으면 하는 것이 저의 작은 바람입니다." 2012년 2월 23일 68세를 일기로 유명(幽明)을 달리한 강영우 박사의 삶은 한 편의 드라마다. 그는 열네 살 때 축구를 하다가 눈을 다쳐 실명(失明)했다. 공교롭게도 그 일을 전후해 아버지와 어머니가 차례로 돌아가셨다. 각고의 노력 끝에 76년 피츠버그대에서 교육철학 박사 학위를 받았다. 2001년 차관보급인 미 백악관 국가장애위원회의 위원으로 임명됐다. 그는 삶의 숱한 고비마다 땀방울과 핏방울을 찍어 가며 삶의 길을 열어 갔던 것이다. "제가 살아온 인생은 보통사람들보다 어려웠습니다. 하지만 결과적으론 나쁜 일 때문에 내 삶에는 더 좋은 일이 많았습니다. 포기하지 마세요."(『중앙일보』, 2012년 2월 25일)

42 인터넷강좌 '자살예방의 철학'은 매주 2시간의 강의와 4가지 관련 동영상이 제공된다. 매주 강의는 해당 1주일 동안만 접속 가능하게 접속기간을 제한하고, 인터넷으로 수강하면서 노트필기하고, 매주 수강소감을 게시판에 올리도록 한다. 수강생들에게 이 강의는 3학점을 취득하는 과목이 아니라 죽음과 자살, 그리고 삶에 대한 인식을 획기적으로 바꾸는 과목이므로, 매주 성실하게 또 꾸준히 수강할 것을 권한다. 강의내용을 살펴보면, 1강에서 3강은 사회병리현상으로서 자살문제를 다룬다. 4강은 장 아메리의 자살찬양론을 생사학의 관점에서 비판적으로 검토하고, 5강에서 7강까지는 죽음을 알면 자살하지 않는다는 주제로 강의를 진행한다. 8강에서 10강까지는 자살하면 다 끝나는 게 아니라 더 큰 고통을 초래한다는 주제로 강의를 진행하면서, 해당 영상자료를 통해 자살하면 어떻게 되는지 그 결과를 간접체험할 수 있도록 교육한다. 11강과 12강에서는 동영상을 활용, 죽음체험과 죽음명상을 진행함으로써 의미 있게 살고 아름답게 삶을 마무리하는 일의 중요성을 실감하도록 이끈다. 마지막 13강과 14강은 자살 시도했던 수강생들이 교육을 받은 이후 어떻게 바뀌었는지 변화사례를 구체적으로 제시하고 동영상을 통해 육성증언을 직접 보게 한다.

43 고위험군 학생도 다음과 같은 의식변화가 있었다.

"자살은 현실에서 도피하는 것일 뿐 고통에서 벗어나는 게 아님을 알았다. 현실에서 자살을 통해 도망칠 게 아니라 시련극복을 위해 노력해야 한다는 사실을 배웠다. 강의 수강으로 내 자신이 이만큼 바뀔 것이라고는 상상하지 못했다."(조양은 친구자살, 성폭행 피해와 낙태 후유증으로 자살시도 여러 차례)

"살면서 산전수전 다 겪었다. 우울증에 시달리면서 병원도 다녔지만 나아지지 않았다. 수업을 들으면서 긍정적으로 바뀌어 세상 보는 눈이 크게 달라졌다. 친구가 자살하겠다고 하면, 나도 이제 충분히 설득시킬 수 있을 것 같다."(김양은 우울증으로, 정

신과 치료)

"나는 자살하면 모든 게 다 끝난다고 생각하고 자살충동을 자주 느끼고 있었다. 이 수업을 듣는다고 자살에 대한 내 생각이 바뀔 수 있을까, 처음에는 믿을 수 없었다. 그러나 마지막 주까지 다 듣기도 전에 내 생각은 이미 바뀌었다. 내 생각이 잘못되었음을 알게 되었다. 친구 여러 명과 함께 이 수업을 수강했는데, 아무리 힘든 일이 있어도 자살은 절대로 안 된다는 사실에 모두 의견일치를 보았다."(사회대 정양은 자살충동, 친구가 자살)

뇌사 · 장기이식 논의로 보는 일본인과 서양인의 사생관_ 와타나베 가즈코

1 '와다 이식'의 경위에 대해서는 고마쓰, 2004a: 221-225 참조.
2 히라노, 2000: 2-5 참조. 가가와에 의하면, 1967년 12월 남아프리카 공화국에서 있었던 최초의 심장이식 사례 이후, 이듬해에는 '와다 이식'을 포함하여 100건 이상이 실시되었다. 일대 붐은 곧 시들해져 1969년에는 30건으로 줄었고, 1970년이 되면 심장이식을 실시하는 팀은 전미에서 하나밖에 남지 않았다. 그 이유는 고액의 비용이 드는 데 비해 수술 후의 성과가 지나치게 저조했기 때문이다. 1980년대 말 이후, 새로운 면역억제제가 보급됨에 따라 다시 심장이식이 침투했다. 가가와, 2009: 181 참조.
3 마스다, 2001: 3 참조.
4 팀 구성원은 교린대학(杏林大学) 뇌신경외과 교수인 다케우치 가즈오(竹内一夫), 다케시타 히로시(武下浩), 다카쿠라 마사노리(高倉公則), 시마조노 야스오(島薗安雄), 한다 하지메(半田肇), 고토 후미오(後藤文雄) 총 6명. 마스다, 2001: 3 참조. 다케우치 반이 제시한 기준은 ① 깊은 혼수상태, ② 자발적 호흡 소실, ③ 동공 확대, ④ 뇌간 반사 소실, ⑤ 평탄 뇌파, ⑥ 시간 경과(6시간 후 재확인). 그 밖에 다양한 뇌사판정 기준에 대해서는 사와다, 1999: 37-41 참조.
5 ① 뇌 전체의 죽음을 뇌사로 본다. ② 한 번 뇌사에 빠지면 아무리 다른 장기에 대해 보호수단을 취하려 해도 심정지에 이르러 결코 회복되지 않는다. ③ 판정 대상이 되는 것. a: 기질적 뇌장애로 인해 깊은 혼수상태 및 무호흡상태를 겪는 경우. b: 원래의 질환을 확실히 진단했으나 그에 대해 현재 할 수 있는 모든 적절한 치료수단을 쓰더라도 회복가능성이 전혀 없다고 판단되는 경우. 마스다, 2001: 3 참조.
6 다치바나, 1991: 331-363(참고자료1) 참조.
7 마스다, 2001: 3.
8 「뇌사임조 최종답신」은 다치바나, 1994: 279-325 참조. 사사키, 2004도 참조. 뇌사임조의 위원은 이가타 아키히로(井形昭弘), 우노 오사무(宇野收), 우메하라 다케시(梅原猛), 가네히라 데루코(金平輝子), 기무라 에이사쿠(木村榮作), 사이토 아키라(齋藤明), 나가이 미치오(永井道雄)=회장, 하기와라 다로(萩原太郎), 하야이시 오사무(早

石修), 하라 히데아키(原秀明), 히라노 류이치(平野龍一), 미우라 지즈코(三浦知壽子)=필명: 소노 아야코(曾野綾子), 모리 와타루(森亘)=회장대리, 야마기시 아키라(山岸章), 야마시타 마오미(山下眞臣) 총 15명. 고문은 이토 유키로(伊藤幸郎), 고사카 후타미(小坂二度見), 미즈노 하지메(水野肇), 미쓰이 다다히로(光石忠敬), 미쓰모토 쇼헤이(光本昌平) 총 5명.

9 게다가 '나카야마안'은 뇌사체를 사체로 명시하지 않고, 뇌사판정에 대해서도 생전의 서면에 의한 승낙을 불필요하다고 했다. 마쓰다, 2001: 11 참조.

10 마쓰다, 2001: 11 참조.

11 마쓰다, 2001: 11.

12 와타나베 가즈코, 2013 참조.

13 마쓰다, 2001: 12 참조.

14 고마쓰, 2004a: 256-325 참조.

15 마쓰다, 2001: 17-32 참조.

16 아사노, 2001: 10; 고치신문 사회부 '뇌사이식'취재반, 2000 참조.

17 교도통신사 사회부 이식취재반 편, 1998; 고마쓰, 2004a: 220-255 참조.

18 와다, 2000: 3 참조.

19 와다, 2000: 99-100 참조.

20 와다, 2000: 116-117 참조.

21 대학 의학부를 '하얀 거탑'으로 비유한 소설가 야마사키 도요코(山崎豊子)의 화제작에 의함. 야마사키, 1965; 야마사키, 1969 참조.

22 와다, 2000: 120-121 참조.

23 이 사태에 대해 고마쓰는 '생권력(生權力)의 도량(跳梁)'이라고 날카롭게 비판한다. 고마쓰, 2012: 136-138 참조.

24 가가와, 2009: 193.

25 NHK 프로그램, 1992b.

26 와타나베 가즈코, 2003 참조.

27 가가와, 2009: 193.

28 가가와, 2009: 194 참조. 이 발언은 일본 중세불교를 연구하는 어느 미국인 종교학자로부터 들은 것이라고 한다.

29 NHK 프로그램, 1992a.

30 『면역·알레르기 등 연구사업(장기이식 부문) 1999년도 총괄·분담연구보고서: 후생과학성 연구비 보조금』, 2000, 361-362쪽. 고마쓰, 2004a: 338에서 재인용.

31 로크, 2004: 3. 강조는 원저자에 의함.

32 고마쓰에 의하면, 미국에서는 1968년 뇌사자 장기적출을 정당화하기 위해 세계 최초의 뇌사판정 기준인 '하버드 기준'에 따라 '무감각과 무반응, 무호흡, 무반사, 평탄뇌

파'의 4항목을 모두 충족한 경우 환자는 뇌사 상태에 빠졌다고 판정할 것을 주장했다. 일반적으로 이 공표에 의해 뇌사가 인간의 죽음(기준)으로 확정되었다고 평가하는 경향이 있지만, 하버드대학의 기준은 어디까지나 뇌사 여부를 판정하기 위한 기준에 지나지 않는다. 즉 환자가 뇌사임을 확정했다고 해서 환자가 사망했다고 할 수 있는 것은 아니다. 실제로 하버드대학 기준 공표 이후 미국에서는 뇌사와 죽음 정의를 둘러싸고 혼란을 초래했다. 이에 1981년 『미국대통령위원회보고: 죽음을 정의하다』가 제출되었다. 여기서는 '신체(기능)의 유기적 통합'이라는 생리학적 개념을 도입함으로써 비로소 '뇌사=인간의 죽음(의 기준)'이라는 논리를 구축했다. 이것이 현재까지 세계에서 유일한 공식 논리이며, 일본의 (구)장기이식법도 그것을 전제로 했다. 그러나 고마쓰는 이에 대해 다음과 같이 비판한다. "죽음의 정의를 유기적 통합성의 상실이라고 한 이상, 뇌사도 저절로 인간의 죽음(의 기준)이 된다. 뇌사 논의를 둘러싸고 논의의 출발점과 결론이 이미 동일한 셈이다." 고마쓰, 2012: 107-111 참조. 더불어 와타나베 준이치가 미국의 의학 저널리스트 마크 도위(도위, 1990 참조)로부터 전해들은 심장이식의 경위는 다음과 같다고 한다. "미국에서도 1968년에 심장이식 1건이 커다란 사회적 문제가 되었다. 버지니아주 리치몬드에서 흑인 건설노동자가 작업용 발판에서 추락하면서 머리를 부딪쳐 뇌사 판정을 받았다. 그 지역 병원의 심장외과의가 마침 중증 심근경색 환자에 대한 심장이식의 기회를 노리고 있었다. 그리하여 1968년 5월 세계에서 17번째가 되는 심장이식이 이루어졌다. 그러나 수술 후 공여자의 형이 수술을 행한 2명의 의사에 대해 손해배상청구소송을 제기하여 '동생의 심장이 아직 움직이던 중에 적출되었다'고 주장했다. 이 사건은 버지니아주 고등법원에서 심리했는데, 재판장은 배심원들에게 뇌사는 인간의 죽음으로 본다는 뇌사 판정의 준거를 적용하여 피고승소 판결을 내렸다. 이 판결은 미국의 이식의료사상 하나의 전기가 되었다." 이에 대해 와타나베 준이치는 "일본의 경우 첫 심장이식은 큰 의혹을 남긴 채 흐지부지 처리되고 말았죠. 하지만 미국의 경우 그러한 소송 사건이 공개적으로 밝혀져 토론을 거듭하면서 뇌사를 인정하게 되었다는 말이군요."라고 답한다. 와타나베 준이치, 1994: 156-157 참조.

33 야마사키, 1965; 야마사키, 1969 참조. 앞의 주 21도 참조.
34 구리타, 2012; 와타나베 가즈코, 2013: 32 참조.
35 와타나베 가즈코, 2013: 33 참조.
36 와타나베 가즈코, 2013: 168 참조.
37 와타나베 가즈코, 2013: 178 참조.
38 와타나베·아베, 1994; 뇌사·장기이식을 생각하는 위원회 편, 1999; 야마구치·구와야마, 2000; 고토 편, 2000; 야마구치 편, 2010 등을 참조.
39 이케다, 2006: 132-135 참조.
40 후쿠시마, 2011 참조.

41 사단법인 일본장기이식네트워크(http://www.jotnw.or.jp/news/2012/detail5322. html). 더불어 일본장기이식네트워크의 아동용 HP도 참조(http://www.jotnw.or.jp/ studying/kids/index.html).

한국에서의 연명의료 논란_ 최경석

1   『경향신문』, 2009년 5월 21일자. 「치료불능 환자에 '죽음을 선택할 권리' 인정」 http://news.khan.co.kr/kh_news/khan_art_view.html?artid=200905211813125&co de=940301 참조. 경향신문은 2012년에도 여전히 "존엄사"라는 용어를 사용하며 다 음과 같이 보도하고 있다. "대법원은 국내 최초로 연명치료를 중단하는 존엄사를 인 정하는 첫 판결을 내렸다."『경향신문』, 2012년 2월 20일자. 「'김 할머니 판결' 그후 3 년… 연명치료 중단 논의 재개」. http://news.khan.co.kr/kh_news/khan_art_view.html?artid=201202202143415&co de=940601 참조.

2   흔히 '연명치료'라는 용어를 사용하며 중단이나 유보의 문제를 다루었으나, 국가생명 윤리심의위원회는 입법 권고를 제시하면서 '연명의료'라는 용어를 사용하고 있다. 상 당히 설득력 있는 제안이라 판단하여 필자 역시 '연명의료'라는 용어를 사용하고자 한 다. 국가생명윤리심의위원회는 그 취지를 다음과 같이 밝히고 있다. "- '치료'라는 용 어가 반드시 시행해야 하는 의료행위로 이해되고 있는 점이 있고, '치료 중단'이라고 표현할 경우 그 자체가 비윤리적으로 오해될 위험이 있음. - '치료'라는 용어를 가치 중립적인 용어인 '의료'로 통일해서 사용하기로 함. 기존의 '연명치료'라는 용어는 '연 명의료'라는 용어로 변경하여 사용하기로 함." 무의미한 연명치료 중단 제도화 논의를 위한 특별위원회, 「'연명의료' 관련 용어 정리」, 『무의미한 연명의료 결정 제도화 관 련 공청회』 자료집(2013년 5월 29일, 무의미한 연명치료 중단 제도화 논의를 위한 특 별위원회 주최) 참조.

3   '존엄사'라는 용어가 다의적으로 쓰이고 있어 혼란을 야기한다는 문제점에 대한 지적 은 필자의 견해만이 아니다. 최지윤 · 권복규, 「안락사와 연명치료중단에 관한 우리 나라의 최근 동향」, 『한국의료윤리학회지』, 제12권 제2호, 한국의료윤리학회, 2009, 130-131쪽 참조.

4   김세연 의원은 "삶의 마지막 단계에서 자연스러운 죽음을 맞이할 권리"를 언급하며 자연사 개념에 기초한 법안을 준비했지만, 이 법안 역시 언론은 신상진 의원이 사용 하는 '존엄사'개념을 그대로 적용하여 두 의원의 법을 '존엄사법'이라고 지칭하며 보 도한 바 있다.

5   데일리메디는 "국회 보건복지가족위원회의 논의를 앞둔 존엄사 관련 법안은 '존엄사 법안(한나라당 신상진 의원)'과 '삶의 마지막 단계에서 자연스러운 죽음을 맞이할 권

리에 관한 법률안(한나라당 김세연 의원)' 등 두 개 법률안이다."라고 보도한 바 있다. 『데일리메디』, 2010년 1월 10일자. 「존엄사 김할머니 사망…존엄사법 향배 촉각」 참조.

http://www.dailymedi.com/news/view.html?section=1&category=4&no=711768 참조.

6 대법원 2009.5.21, 「2009다17417 무의미한 연명치료장치제거 등」.

7 「환자 자기결정법」에서는 메디케이드와 메디케어 관련 급여를 제공하는 모든 시설에 내원한 경우 의료급여자는 환자에게 의료행위에 대한 환자의 거부권과 자신의 의향을 표명할 권리가 있음을 서면으로 고지하도록 규정하고 있다. 이 문제를 다른 국내 논문으로는 석희태, 「말기의료에 관한 미국 법제의 연구: 말기의료결정 제도를 중심으로」, 『의료법학』, 제14권 제1호, 대한의료법학회, 2013, 395-396쪽 참조.

8 대법원 판결에서는 '유보'에 대한 구체적으로 명시하고 있지 않다. 그러나 일반적으로 '중단'(withdraw)은 '유보'(withhold)와 유사한 논거를 사용하며 논의되고 있기 때문에 이 글에서는 '중단'과 '유보'를 병기하며 사용했다.

9 대법원 2009.5.21, 「2009다17417 무의미한 연명치료장치제거 등」.

10 청년의사는 "세브란스병원 측은 항소와 상고를 제기했지만 기각됐고 2009년 6월에서야 인공호흡기를 제거했다. 김 할머니는 인공호흡기를 제거한 뒤에도 6개월 이상 생존해 2010년 1월에야 사망했다."고 했다. 『청년의사』, 2014년 3월 28일자. 「연명의료중단 판결 후 유족에 진료비 청구 못해」.

http://www.docdocdoc.co.kr/news/newsview.php?newscd=2014032800015 참조.

11 오리건주의 「존엄사법」에서는 "'말기질환'이란 치료불가능하고 회복불가능하다고 의학적으로 확인된 질환으로서 합당한 의학적 판단 내에서 6개월 이내에 죽음을 일으킬 질환을 의미한다."고 정의하고 있다.

http://public.health.oregon.gov/ProviderPartnerResources/EvaluationResearch/DeathwithDignityAct/Pages/ors.aspx 참조.

12 대법원 2009.5.21, 「2009다17417 무의미한 연명치료장치제거 등」.

13 김영철은 비록 대법원이 자연사 개념에 입각하고 있다는 개념을 부각시키고 있지는 않으나, 자기결정권의 개념을 '절차적 자기결정권 즉 임종절차선택권'이라고 해석함으로써 환자의 자기결정권을 생명에 대한 처분권으로 파악하는 견해가 야기하는 자살의 선택이란 논란을 피하고자 하고 있다. 김영철, 「연명치료중단의 형법적 의의와 그 법적 성격: 대법원 2009. 5. 21. 선고, 2009다17417 판결을 중심으로」, 『일감법학』, 제20호, 건국대학교 법학연구소, 2011, 619-624쪽 참조.

14 대법원 2009.5.21, 「2009다17417 무의미한 연명치료장치제거 등」.

15 이석배는 자기결정권을 이끌어내는 판결의 논리에 대해 비판한다. 대법원 판결처럼 헌법 제10조에서 환자의 자기결정권을 끌어내고 이러한 자기결정권이 생명권을 처분하는 것으로 이해하는 것은 잘못이라고 이석배는 주장하고 있다. 연명의료중단에

서 논의되는 자기결정권은 소극적 의미의 자기결정권으로서 이는 생명권에서 도출되는 것으로 자신의 생명·신체에 대한 침습을 거부할 수 있는 권리이며 일반적인 자기결정권처럼 적극적 자기결정권과는 논의의 차원이 다르다고 주장한다. 이석배, 「연명치료중단의 기준과 절차: 대법원 2009. 5. 21. 선고 2009다17417 판결이 가지는 문제점을 중심으로」, 『형사법연구』, 제21권 제2호, 한국형사법학회, 2009, 151-152쪽 참조.

16 대법원 2009.5.21, 「2009다17417 무의미한 연명치료장치제거 등」.

17 여기서 논의하고 있는 정합성의 문제 외에 자연사 개념에 따른 접근 방법은 실천적 운영의 측면에서도 몇 가지 문제점을 드러내고 있다. 최경석, 「자발적인 소극적 안락사와 소위 '존엄사'의 구분 가능성」, 『한국의료윤리학회지』, 제12권 제1호, 한국의료윤리학회, 2009, 70-75쪽 참조. 기타 자연사 개념에 대해서는 이동익, 「무의미한 연명치료 행위의 중단에 관한 윤리적 고찰」, 『안락사와 존엄사』 심포지엄 자료집(2008년 12월 22일, 이영애 의원실 주최) 5-6쪽; 김현철, 「한국에서의 안락사 논의」, 『안락사와 존엄사의 법적 문제』 심포지엄 자료집(2008년 12월 1일, 이화여자대학교 생명의료법연구소 주최) 24-25쪽 참조.

18 대법원 2009.5.21, 「2009다17417 무의미한 연명치료장치제거 등」.

19 대법원 2009.5.21, 「2009다17417 무의미한 연명치료장치제거 등」.

20 이은영은 "대법원은 객관적 기준으로서 환자의 최선의 이익과 주관적 기준으로서의 환자의 평소 생활태도 등을 종합적으로 고려하여 환자가 종국적으로는 연명치료 중단을 선택하였을 것이라고 인정되는 경우에는 의사를 추정할 수 있다고 보았다."라고 해석함으로써 필자가 최선의 이익을 판단하기 위한 객관적인 자료로 해석하는 부분과 의사 추정을 위한 객관적인 자료로 해석하는 부분을 전체적인 의사 추정을 위한 객관적인 기준과 주관적 기준으로 대별하여 이해하고 있다. 이은영, 「연명치료 중단의 입법화 방안에 관한 연구: 성년후견제도의 도입과 관련하여」, 『의료법학』, 제10권 제2호, 대한의료법학회, 2009, 216쪽 참조.

21 필자가 지적하는 두 원칙의 충돌 문제에 대해 이석배 역시 다른 표현으로 강하게 비판하고 있다. 그는 "'객관적으로 환자의 최선의 이익에 부합'하는 것과 환자의 추정적 의사가 어떤 관계에 있는지도 의문이다. 본래 자기결정권이 중요한 역할을 하는 것은 '합리성'과 '객관성'이 담보되지 않을 때이다.(중략) 주관적인 의사를 객관적으로 입증하는 것과 주관적 의사가 객관적으로 최선의 이익에 부합하는 것은 차원이 전혀 다른 문제이다."라고 지적하고 있다. 이석배, 앞의 글, 162쪽 참조.

22 Tom L. Beauchamp and James F. Childress, *Principles of Biomedical Ethics*, 7th ed., Oxford University Press, 2013, pp. 226-229 참조.

23 Tom L. Beauchamp and James F. Childress, *Ibid.*, pp. 228-229.

24 최지윤·김현철은 추정적 의사에 근거하여 환자의 자기결정권 행사를 인정하는 것

은 위험하다고 주장하면서 김 할머니 사건에서의 연명치료중단 결정은 환자의 자기
결정권 행사로 새기기보다는 환자의 현재 상태와 추정적 의사 등을 모두 종합하여
볼 때 치료를 중단하는 것이 환자 본인에게 최선이 되기 때문에 정당화될 수 있다고
이해하여야 할 것이라고 주장한다. 최지윤·김현철, 「무의미한 연명치료중단에 대
한 환자의 자기결정권」, 『생명윤리정책연구』, 제3권 제2호, 생명윤리정책연구센터,
2009, 171쪽.

25 Tom L. Beauchamp and James F. Childress, *op. cit.*, pp. 226-229.

26 참고로 카렌 퀸란의 경우에는 인공호흡기의 중단을, 낸시 크루잔의 경우에는 급식관
   의 중단을 요청했던 사건이다.

27 "Cruzan v. Director, Missouri Department of Health 497 U.S. 261 (1990)," in Janet L.
   Dolgin and Lois L. Shepherd, ed., *Bioethics and the Law*, Wolters Kluwer, 2009, pp.
   741-743 참조.

28 최지윤·김현철, 앞의 글, 167쪽.

29 Tom L. Beauchamp and James F. Childress, op. cit., p. 227.

30 Tom L. Beauchamp and James F. Childress, *Principles of Biomedical Ethics*, 6th ed.,
   Oxford University Press, 2009; 『생명의료윤리의 원칙들』, 6판, 박찬구 외 옮김, 이화
   여자대학교 생명의료법연구소, 2014, 244쪽. 이 부분이 7판에는 삭제되었으나 대리
   판단이 가정적 판단을 하고 있다는 점에 변동이 있는 것은 아니다.

31 Tom L. Beauchamp and James F. Childress, *op. cit.*, pp. 227-228.

32 대법원 2009.5.21, 「2009다17417 무의미한 연명치료장치제거 등」.

33 대법원 2009.5.21, 「2009다17417 무의미한 연명치료장치제거 등」.

34 최경석, 「사전지시(Advance Directives) 제도의 윤리적·사회적 함의」, 『홍익법학』,
   제10권 제1호, 2009, 홍익대학교 법학연구소, 95-96쪽 참조.

35 Ronald Munson, *Intervention and Reflection: Basic Issues in Medical Ethics*, 8th ed.,
   Wadsworth, 2008, p. 686. 환자들이 표현한 바람이 얼마나 존중되었는지 조사한 연
   구를 소개한 부분 참조.

36 허대석은 POLST가 사전지시를 대체하는 것으로 설명하는 경우도 있으나 이는 정확
   하게 양자의 관계를 설명하고 있는 것은 아니라고 판단한다. 허대석, 「연명의료계획
   서(POLST)」, 『무의미한 연명의료 결정 제도화 관련 공청회』 자료집(2013년 5월 29
   일, 무의미한 연명치료 중단 제도화 논의를 위한 특별위원회 주최) 참조.

37 사전의료지시의 이러한 문제점 때문에 고명환은 "사전의료지시서의 전산화, 법률
   적·윤리적·사회적 함의를 충분히 포함한 작성 기준의 통일성 확보" 등이 필요하
   다고 강조한다. 고명환, 「연명치료중단에 대한 환자측 사전의료지시서의 법적효력
   에 대한 연구」, 『연세 의료·과학기술과 법』, 제3권 제2호, 연세대학교 법학연구원,
   2012, 30쪽 참조.

38 김 할머니 사건에 대한 판례를 안락사에 대한 최초 판례라고 이해하는 것은 판례의 핵심을 잘못 이해하는 것이다. 또한 보라매병원 사건을 안락사 관련 최초 판례라고 이해하는 것 역시 해당 사건의 핵심을 잘못 이해하는 것일 뿐만 아니라 안락사 논쟁의 핵심이 무엇인지조차 이해하지 못하고 있는 것이다. 이 부분에 대해서는 최경석, 앞의 글(주 17), 62-64쪽 참조. 이석배 역시 "보라매병원 사건은 본래 최근에 논의되는 소극적 안락사 · 존엄사 · 연명치료중단 등의 개념에는 포함되지 않지만 의료계가 보호자의 요구에 의해 환자를 퇴원시킨 의사에게 살인죄를 적용한 것에 대하여 깊은 유감을 표현했다."라고 하고 있다. 이석배, 앞의 글, 148쪽 참조.

일본에서의 죽음 이해와 end-of-life care_ 시미즈 데쓰로

1 Ogden, Daniel, *Greek and Roman Necromancy*, Princeton University Press (new Jersey), 2001, p. 25.
2 이러한 의미로 쓰고 있는 대표적 단체는 WHO, American Medical Association, American Nurses Association, 네덜란드 공식 사이트 등이다. 이 중 American Medical Association에 의한 안락사 정의를 다음에 제시한다. "the administration of a lethal agent by another person to a patient for the purpose of relieving the patient's intolerable and incurable suffering."
3 영국 NHS(National health service)에 의한 정의는 다음과 같다. "the act of deliberately ending a person's life to relieve suffering."
4 Cobuild English Dictionary.

찾아보기

발표 지면

(※ 이 책에 실린 글은 각각 아래와 같이 발표 또는 게재된 논문을 수정 보완한 것이다.)

도쿄대학 문학부 사생학·응용윤리센터 & 한림대 생사학연구소 공동주최 국제
심포지엄

　주제: "동아시아의 사생학으로"

　일시: 2014년 12월 20일

　장소: 도쿄대학 후쿠타케홀

　제1발표: 이케자와 마사루, 「문화적 차이라는 시점으로 사생학을 생각하다」

　제2발표: 배관문, 「한국에서의 생사학 연구 현황과 과제」

　제3발표: 시미즈 데쓰로, 「일본에서의 임상사생학과 임상윤리학의 교차」

　제4발표: 이창익, 「세월호 침몰과 죽음 표상의 전염학」

　제5발표: 마쓰모토 도시히코, 「자살관련행동과 문화」

　제6발표: 오진탁, 「자살자의 죽음 이해 분석」

이창익, 「세월호 침몰과 죽음 표상의 전염학: 한국 사회에서 '죽는다는 것'의 의미
에 대해」

(『목요철학』 12호, 계명대학교 목요철학원, 2014년 12월)

오진탁, 「자살자의 죽음 이해 분석: 자살자의 유서를 중심으로」

(『인문과학연구』 42집, 강원대학교 인문과학연구소, 2014년 9월)

가와노 겐지, 「일본의 자살예방 시스템」

(한림대 생사학연구소 제2회 국제학술대회 "자살예방을 위한 동아시아의 협력과 연대" 발표, 2014년 5월 14일)

와타나베 가즈코, 「뇌사·장기이식 논의로 보는 일본인과 서양인의 사생관」

(渡辺和子, 「脳死·臓器移植論議における日本人と欧米人の死生観」, 『死生学年報2013 生と死とその後』, 東洋英和女学院大学 死生学研究所 編, リトン刊, 2013年 3月)

최경석, 「한국에서의 연명의료 논란: 김 할머니 사건 대법원 판결을 중심으로」

(「김 할머니 사건에 대한 대법원 판결의 논거 분석과 비판: "자기결정권 존중"과 "최선의 이익"충돌 문제를 중심으로」, 한림대 생사학연구소 제3회 국내학술대회 "연명의료결정 법제화에 대한 학제적 성찰" 발표, 2014년 4월 23일. 『생명윤리정책연구』 제8권 제2호, 이화여대 생명의료법연구소, 2014년 12월)

시미즈 데쓰로, 「일본에서의 죽음 이해와 end-of-life care」

(한림대 생사학연구소 제4회 국제학술대회 "죽음과 임종에 대한 동아시아의 이해" 발표, 2015년 2월 25일)

타나토스총서07

죽음을 두고 대화하다

등록 1994.7.1 제1-1071
1쇄 발행 2015년 5월 29일

엮은이 한림대학교 생사학연구소
지은이 오진탁 이창익 배관문 최경석 이케자와 마사루 시미즈 데쓰로 마쓰모토 도시히코
        가와노 겐지 다케시마 다다시 야마우치 다카시 고다카 마나미 와타나베 가즈코
펴낸이 박길수
편집인 소경희
편 집 조영준
관 리 위현정
디자인 이주향
펴낸곳 도서출판 모시는사람들
        110-775 서울시 종로구 삼일대로 457(경운동 88번지) 수운회관 1207호
전 화 02-735-7173, 02-737-7173 / 팩스 02-730-7173

인 쇄 상지사P&B(031-955-3636)
배 본 문화유통북스(031-937-6100)
홈페이지 http://modl.tistory.com/

값은 뒤표지에 있습니다.
ISBN 979-11-86502-05-1   94100
SET   978-89-97472-87-1   94100(세트)

* 잘못된 책은 바꿔드립니다.
* 이 책의 전부 또는 일부 내용을 재사용하려면 사전에 저작권자와 도서출판 모시는사람들의
동의를 받아야 합니다.

이 도서의 국립중앙도서관 출판예정도서목록(CIP)은 서지정보유통지원시스템 홈페이지(http://
seoji.nl.go.kr)와 국가자료공동목록시스템(http://www.nl.go.kr/kolisnet)에서 이용하실 수 있습
니다. (CIP제어번호: 2015014018)